국체론

국 체 론

천황제 속에 담긴 일본의 허구

國體

시라이 사토시 지음 | 한승동 옮김

메디치

서문
왜 지금 '국체'인가

이 책의 테마는 '국체國體'다. 이 말·개념을 중심축으로 삼아 메이지유신에서 현재에 이르는 근현대 일본사를 파악하고자 하는 것이 이 책의 내용이다. '국체'라는 관점을 통해 일본의 현실을 바라보지 않으면 일본은 한 발자국도 앞으로 나아갈 수 없기 때문이다.

하지만 당연히 독자들의 머릿속에는 곧바로 이런 의문이 떠오를 것이다. "전전(戰前, 제2차 세계대전과 태평양전쟁 이전-역주) 시대는 그렇다 쳐도 전후戰後 시대에 '국체'는 죽은 말死語이 됐으므로 일본의 현상을 이해하기에는 부적절하지 않은가?" '전전 국체'란 무엇인가? 단적으로 말하자면 만세일계(萬世一系, 일본 건국부터 현재까지 끊어지지 않고 쭉 이어져 왔다는 천황가의 혈통을 이르는 말-역주)의 천황을 정점으로 한 '군신화목君臣和睦의 가족국가'를 이념으로 내세워 이를 전 국민에게 강제하는 체제였다.

그 체제는 '국체'에 대한 반대자·비판자를 모조리 제거하면서 파멸적인 전쟁으로 치달았다가 군사적 패배가 확정된 뒤에도 아무도 그것을 그만두지 못하게 해 나라 안팎에 막대한 희생자를 낸 뒤에야 무너졌다. 단순한 패전도 아닌 무참하기 짝이 없었던 패전은 '국체'가 지니고 있던 내재적 결함, 바로 그 독특한 사회구조가 불러온 것이었다.

　이러한 과정을 겪으며 '국체'와 단절한 것이 패전 뒤의 여러 개혁을 거친 일본이고, 따라서 현대의 일본 정치나 사회는 '국체'와는 대체로 무관하다는 것이 일반적인 인식일 것이다.

　그러나 나는 이와 정반대의 생각을 갖고 있다. 현대 일본이 처한 기괴한 핍색(逼塞, 꽉 막혀 궁색함-역주) 상태를 설명해주는 유일한 개념이 '국체'다.

　'국체'가 전전 일본과 전후 일본을 관통하는 '무언가'를 가리킬 수 있는 개념이라고 주장하는 이유는, 전전과 전후를 가른 1945년의 패전에 뒤따랐던 사회개혁으로 '국체'가 표면적으로는 폐기됐음에도 불구하고 실은 재편된 형태로 살아남았기 때문이다.

　패전 당시의 '국체' 재편극에서 결정적인 역할을 수행한 나라가 미국이었음은 말할 필요도 없다. 그 복잡한 과정을 간파해야 하는데, 이 책에서는 그것을 '국체호지(國體護持, 국체를 보호하고 유지함-역주)의 정치 신학神學'이라고 부르겠다.

　그리고 지금 우리는 미국의 매개를 통해 '국체'가 재편되고 유지되면서 초래된 지극히 중대한 귀결을 지켜보고 있다. 이제까지 천황과 미국의 관계성은 오로지 정치사적 관점에서 패전 직후의 이야기를 다룰 때만 언급됐다. 이 책의 테제는 전후 천황제의 작동(기능) 방식을 파악하기 위해서는 국화(菊花, 일본 천황가의 상징-역주)와 성조기(미국)의 결합을 '전후 국체'의 본질로, 즉 전후 일본의 특이한 대미 종속이 구조화된 필연성의 핵심으로 봐야 한다는 것이다.

본문에서 자세히 살피겠지만, '전전 국체'가 자멸의 길로 치달았던 것과 마찬가지로 '전후 국체'도 파멸의 길을 걷고 있다. '잃어버린 20년' 또는 '30년'이라는 핍색 상태는 전후 민주주의로 일컬어졌던 레짐(체제)의 감춰진 실체가 '국체'였기 때문에 초래된 것이었다.

그 귀결이라 할 수 있는 파멸이 구체적으로 어떤 형태로 나타날지는 불확정 요소가 많기 때문에 누구도 확언할 수 없을 것이다. 하지만 그런 예언류는 현상을 파악하는 데에 별로 중요하지 않다. 진주만 공격(태평양전쟁을 촉발한 일본군의 하와이 미 태평양함대 기습 공격-역주) 당시 일본이 전장에서 승리했음에도 본질적으로 파멸해가고 있었던 것과 같은 의미에서 오늘날 일본 사회 또한 파멸하고 있으며, 그것은 '전후 국체'에 의해 규정당한 일본 사회의 내재적 한계의 표출이다.

그런 시각에서 '국체의 역사'—두 번에 걸친 형성·발전·붕괴—를 서술해보려 한다. 국체를 제대로 이해해야 일본 사회가 지금의 기묘한 답보 상태로부터 해방되리라 확신한다.

연표

반복되는 국체의 역사

		근대 전반(메이지유신~패전)	
		세계정세	일본정세
I 국 체 의 형 성 기	천 황 의 국 민	**내셔널리즘과 제국주의의 시대**	
		1848년　1848년 혁명	1853년　페리 내항
		1856~60년　제2차 아편전쟁 (영·프-중)	
		1861~65년　남북전쟁(미)	1868년　메이지유신
		1871년　독일제국 수립	**근대주권국가 = 국민국가의 건설**
		1878년　사회주의자 진압법(독)	1877년　세이난(西南) 전쟁
		1881년　황제 알렉산드르 2세 암살(러)	1889년　대일본제국 헌법 발포
			1890년　제국의회 개설, 교육칙어
		1899~1900년 문화개방 선언(미)	1894~95년　청일전쟁
		1900년　의화단사건(중)	1902년　영일동맹
		1905년　제1차 러시아혁명	1904~05년　러일전쟁, 히비야 방화 사건
			1910년　대역(大逆) 사건, 한국 병합
		1911~12년　신해혁명(중)	1912년　메이지 천황 사망, 노기 대장 순사 (殉死)

		제1차 세계대전과 전간기(戰間期)	아시아 유일의 일등국으로
II 국 체 의 상 대 적 안 정 기	천 황 없 는 국 민		**다이쇼(大正) 데모크라시**
		1914~18년　제1차 세계대전	1913년　다이쇼 정변
		1917년　제2차 러시아혁명	1915년　중국에 대한 21개조 요구
		1918~19년　독일 11월 혁명	1918년　시베리아 출병, 쌀 소동
		1919년　파리 강화회의, 코민테 른 결성, 5·4운동(중)	1919년　3·1독립운동(조선)

		1921~22년	워싱턴회의(영일동맹 해소)	1921년	야스다 젠지로(安田善次郎) 암살 사건, 히로히토(裕仁) 친왕 섭정 취임
		1922년	파시스트당 정권 획득 (이)	1923년	관동(關東) 대지진
		1928년	부전조약	1925년	남자 보통선거법, 치안유지법
III 국체의 붕괴기	국민의 천황	1928년	장제스의 북벌 완료(중)	1928년	3·15사건(공산당 대탄압), 장쭤린(張作霖) 폭살사건
		대공황에서 제2차 세계대전으로		**쇼와유신 운동**	
		1929~33년	세계 대공황	1931년	만주 침략
		1930년	런던 군축회의	1932년	혈맹단 사건, 5·15사건
		1933년	나치당 정권 획득(독), 뉴딜 정책(미)		
				파시즘	
				1935년	천황기관설 사건, 국체명징 성명
		1936년	시안(西安)사건(중)	1936년	2·26사건, 독·일 방공협정
		1939년	제2차 세계대전 발발	1937년	루거우차오 사건
		1944년	브레턴우즈 회의	1941년	진주만 공격
		1945년	제2차 세계대전 종결	1945년	패전

근대 후반(패전~현재)

		세계정세		일본정세	
I **국 체 의 형 성 기**	**미 국 의 일 본**	1945년	국제연합(UN) 설립	1945년	패전, 점령 개시
		전후 부흥과 동서 대립의 시대		**점령 개혁**	
		1949년	NATO 결성, 중화인민 공화국 수립	1951년	샌프란시스코 강화조약, 미일 안보조약
		1950~53년	한국전쟁	1955년	55년 체제 성립
				1960년	미일 안보조약 개정(안보 투쟁)
		1962년	쿠바 위기		**고도 경제성장**
		1965~73년	미국, 베트남전쟁 개입	1964년	도쿄 올림픽
		1968년	파리 5월 혁명	1970년	미시마(三島) 사건
		1971년	달러 쇼크	1971~72년	연합적군(連合赤軍) 사건
		1972년	닉슨 중국 방문	1972년	오키나와 반환, 중일 공동성명
		1973년	제1차 오일 쇼크	1974~75년	동아시아 반일 무장전선 연속 기업 폭파 사건

		세계정세		일본정세	
II **국 체 의 상 대 적 안 정 기**	**미 국 없 는 일 본**	**저성장과 냉전 종결로**		1976년	록히드 사건
		1978년	개혁개방 정책(중)		**재팬 애즈 넘버원**
		1979년	아프가니스탄 침공(소)		
		1981년	레이건 정권 출범(미)		
				1983년	불침항모 발언(나카소네 야스히로 총리), 도쿄 디즈니랜드 개원
		1985년	페레스트로이카 개시 (소), 플라자 합의		
		1986년	체르노빌 원전 사고(소)	1986~91년	거품경제 호황
		1989년	베를린 장벽 붕괴(독)	1989년	쇼와 천황 사망
		1991년	소련 붕괴	1991~93년	거품경제 붕괴

국체론

		포스트 냉전		잃어버린 20~30(?)년
III 국 체 의 붕 괴 기	일 본 의 미 국	1991년	걸프전쟁		
		1993년	EU 발족	1995년	한신·아와지(阪神·淡路) 대지진, 옴진리교 사건
		1997년	아시아 통화 위기	1996년	미일 안보 공동선언
		2001년	9·11 동시다발 테러	2001년	고이즈미 준이치로(小泉純一郎) 정권 수립
		2003~11년	이라크 전쟁	2009년	하토야마 유키오(鳩山由紀夫) 민주당 정권 수립
		2008년	리먼 쇼크 (세계금융위기)		
		2011년~현재 시리아 내전		2011년	동일본 대지진· 후쿠시마 제1원전 사고
				2012년	제2차 아베 신조(安倍晋三) 정권 수립
				2014년	집단적 자위권 행사 용인 각의 결정
				2016년	아키히토 천황 '말씀' 발표
		2017년	트럼프 정권 수립(미)		
		2017년~현재 북한 핵미사일 위기			

옮긴이 해제

"지금 만일 아시아에서 전쟁이 일어나고, 미국이 팍스 아메리카나를 유지하기 위해 일본의 힘을 필요로 할 경우, 일본은 동원에 응해 대활약을 펼칠 것이다. 일본경제는 전후戰後—전전에도 어느 단계까지 그러했지만— 내내 전쟁과 더불어 번성했다. 몰락하고 있을 경우에는 남의 눈치 볼 것 없이 무작정 전쟁에 협력할 것이다."

이 책의 저자 시라이 사토시는 경제학자 모리시마 미치오森嶋通夫 (1923~2004)의 저서 《왜 일본은 몰락하는가》(1994)에 나오는 이 구절을 인용하면서 "모리시마가 예언한 것 중에서 이토록 섬뜩하고 날카로운 것은 없다"고 했다. 이 문제는 이 책의 기본 주제와 밀접하게 얽혀 있으며, 한국 및 한반도의 운명과도 깊숙하게 연결돼 있다.

모리시마의 저 인용구가 섬뜩하고 날카롭다고 느낀 그 이유로, 시라이는 위의 인용구절과 같은 인식을 토대로 아베 정권이 심화시켜 온 미일 안보체제 강화 협력과 2017~2018년의 한반도 위기 고조 때 아베가 어떻게 처신했는지를 분석해보면 그 모든 것이 맞아떨어지기 때문이라고 했다. 최근 존 볼턴 전 미국 대통령 안보보좌관의 회고록에도 거듭 등장하지만, 아베는 문재인 정부 등장 이후 급진전되고 있던 '한반도 평화프로세스' 과정 내내 북한에 대한 제재 압박 수위를 더욱 높이라며 시종일관 한반도 긴장완화를 노골적으로 방해했다. 저자 시라이에 따르면 "(아베 정권은) 요컨대 한반도 유사사태(전쟁)가 발생하기를 기대하고 있었던 것이고, 그렇게 할 이유가 있었던 것"이다. 2018년 평창 동계올림픽 개막 때 참석하지 않을 듯하다가 막판에 평창에 온 뒤, 본 행사엔 별 관심을 보이지 않은 채 미국 대표단을 이끌고 온 대북강경 우파 마이크 펜스 미국 부통령과의 대면에만 줄곧 신경을 쓰던 아베의 그 어색하고도 낯선, 불청객 같은 처신을 떠올려보라. 2018~2019년 싱가포르, 하노이 북미 정상회담과 판문점 한·미·일 정상 회동에 대한 아베 정권의 초조와 방해공작은 또 어떠했던가.

이 책은 말하자면, '아베 정권은 왜 한반도에서 전쟁이 일어나기를 바라는가? 아베 정권의 본질은 무엇이며, 그럴 수밖에 없는 일본 사회의 구조는 어떤 것인가, 한마디로 전후 일본의 정체는 무엇이며, 아베 정권의 의도와 그 존립 기반은 무엇인가'라는 의문에 대한 구조적 분석(해석)이라고 할 수 있다. 블라디미르 레닌 연구로 학위를 받은 정치학자 시라이 사토시는 설사 아베 정권이 자민당 내 다른 파벌로 교체된다고 하더라도 대미 종속 일변도의 '영속 패전' 체제로는 출구가 없으며, 이대로 가면 일본은 파멸하게 될 것이라고 경고한다. 왜 그런가?

시라이는 "자민당 정권의 본질이 '전후 국체'로서의 영속 패전 레짐을 수단 방법 가리지 않고 사수死守하는 것"이라면서 "전후 일본에 경제적 번영을 일찍부터 가져다준 요인인 전쟁에 다시 의존하려 했다고 하더라도 전혀 놀랄 일이 아니다"라고 했다.

그가 얘기하는 '영속 패전' 레짐이란, 2차대전에서 패배한 일본이 전쟁으로 치달은 끝에 패망한 전전(2차대전 이전) 군국주의 체제를 청산하지 못한 채 점령국인 미국의 이해에 맞춰 구체제를 온존시키면서 사실상의 미국 식민지(종속국가)로 전락함으로써 패전 구조 및 그 정신 상태가 계속되는 체제를 가리킨다. 시라이는 이 영속 패전체제를 벗어나지 않는 한 일본에 미래는 없다고 얘기한다. 그것이 이 책을 쓴 동기요 문제의식이다. 이런 문제의식은 우리에게도 매우 시사적이다. 한국 또한 일본 못지않은 친미 일변도의 심각한 대미 종속국가이기 때문이다. 2차대전 이후 일본과 한반도 남쪽을 점령한 미국은 두 나라에 상호 연결된 유사 체제를 구축했다. 그로 인해 안게 된 문제도 닮은 점이 많다. 그렇다면 그 문제에 대한 한국, 일본의 해법도 상통하는 점이 많을 것이다.

저자 시라이는 문제 많은 일본의 전후체제 분석을 '국체國體'라는 개념어를 축으로 삼아 분석한다. 그의 표현을 따르자면, 이 책은 "'국체'라는 말·개념을 기축으로 삼아 메이지유신에서 현재에 이르기까지의 근현대 일본사를 파악하고자 하는 것"이다. 이 '국체'라는 관점을 통해 일본의 현실을 바라보지 않으면 "우리는 한 발자국도 앞으로 나아갈 수 없다"고 시라이는 얘기한다.

이 책의 제목에도 들어간 '국체'란 무엇인가? 간단히 요약하면, 국체란 '천황'을 핵심으로 하는 통치 체제라고 할 수 있고, '천황제' 그 자체일 수도 있다. 특히 19세기 후반 메이지유신(1868) 이후 확립된 천황 중심의 왕정복고적 근대 일본 통치체제, 고대의 전통적 의장(디자인)을 한 근대 일본의 통치 체제라고 할 수 있다.

'만세일계'라고 주장하는 일본의 천황은 고대 신정일치 체제의 제사장과 같은 역할을 한 존재다. 고대 이래로 일본이라는 나라 통치 체제의 핵심적 존재이지만, 실은 그 대부분의 기간에 실권이 없는 존재였다. 천황은 명목상의 군주일 뿐 실권은 '쇼군(장군)'과 같은 군사집단의 수장들이나 그들과 연합한 정치·경제·사회·문화 분야 리더들이 쥐고 있었다. 군사·경제적 실권자들에게 천황은 매우 효율적인 통치 장치였다. 그들 자신이 정치의 전면에 나설 경우 그들은 수많은 정적 및 도전자들과 직접 맞부딪쳐야 하고, 권력은 언제든 심각한 위험에 노출될 수 있다. 그리하여 그들은 약간 뒷전으로 물러나 천황을 앞세워 조종하는 이중 체제를 구축함으로써 이질적인 세력을 규합해 유력 도전자의 대두를 효과적으로 억눌렀다.

허울뿐인 천황에게 실권을 안겨준 것이 1853년 페리 제독으로 대표되는 근대 서양의 '흑선' 내습 이후, 천황을 떠받들면서 막부·쇼군으로 대표되는 실세들을 몰아내고 새로운 지배 세력으로 등장한 하급 사무라이들의 봉기(메이지유신)였다.

시라이의 국체론은 그러나 이 역사적, 민속학적, 인류학적 천황의 존재를 규명하는 데는 관심이 없다. 그가 이 책에서 다루는 것은 "근대 일본이 만들어낸 정치적 사회적인 통치기구의 구조"로서의 국체 또는 천황제다.

메이지유신 이후 1910~1920년대에 '다이쇼(대정) 데모크라시'로 대표되는 이른바 민권民權의 대두와 함께, 일본에서도 한때 유럽의 입헌군주제를 떠올리게 하는 '천황기관설'이 등장하기도 했다. 천황기관설은 천황도 국가 바깥에 존재하는 절대군주가 아니라 국가라는 틀 안에서 그 하나의 조직·기구(기관)로 존재하면서 국가를 규정하는 헌법의 틀 내에서 작동해야 한다는 주장이다.

1936년에 황도파 청년장교들이 천황 주변의 '간신모리배들 척결'을 부르짖으며 봉기한 2·26사건의 사상적 배후로 지목된 기타 잇키北一輝의 공민국가론이나 '공민(국민)의 천황'론도 그런 범주에 들어가는 것이었다. 하지만 2·26사건 이후 일본 근대사는 황도파의 의도와는 다르게 흘러갔다. 군부가 전면에 나서면서 천황을 절대군주로 옹립한 천황 친정 체제 형식의 전체주의적 군부통치 체제가 수립됐고, 결국 대외 침략전쟁으로 치달은 끝에 패망했다.

메이지 체제를 구축한 하급 사무라이들이 추구한 것은 근대 유럽 모델이었고, 열심히 독일과 영국, 프랑스의 법률 체제와 군사 체제, 경제·사회 체제를 일본으로 이식했다. 그것은 곧 비유럽 세계를 총포로 침략·지배했던 제국주의 유럽의 이식이었다. 따라서 메이지유신 이후의 유럽을 좇아가서 유럽을 능가하겠다던 일본의 이상은 곧 유럽보다 더 철저한 제국주의 침략과 식민정책 추구였다. 한국, 중국을 비롯한 동아시아는 그 희생자가 됐다. 이는 바꿔 말하면 일본의 근대 체제는 동아시아에 대한 침탈과 수탈 없이는 성립될 수 없는 체제였다.

시라이의 책은 그런 과정을 국체의 형성과 발전, 붕괴라는 틀로 압축적으로 보여준다. 시라이는 이 국체의 형성-발전-붕괴의 틀을 전전과 전후로 나눠 이를 각 단계마다 상호 대비, 대조하면서 보여주는데, 패전으로 끝난 전전의 국체는 사라진 것이 아니라 패전 이후에도 새로운 형태로 되풀이되고 있다. 망해버린 전전의 국체가 패전 뒤에 부활해서 같은 과정을 되풀이한다? 역사는 두 번 되풀이된다, 한 번은 희극으로, 또 한 번은 비극으로. 헤겔의 이 말대로 시라이는 이 책에서 바로 그 전전 국체의 전개와 그것이 전후에 새로운 형태로 부활한 비극을 비판적으로 분석한다.

시라이 사토시 분석의 가장 놀라운 점은 바로 이 지점에서 선명하게 드러나는데, 그것은 전후의 국체 곧 '천황'이 바로 미국이라고 설파하는 대목이다.

'전후 국체=미국'이라는 시라이의 나름 체계적이고 치밀한 분석이야말로 이 책의 백미라고 할 수 있다. 시라이가 보기에 미국은 일종의 '신성로마제국'이며, 미국의 대통령은 현대의 절대군주 천황이다.

이 신성로마제국은 미국을 중심으로 일본과 독일이라는, 미국이 점령한 두 패전국을 축으로 해서 짜여졌다. 제국을 강화, 유지하기 위해 미국은 이들 패전국을 적극적으로 육성해 2차대전 승전국 이상의 실질적인 승전국으로 만들었다. 한반도의 분단과 한국의 미일동맹 체제

예속 과정은 한국이 일본 하위 체제로 편입되면서 일본의 전후 부활, 냉전 기지 육성에 밑거름이 되는 과정이었다. 특히 한국전쟁과 베트남전쟁이 그러했다.

그리하여 체제를 완비한 미국 중심의 신성로마제국은 로널드 레이건과 조지 부시 정권기에 이르러 대적 세력이었던 소련 중심의 사회주의권을 마침내 무너뜨렸다. 제국의 승리였다. 하지만 시라이에 따르면, 이 승리는 지속되지 않았고 오히려 몰락으로 가는 길을 연 역설적인 상황에 일본은 직면하게 된다.

시라이는 전후 일본의 번영을 이끈 최대 요인 가운데 하나를 동서냉전으로 본다. 동아시아에서의 자본주의와 사회주의 체제의 대립은 그 최전선의 유력 산업국가 일본의 지정학적 가치를 극대화했고 미국은 그 가치를 활용하기 위해 일본을 적극적으로 지원했다. 전범 히로히토 천황이 면죄부를 받고 '상징 천황제'라는 미명 아래 살아남고, 아베 총리의 외조부인 A급 전범 기시 노부스케 등 전범자들이 살아남아 전후 일본의 지배 세력으로 거듭난 것도 미국의 설계 덕이었다. 그리하여 일본은 과거청산의 기회마저 상실했다. 그리고 미국에 완전히 투항함으로써 살아남은 천황체제, 즉 일본의 국체는 힘을 잃었고, 실질적인 천황=국체로 등장한 것이 바로 미국이었다.

한국, 동남아 등 동아시아가 일본의 시장이 된 것도 미국이 제국의 유지를 위해 설계한 장치였다고 할 수 있다. 1965년에 한일 국교 '정상화'가 그런 식으로 이뤄지고, 지금까지 이어지고 있는 '일본군 위안부' 문제와 강제노동피해자들(징용공) 배상 문제가 해결되지 못한 것도 그런 식의 해결을 원천 봉쇄한 전후 신성로마제국 체제 때문이라고도 할 수 있다.

그런데 묘하게도 제국이 동서냉전에서 승리하는 순간, 일본의 번영을 이끌었던 지정학적 가치가 사라지기 시작했고, 일본에 대한 미국의 지원은 미국의 일본 '약탈'로 바뀌었다고 시라이는 지적한다. 1985년 '플라자 합의'가 그 상징적 사건이다.

'잃어버린 30년'이 운위되는 지금 일본의 위기는 그때 시작된 것이라고 시라이는 얘기한다. 일본이 그 위기에서 탈출하기 위해서는 냉전 체제에 의해 떠받쳐지던 전후 일본의 과거사 적폐를 청산하고 탈냉전 이후의 새로운 세계 구조에 걸맞은 체제로 거듭나야 했다. 하지만 미일동맹 체제 아래 번창한 전범 세력과 우파 내셔널리스트들 연합 세력은 그런 전환을 거부했다. 그들은 미래가 아니라 그와 반대로 자신들에게 '전후 번영과 영광'을 안겨주었던 과거의 재창출 쪽으로 방향을 잡았다. 그 퇴행적 과거 회귀를 가속시킨 것이 바로 아베 정권이다.

시라이는 아베 정권으로 대표되는 복고적이고 퇴행적인 전범·우파 세력의 손에 일본을 계속 맡겨두는 한 파멸을 피할 수 없다고 얘기한다. 그들이 거리 시위에 일장기와 함께 성조기를 들고나오는 것은 바로 그들의 정치적 이상이자 비전이 전후 일본의 번영을 보장했던 신성로마제국의 부활, 미일동맹과 샌프란시스코 체제의 강화임을 보여준다. 이 문제는 일본 차원에서만 끝나지 않는다. 이는 왜 한국의 보수 우파가 거리 시위에 태극기와 성조기를 들고나오는가 하는 문제와도 직접적으로 얽혀 있다. 시라이는 앞서 얘기한 모리시마 미치오의

《왜 일본은 몰락하는가》에서 다음과 같은 구절도 인용한다. 이 부분은 한반도의 운명과도 깊숙이 연결돼 있다.

> "나는 국민경제는 작은 엔진을 단 범선이라고 생각한다. 자력으로 움직일 수도 있지만 그럴 경우 속력이 미약하다. 그러나 바람이 부는 경우에는 고속으로 달려갈 수 있다. 고도성장 때에는 한국전쟁, 베트남전쟁 바람이 불었다. 그런 바람이 불지 않는다면 배의 속도는 엔진의 출력만큼만 나올 것이다.
> 따라서 무풍 상태 때 배를 달리게 하기 위해서는 스스로 바람이 불게 하거나, 바깥 사람들에게 바람을 일으켜달라고 부탁하는 수밖에 없다. 일본인 중에서 바람을 일으키는 역할을 해줄 사람은 정치가들이다. 그러나 지금 일본에는 그런 역할을 할 수 있는 정치가가 없다. 일본의 정치꾼들에게는 바람을 일으키는 것이 자신들의 의무라는 의식이 전혀 없다."

시라이에 따르면, 일본이 스스로 바람이 불게 만들 수 있는 세력은 정치가들인데, 지금의 미국과 유착한 친미 일변도의 퇴행적 전범·우파 정치가들에게 그런 희망을 거는 건 무망한 노릇이다. 그렇다면 바람은 바깥에서 불어와야 하는데, 냉전 붕괴 전에는 동서냉전이라는 바깥바람이 일본의 번영을 이끌었다. 하지만 냉전 붕괴로 그것도 끝났다. 그렇다면 이젠 어디서 바람을 찾을 수 있을까?

아베 정권의 움직임을 보면, 격화되고 있는 미중 패권 경쟁을 새로운 바깥바람으로 활용하려 하는 게 아닌가 하는 생각을 하게 한다. 동아시아를 예전 동서냉전 시절의 분단선으로 다시 갈라 대결케 하는 이른바 신냉전의 활용이다. 도널드 트럼프 미국 대통령이 한국을 G7(또는 G11)에 참여시키려는 데에 대해 한국이 중국 및 북으로 경사돼 있다며 반대한 것은 기존 동서냉전의 분단 구조를 재활용하려는 일본 우파의 전략을 분명히 보여준다.

그러나 더 확실한 해결책은, 글머리에서도 인용했듯이 일본 주변 나라들에서 전쟁이 일어나는 것이다. 곧 또다시 한국전쟁, 베트남전쟁이 일어나는 것이다.

> "실제로 그런 사태의 발생에 대비해 미일의 군사적 협동은 해마다 착착 강화돼왔다. 영속 패전 레짐을 무한 연명시키고자 하는 세력 입장에서 보자면 한반도 유사 사태(전쟁) 발생은 모든 현안을 해결해준다. 재일 미군기지에 대한 공격은 일본 본토에 대한 공격이기도 해서 자위권을 발동할 수 있음으로 이때 동원된 일본군은 직접적 전투행위에서 굳이 물러서 있을 필요가 없다."

현행법상 자위대는 직접 전투에 참가하지 않고 미군에게 후방 지원만 하게 돼 있다. 한반도에서 전쟁이 일어나면 자위대의 '후방 지원'은 일본군의 전투 참가로 자동전환된다.

> "충돌에 이를 경우 그 뒤의 북한 체제가 어떻게 될 것인지는 여러 경우

를 생각할 수 있으나, 어떤 경우든 대규모의 복구 수요가 한반도에서 발생할 것이다. 전쟁 자체에 의한 수요와 더불어 아베노믹스라는 가짜 처방전으로 위험을 증폭시킨 일본 자본주의를 그 수요가 구원해줄 수 있을 것이다. '헌법 9조와 자위대' 문제도 깨끗이 해소된다. 지금 당장 전쟁을 하고 있다는 현실 속에서 종이에 쓰인 '전쟁 포기'는 의미를 잃게 될 테니까."

우리에겐 참으로 끔찍한 시나리오 아닌가? 시라이의 책은 그것이 공상이 아니라 한반도와 그 주변에 현존하는 위기 구조라는 사실을 일본의 국체가 안고 있는 모순을 매개로 섬뜩하게 보여준다. 북핵 문제도 전후 미국이 주도한 신성로마제국 건설 과정에서 배태된 것이라는 게 시라이의 생각이다. 즉 북의 핵 개발이 한반도와 동아시아의 위기를 부른 게 아니라 한반도 분단과 북의 봉쇄라는 미일동맹의 신성로마제국체제가 북핵 문제를 야기했다. 그런 미국에 유착하는 대가로 전범 처벌을 면하고 번영을 구가한 일본의 책임도 크다고 그는 지적한다. 따라서 문제를 제대로 풀려면 제국 체제의 해체가 선결돼야 한다는 얘기가 된다.

일본 문제 및 한일관계에 관한 책들이 적지 않지만, 이런 식의 독특한 접근을 통해 구조적 문제를 체계적으로 해부하는 책은 별로 보지 못했다. 일본은 과연 어떤 나라인가? 다시 생각하게 된다.

2020년 9월 한승동

차례

서문 왜 지금 '국체'인가 ──────────────── 5

연표 반복되는 국체의 역사 ──────────────── 8

옮긴이 해제 ──────────────────── 12

제1장

천황은 '말씀'을 통해 무슨 말을 하려 했나

1. '말씀'의 문맥 ────────────────── 28

2. 천황의 기도 ─────────────────── 36

3. 전후 레짐의 위기와 상징 천황 ─────────── 44

제2장

국체, 두 번 죽다

1. '잃어버린 시대' 헤이세이 ─────────────── 52

2. 역사극은 두 번 되풀이된다 ────────────── 62

3. 전전 국체의 3단계 ──────────────── 71

4. 전후 국체의 3단계 ──────────────── 75

5. 천황과 미국 ─────────────────── 82

제3장

근대국가의 건설과 국체의 탄생 (전전 레짐: 형성기)

1. 메이지유신과 국체의 형성 ────────────── 88

2. 메이지 헌법의 양면성 ─────────────── 101

3. 메이지의 종언 ────────────────── 111

제4장

천황과 미국의 결합-전후 국체의 기원 (전후 레짐: 형성기①)

1. '이해와 경애'의 신화 ———————————————— 122

2. 천황제 민주주의 ———————————————————— 131

제5장

'천황을 지켜라' 국체호지의 정치 신학 (전후 레짐: 형성기②)

1. 포츠담선언 수락과 국체호지 ———————————— 140

2. 국체는 털끝만큼도 변경할 수 없다 ———————— 146

3. 국체의 풀 모델 체인지 ——————————————— 154

4. 정이〔征夷〕하는 미국 ——————————————— 168

제6장

이상의 시대, 그 어긋남 (전후 레짐: 형성기③)

1. 폐허·암시장에서 '전후 국체'의 확립으로 ———— 182

2. 정치적 유토피아의 종언 ————————————— 196

제7장

국체의 불가시화에서 붕괴로 (전전 레짐: 상대적 안정기~붕괴기)

1. 전전·전후 '상대적 안정기'의 공통점 ———————————— 214

2. 메이지 레짐의 동요와 좌절 —————————————— 219

3. '국민의 천황'이라는 관념 —————————————— 226

4. 천황제와 마르크스주의자 —————————————— 235

5. 기타 잇키와 '국민의 천황' —————————————— 249

제8장

일본의 미국-전후 국체의 종착점 (전후 레짐: 상대적 안정기~붕괴기)

1. 쇠퇴하는 미국, 위대해지는 미국 ————————————— 266

2. 점점 더 이상해지는 대미 종속 ————————————— 277

3. 예속과 부인 ——————————————————— 283

4. 두 개의 아이덴티티 ————————————————— 292

제9장

국체의 환상과 그 힘

1. 국체의 환상적 관념 ————————————————— 300

2. 국체가 초래한 파멸 ————————————————— 309

3. 다시 '말씀'에 대하여 ———————————————— 319

미주 ——————————————————————— 324

제1장

國體

천황은 '말씀'을 통해
무슨 말을 하려 했나

1. 말씀의 문맥

천황의 호소

2016년 8월 8일, 텔레비전을 통해 발표된 강력한 '말의 힘'에 나는 숨이 멎는 듯했다. 내가 보고 듣고 있는 이것이 도대체 무엇인가. 생각하면 할수록 충격은 더 커졌다.

이 책의 서문에 쓴 문제의식을 나는 《영속 패전론》을 쓴 이후로 계속 지니고 있었다. '전후 일본의 대미 종속 문제는 천황제의 문제로, '국체' 개념을 활용하지 않고서는 풀 수 없다'는 생각을 견지해왔다.

이 같은 내 견해를 어떻게 세상에 알릴 것인지 고민하던 중에 생각지도 못한 곳에서 내 문제의식의 핵심을 꿰뚫는 사태가 벌어진 것이다. 그것은 텔레비전 방송을 통한 천황의 이례적인 호소, 이른바 '말씀'의 발표였다(2016년 8월 8일, 당시 일본 천황이었던 아키히토明仁가 생전 퇴위를 발표했고, 2019년 5월에 아들 나루히토德仁가 황위를 계승받게 됨-역주). 그 이례성이 가져다준 충격과 함께 '결국 여기까지 올 수밖에 없었나' 하는 생각에 감개무량했다. 그 '이례'적인 행동은 동시에 '필연'이기도 하다고 나는 직감했다.

공표된 메시지의 문맥과 내용을 읽어보면, 후술하겠지만, 그 목적 가운데 하나가 전후 민주주의의 질서를 붕괴의 심연에서 구해내는 것이라는 추론이 가능하다.

천황의 정치적 권능을 부정하는 상징 천황제하에서 2016년의 '말씀'은 규칙 위반이라고 보는 시각도 있었다. 그러나 그 상징 천황제를 하나의 요소로 품고 있는 전후 민주주의 체제의 시스템 전체를 지키기 위해서는 시스템이 부과하는 개별 규칙에 저촉되는 위험을 무릅쓸 수밖에 없다는 고도의 판단이 있었다고 나는 확신했다.

'말씀'의 문맥─천황의 '투쟁'

그러면 아키히토 전前 천황에게 그런 절박한 위기감을 안겨준 문맥은 무엇이었을까.

좁게는 헌법 개정을 향해 돌진하는 아베 신조安倍晋三 정권에 대한 견제를 지적할 수 있을 것이다. '지금의 천황이 생전에 퇴위(양위)할 의사를 굳힌 듯하다'는 뉴스가 흘러나오기 시작한 것은 2016년 7월 13일이다. 이는 7월 10일의 참의원 선거에서 개헌 세력이 중·참 양원을 합쳐 3분의 2 이상의 의석을 획득함으로써 국회에서 헌법 개정을 발의할 수 있게 된 직후의 타이밍이었다.

하지만 문제는 개헌 논란에서 그치지 않는다. 아베 신조를 수반으로 한 자민당 정권 및 그 주변은 '전후 레짐으로부터의 탈각'을 외치며 전후 민주주의 체제 전반에 대해 증오에 가까운 감정을 드러내왔다.

그리고 그 증오가 표면화될 때마다 천황과 황후 부처는 신중하지만 명백한 태도를 표명해왔다. 특히 전후 70년을 맞은 해(2015년) 이후 제2차 세계대전의 비참한 역사를 상기하는 것이 중요하다는 이야기를 몇 번이나 강조해왔고, 대전의 격전지로 위령 여행을 계속해온 것 역시 그런 태도를 표명한 것으로 볼 수 있을 것이다.

당사자 중 누구도 그 존재를 절대 공언하지 않는 그런 '투쟁'이 진행돼온 끝에 '말씀'이 공표된 것이다.

천황의 삶을 부정하는 '보수'

이러한 '천황의 결단'에 대해 총리 관저는 보복 인사로 대응했다. '말씀'이 나온 시점에 궁내청(宮內廳, 황실에 관한 사무를 관장하는 관청-역주) 장관이 경질되듯 퇴임했고, 아베 총리 측근으로 지목돼온 경찰 관료 니시무라 야스히코西村泰彦가 궁내청 차장으로 들어갔다. 그리고 생전 퇴위(양위) 문제에 대처하기 위해 설치된 '천황의 공무 부담 경감 등에 관한 유식자有識者 회의' 멤버로 지금의 개헌 운동 진원지라 할 수 있는 우익단체 '일본회의(日本會議, 일본 최대의 우익단체. 아베 정권의 각료 대다수가 회원으로 있는 이 단체는 실질적으로 일본을 지배하는 조직이라 할 수 있다-역주)'와 연줄이 두터운 '유식자'들이 여럿 선정됐다.

이와 같은 일련의 갈등은 2017년 5월 21일 《마이니치신문》에 실린 다음과 같은 보도를 통해 명백하게 표면화되었다.

천황 폐하의 퇴위를 둘러싼 정부 유식자 회의에서 지난해 11월 회의(청취회) 때 보수계의 전문가들이 "천황은 기도하는 것으로 족하다"는 등의 의견을 낸 것에 대해 폐하가 "청취회에서 비판받은 것은 충격이었다"는 강한 불만을 토로한 사실이 알려졌다. 폐하의 생각은 궁내청 쪽 관계자를 통해 총리 관저에 전달됐다.[1]

이 보도에 대해 예의 니시무라 궁내청 차장은 "보도된 것은 사실이 아니다"고 전면적으로 부정했고, 《마이니치신문》 측은 "충분한 취재를 토대로 보도했습니다"라는 멘트로 받아쳤다.[2] 《마이니치신문》 기사는 다음과 같이 이어진다.

청취회에서는 아베 신조 총리의 의향을 반영해서 멤버로 선정된 히라카와 스케히로平川祐弘 도쿄대 명예교수와 와타나베 쇼이치渡部昇一 조치대上智大 명예교수(작고) 등 보수계 전문가들이 "천황가는 계속 이어가는 것과 기도하는 데에 의미가 있다. 천황의 역할로 그것 이상 생각할 만한 게 무엇이 있겠는가" 등의 발언을 했다. 재해 지역 위로 방문 등의 공무를 축소해서 부담을 줄이고, 궁중 제사만 계속한다면 퇴위할 필요가 없다는 주장도 나왔다. 폐하와 개인적으로도 가까운 관계자는 "폐하에게 실례"라고 했다.

폐하의 공무는 상징 천황제를 이어가는 데 불가결한 국민의 이해와 공감을 얻기 위해, 황후와 함께 시행착오를 거치면서 '전신전령(全身全靈, 전심전력)'(2017년 8월의 말씀)으로 구축해놓은 것이다.

보수계의 주장은 폐하의 공무를 불가결한 것이 아니라고 규정한 것이다. 폐하의 삶을 "전면 부정하는 내용"(궁내청 간부)이었기 때문에 폐하는 강한 불만을 느낀 것으로 보인다.

궁내청 간부는 폐하의 불만은 당연한 것이라며, "폐하는 추상적으로 기도하고 있는 게 아니다. 한 사람 한 사람의 국민을 마주보는 것이 국민의 안녕과 평온을 비는 일의 핵심이다. 그 작업을 하지 않는다면 공허한 기도일 수밖에 없다"고 설명했다.

여기서 이름이 거론된, 천황 비판에 나선 '보수계 전문가'들은 일본회의계의 면면들이며, 아베의 사상적 동지들이다. 당대의 권력자와 천황의 대립이 이 정도로 분명하게 가시화된 것은 일본 역사상 과연 얼마 만일까.

돌아보면 이미 자칭 보수파 헌법학자 야기 히데쓰구八木秀次가 잡지에 "천황·황후는 아베 정권의 개헌을 방해하지 마라"는 취지의 논고를 발표해,[3] 입장을 달리하는 보수파의 격분을 불러일으킨 적이 있다. 하지만 야기도 유식자 회의의 청취 대상자로 선정됐으니, 그 인선에 천황에 대한 아베 신조의 메시지가 들어 있다고 할 수 있을 것이다.

이처럼 '말씀'은 대립·투쟁의 존재라는 선행 문맥 속에서 나왔으며 동시에 그 대립·투쟁을 겉으로 드러나게顯在化 만들었다.[4]

'상형문자'로서의 '말씀'

하지만 이 투쟁에서 '말씀'의 의미는, 말하자면 '상형문자'를 통해 표현된 것이다. 미디어는 대립의 겉면만 쫓으면서, 천황의 공무가 어때해야 하며 궁중 제사는 어떤 비중을 차지하는지, 생전 퇴위(양위)의 항구적 제도화를 해야 할지 말아야 할지 등의 주제를 둘러싼, 지금의 천황 지지자와 정권 지지자들 간의 견해 차이가 마치 사태의 본질인 것처럼 보도했다.

그러나 만일 그것뿐이라면 이런 문제들은 양자의 타협을 통해서, 또 헌법이나 황실전범을 참조해서 기술적으로 해결할 수 있을 테니, "폐하의 삶을 '전면 부정하는 내용'"이라는 등의 가장 강도 높은 비난을 궁내청 간부가 하진 않았을 것이다.

따라서 우리는 이런 겉으로 드러난 주제를 일종의 '상형문자'로 해독해야 한다. 이 문제를 둘러싸고 드러난 대립의 기저를 확인해야 하며, 그에 발맞춰 '말씀'이 자리 잡고 있는 넓은 의미의 문맥을 확인해야 한다.

원래 '말씀' 자체가 '상징으로서의 직무에 대한 천황 폐하의 말씀'이라는 명칭이 붙어 있고, 상징 천황 자신에 의한 '상징 천황제론' 형식을 띠고 있다. '말씀'에서 투쟁을 읽어내려면 '상징 직무'를 이야기하는 말씀 자체를 그 배후에서 전개되고 있는, 투쟁을 암시하는 '상형문자'로 받아들여야 한다. 바꿔 말하면 아키히토 전 천황이 '상징 직무'를 이야기함으로써 무엇을 완곡하게 말하려 한 것인지 파악해야 한다.

이미 이야기했듯이 말씀을 통해 배어나온 것은 당시의 천황 자신이 지닌 강한 위기감이며, 그것은 요컨대 전후 민주주의의 파괴·공동화에 대한 위기감이었다. 그것이 어째서 '상징 천황제란 무엇인가'를 통해 토로돼야 했고, 어째서 그 시점에 거론돼야 했던 것인가?

일본 사회의 '파산'

생각해보면 전후 민주주의의 위기는 2011년 3월 11일의 동일본 대지진과 후쿠시마 제1원전 사고, 그리고 그 뒤의 제2차 아베 정권 성립과 그 시정施政을 통해 폭발적으로 표면화됐다.

원전 사고의 발생 경위를 살펴보자면, '원자력의 평화적 이용'이라는 국책이 추진되는 방식에서 민주주의 따위는 눈곱만큼도 작동하지 않았음이 명백하게 드러났다. 요컨대 전후 민주주의 사회의 '민주주의'란 환상에 지나지 않았다는 것을 그 사고는 보여주었다. 그리고 그 결과, 일본은 자신들의 땅을 회복하기 어려울 정도로 손상시켰다.

하지만 일본 사회의 대세는 이 고통스러운 현실에 정면으로 맞서기보다 오히려 정색하고 뻣뻣하게 나가는 쪽을 택했으며, 거기에 어울리는 정치 지도자가 아베 신조였다. 그가 상징하는 정치권력의 행태는 이런 모순을 정직한 방식으로 풀기는커녕 모순적인 체제를 모든 수단을 동원해 사수하는 것이었다.

'영속 패전 레짐'[5]에 의해 규정된 '전후'는 그 토대를 잃고 이미 존속할 길이 없어졌음에도 불구하고 이 레짐을 타성적으로 유지하려는 사회적 압력이, 청산하려는 사회적 압력을 뛰어넘었기 때문에 사실상 공중에 떠 있는 상태로 유지되고 있다.

이런 상태의 도착점은 어떤 의미에서 '파산'이다. 아니, 원전 사고 재난 지역은 이미 '파산'을 경험했고, 장기 집권 중인 아베 정권의 상궤를 벗어난 국회 경시와 거짓 답변, 삼권분립 파괴 등으로 의회제 민주주의 또한 '파산'하고 있다고 볼 수 있다.

또한 이런 지배층의 도의적 파산에 호응하는 형태로 나타난 각종 차별의 공공연한 표출은 대중 차원의 정신적 파산이 진행되고 있음을 보여주는 증거다. 또 지배층과 대중을 이어주는 위치에 있는 매스미디어(언론)도 퇴각에 퇴각을 거듭해왔다.

요컨대 위에서부터 아래에 이르기까지 '파산'하고 있는 것이다. 전후 민주주의의 위기는 단지 평화헌법 존속이 곤란해졌다는 것을 의미하는 데 그치지 않고 전후 사회의 총체적인 열화劣化를 의미한다.

2. 천황의 기도

전후 민주주의의 위기는 곧 상징 천황제의 위기

그런 가운데 공표된 아키히토 전 천황의 '말씀'의 내용 가운데 눈길을 끈 것이 '천황의 직무', 특히 "상징으로서의 역할을 수행한다"는 거듭된 언급이었다.

"상징 천황제란 무엇인가?"라는 질문은 내가 아는 한 최근 몇십 년간 사회적 화제가 된 적이 없었다. 그것은 바꿔 말하면, 그 질문에 대한 답은 자명하다는 암묵적 합의가 일본 사회에 존재하고 있었다는 것이리라. 즉 "전후의 천황제는 상징 천황제이며, 그럴 경우 천황이 무엇인지에 대해서는 헌법과 황실전범에 명기돼 있다"는 것이다.

이는 전후의 기점(패전, 점령, 천황제의 존속, 신헌법 제정 등)으로 돌아가 보면 자연스레 수긍이 가는데, 새 헌법을 핵심으로 하는 전후 민주주의는 상징 천황제와 하나의 세트로 태어났다. 따라서 전후 민주주의가 위기에 처했다는 뜻은 필연적으로 상징 천황제 역시 위기에 처했다는 것을 의미한다.

'말씀'을 통해 분명해진 것은 일본 사회가 해결이 끝난 것으로 간주해 거의 잊어버리고 있던 질문에 대해 천황 자신이 고독한 사색을 계속해왔다는 사실이 아닐까.

그리고 위기 상황에서 천황은 자신이 고민해서 얻어낸 성과를 국민에게 제시했다. 즉 "상징 천황제란 무엇인가?"라는 질문에 국민이 관심을 갖게 만듦으로써, 그것이 전후 민주주의와 함께 위기를 맞고 있으니 타개할 방안을 모색하지 않으면 안 된다고 호소한 것이다.

동적〔動的〕 상징론

그런데 이번 생전 퇴위(양위)의 의향 표명에서 정치 개입적 성격이 가장 짙게 드러난 메시지가 있는데, 바로 천황이 고령이 되었을 때 그 직무를 섭정이 대행하도록 하는 것을 명확하게 부정한 부분이다.

황실전범 제16조에는 섭정의 설치에 대한 규정이 있으며, '신체의 중환重患' 등을 요건으로 제시하고 있다. 고령화를 '신체의 중환'의 일종으로 간주하는 것은 자연스러운 해석이다. 따라서 천황이 나이가 들어 체력 저하 때문에 공무를 집행하기 곤란하다면 섭정을 두는 것이 가장 무난한 법률 해석이라는 견해는 설득력이 있다.

실제로, 보도에 따르면 다음과 같은 경위가 있었다고 한다. "2010년 7월 22일의 참여회의에서 천황은 퇴위 의향을 표명했다. 그러나 측근은 '지금까지 상징으로 해오신 것을 국민은 모두 알고 있습니다. 공무에 대역을 세우는 등의 방식으로 형식만 천황이 되셔도 이의를 제기할 사람은 없습니다'라며 번의를 촉구"했다. 그러나 천황은 그 진언을 "잘못된 것"이라며 단호히 거부해 격론이 벌어졌다고 한다. [6]

여기에 아키히토 전 천황의 사상이 있다. "상징으로서의 역할을 수행한다"는 것은 단지 천황이 살아 있기만 하면 된다는 것이 아니며, 또 섭정이 대행할 수 있는 것도 아니다. 이것은 글자 그대로 "전신전령으로" 국민의 평안을 기도하고 또 재난으로 상처받은 사람들이나 사회적 약자들을 격려하기 위해 동분서주해야만 하는 직무라는 천황 자신의 생각이 분명히 제시돼 있는 것이다.

아키히토 전 천황 즉위 이래 이른바 '헤이세이류平成流'로 여겨져온 천황·황후의 행동상의 특징은 '움직인다'는 것이었다. 특히 재해가 잇따랐던 헤이세이 시대에 두 분은 많은 재해지를 찾아가서 때로 무릎을 꿇고 피해자들과 같은 눈높이에서 격려와 위로의 말을 건네왔으며, 그런 적극적인 자세는 천황·황후에 대한 국민의 경애심을 크게 높여왔다. '말씀'은 거기에 대해 다음과 같이 언급하고 있다.

내가 천황 자리에 앉고 나서 거의 28년 동안, 나는 일본이 겪은 숱한 기쁜 시기와 슬픈 시기를 사람들과 함께 지내왔습니다. 나는 이제까지 천황의 직무로서 무엇보다도 먼저 국민의 안녕과 행복을 기원하는 것을 중요하게 생각해왔습니다만, 동시에 일할 때는 때로 사람들 곁에 서서 그 소리에 귀를 기울이고 그들의 생각에 다가가는 것도 중요한 일이라고 생각해왔습니다. (중략) 일본의 각지, 특히 멀리 떨어진 곳이나 섬들을 여행하는 것도 천황의 상징적 행위로서 중요한 일로 나는 여겨왔습니다. 황태자 시절까지 포함해서 이제까지 내가 황후와 함께 다녀온 전국 거의 모든 곳의 여행은 국내 어디든 그 지역을 사랑하고 그 공동체를 착실하게 떠받치는 시정市井의 사람들이 있다는 사실을 인식하게 해주었습니다. 내가 그런 인식을 갖고 천황으로서 중요한, 국민을 생각하고 국민을 위해 기도하는 직무를 사람들에 대한 깊은 신뢰와 경애로써 수행할 수 있었던 것은 행복한 일이었습니다.[7]

이 부분에서는 자신이 관철해온 자세가 널리 국민에게 받아들여져 직무를 수행할 수 있었던 데에 대한 자부심과 만족감이 배어나온다. 그리고 바로 이처럼 '움직이는' 것을 나이가 들어 할 수 없게 된 것이 퇴위할 수밖에 없는 근본적인 이유라고 했다. '말씀'은 다음과 같이 이어진다.

> 천황의 고령화에 따르는 대처 방안이 국사 행위나 그 상징으로서의 행위를 한없이 축소한다면 무리가 생길 것으로 생각됩니다.

여기에 아키히토 전 천황의 '상징 천황론'의 핵심이 있다고 볼 수 있다.

측근이든 여러 식자들이든, 많은 경우 이제까지 천황이 해온 직무에 감사하고 노고를 치하하고 싶은 마음에서 '천황의 고령화 대책'을 '공무의 축소'에서 찾아왔다.

그러나 바로 그런 견해에 대해 천황은 '잘못된 것'이라고 이야기한 것이다. 천황이 병이나 고령화로 무엇 하나 제대로 공무를 집행할 수 없게 된다 하더라도 존재하는 것만으로도 '상징'일 수 있다는 건 말이 안 된다는 이야기다. 거꾸로 이야기하면 천황이 '움직이고', 국민과의 교류를 심화시키면서 그 바탕 위에서 '기도'를 실행해야만 비로소 천황이 지닌 '상징'의 기능이 제대로 작동될 수 있다는 것이다.

천황의 의고주의─나라를 떠받치는 '기도'

그리고 그 논점은 다음과 같은 섭정 부정론으로 직접 연결된다.

또 천황이 미성년이거나, 중병 등으로 그 기능을 수행할 수 없게 될 경우에는 천황의 행위를 대행하는 섭정을 두는 것도 생각할 수 있습니다. 그러나 그런 경우에도 천황이 그 위치에 요구되는 직무를 충분히 수행하지 못한 상태로 생애 마지막에 이르기까지 계속 천황 자리를 유지한다는 데에는 변함이 없습니다.

이것은 아키히토 전 천황의 견해에 들어 있는 일종의 의고주의擬古主義적 사상을 상정하지 않으면 이해할 수 없다. 천황은 "천황이 그 위치에 요구되는 직무를 충분히 수행하지 못한 상태로 생애 마지막에 이르기까지 계속 천황"인 사태를 무엇보다 피해야만 한다고 말하고 있다. 그것은 무엇 때문인가?

여러 국사 행위나 사무적 승인 업무는 섭정을 통해서도 충분히 그 직무를 수행할 수 있을 것이고, 외국 손님의 알현 등도 건강상의 이유가 있다면 섭정을 통해 대행해도 실례가 되지 않는다. 그렇다면 역시 아키히토 전 천황이 상징 천황제에서 대행할 수 없는, 그 역할의 핵심으로 간주했던 일(=그 위치에 요구되는 직무)은 바로 '움직이고, 기도하는 것'이다.

그리고 그 직무를 수행할 수 없게 된 천황은 더 이상 천황이어서는 안 된다고 말한다. 이것은 단순히 "직무를 수행할 수 없는데 천황의 지위에 있는 상태는 천황 자신이 바라는 바가 아니다(그러니 퇴위하게 해달라)"라는 이야기가 아니다.

이것을 뒷받침하는 것으로, 아키히토 전 천황은 생전 퇴위(양위)의

제도화에 집착한 것으로 알려져 있다. 즉, 제도화함으로써 어느 때건 천황이 "움직이고, 기도하는 것"이 중단되는 사태가 일어나지 않게 하고, 천황의 기도에 공백이 생기는 걸 피해야 한다는 이야기를 하고 있는 것이다.

"움직일 수 없게 되더라도 폐하가 계셔주는 것만으로도 충분히 감사한 일입니다"라는, 주변 사람들이 선의에서 한 말을 아키히토 전 천황이 단호하게 뿌리친 이유가 여기에 있다.

이제까지 살펴봤다시피, 아키히토 전 천황은 국사 행위와 같은 근대법으로 규정된 천황의 직무보다도 전근대적인 '천황의 기도'에서 훨씬 더 중대한 의미를 찾아내고 있다.

그리고 기도는 '국민의 안녕과 행복'을 위한 것이다. 이번의 '말씀'으로 분명해진 것은 이 '기도하는 것'에 아키히토 전 천황이 얼마나 열의를 쏟아왔는가 하는 것이다.

"천황의 기도가 잠시라도 단절돼서는 안 된다"는 것은 그 기도에 '국민의 안녕과 행복'이 걸려 있기 때문이다. 바꿔 말하면, 기도의 차원에서 천황은 국민의 행복에 대해 무한책임을 지고 있다. 일본 국민이 행복해지는 것도, 불행해지는 것도 천황의 기도 여하에 달려 있다고.

이런 사고는 근대적인 사고의 틀로는 이해할 수 없다. 그것은 아키히토 전 천황의 사상이 품고 있는 의고주의라고밖에 설명할 길이 없다.

사족이지만 나는 '의고주의'를 지적함으로써 아키히토 전 천황의 사상을 고리타분하다고 비판하려는 게 아니다. '말씀'은 이 의고주의를 통해 '천황은 신인가, 사람인가?'라는, 천황론의 핵심부에 위치하지만 많은 경우 애매하게 회피해버리는 질문에 대한 답을 내놓았다. 신이든 사람이든 천황은 그 기도를 통해, 일본이라는 공동체의 영적 중심이 된다는 것이 그 대답이리라.

그런 생각에 따르면, 천황 직무의 본질은 공동체의 영적 일체성을 만들어내고 유지하는 데에 있다. 그 현대적 의미가 어떤 문맥 위에 있는 것인지는 이 책의 마지막에 다시 논의하기로 하자.

기도를 통해 '국민 통합'을 만들어낸다

그리하여 '움직인다'는 것을 토대로 한 '기도'가 천황을 상징다운 존재로 만든다. 그러면 이때 천황은 무엇을 '상징'하는가.

이번에 강조되고 상기된—그리고 헌법상의 규정이기도 한—것은 천황이 '일본국의 상징'일뿐만 아니라 '국민 통합의 상징'이기도 하다는 사실이다.

천황의 '존재(있는 것)'와 '행위(움직이고, 기도하는 것)'는 일본국 헌법 제1조의 천황 규정, "일본국의 상징이며 일본 국민 통합의 상징"에 대응하는 것이라고 할 수 있을지도 모르겠다. 천황은 움직일 수 없게 되더라도 그냥 '있는 것'만으로 '일본국의 상징'일 수 있는 데 비해, '움직이고, 기도하는 것'을 통해야만 비로소 '국민 통합의 상징'일 수 있다. 부연하자면, 기도를 통해 '국민 통합'을 만들어낸다.

왜냐하면, 국민이 천황의 기도가 가져다줄 안녕과 행복을 집단적으로 느낄 수 있어야 비로소 국민은 서로 화합할 수 있고, 공동체는 공동체다울 수 있기 때문이다.

'국민 통합'의 위기를 극복하기 위한 양위

이처럼 천황이 '움직이고, 기도하는' 것을 핵심으로 하는 '동적 상징론'은 천황이 고령이나 병 때문에 약해졌을 때는 기도와 격려가 동시에 쇠약해지고 따라서 천황으로 상징되는 '국민 통합'이 약화된다는 함의를 지닌다.

이 때문에 체력의 한계를 맞은 천황은 그 자리에서 물러나야겠다는 결론에 도달했던 것이다. 쇠약한 천황의 쇠약한 기도로 국민에게 충분한 안녕과 행복을 가져다줄 수 없다면, 더 힘차게 기도할 수 있는 젊은 천황에게 자리를 물려줘야 한다는 생각이다.

그럼에도 인상적이었던 것은 늘 그렇듯 온화한 어투로 '상징이란 무엇인가'를 이야기하면서도, 그 모습에 엄숙함과 매서움이 배어 있었다는 사실이다. 앞서 이야기했듯이 그것은 전후 민주주의의 위기, 곧 상징 천황제의 위기가 고조됐다는 절박감의 표출이었을 것이다.

전후 민주주의는 전후의 공식 국가 체제 그 자체인 만큼 그 위기는 레짐 전반의 위기이며, 따라서 '국민 통합'의 위기와 다르지 않다. 3·11(동일본 대지진) 이래 '국민 통합' 위기의 심화는 마치 아키히토 전 천황의 고령화=체력 저하=기도의 쇠약과 병행하듯 진행돼왔다. 바로 이 위기를 타개하기 위해서 새로운 젊은 천황의 기도로 갱신하자고 제안함으로써, 상징 천황제에 대해 국민이 새삼 생각해보도록 천황이 몸소 호소하는 이례적인 행동을 취했던 것이다.

3. 전후 레짐의 위기와 상징 천황

대미 종속 레짐의 미청산이 낳은 위기

다만 아키히토 전 천황에게 '자신의 기도로 나라를 떠받친다'는 의고적인 자각이 있었다 하더라도, 동시에 천황은 근대인이기도 하다. 헌법상 논란이 벌어질 수도 있는 행위를 하지 않으면 안 될 정도로 위기에 대한 절박감이 강했던 데에는 합리적인 이유가 있었다. 그 이유를 스스로 명시적으로 밝힌 것은 결코 아니지만, 우리가 그것을 읽어낼 수는 있다.

아키히토 전 천황이 개입한 정치적 문맥이 전후 민주주의의 위기, 즉 상징 천황제의 위기라고 거듭 이야기해왔는데, 내가 전개해온 논의의 개념을 활용해서 이야기하면, 이 위기는 '영속 패전 레짐'이 공중 누각이 됐음에도 청산되지 못하고 오히려 온갖 억지스러운 수법으로 유지되면서 발생하는 위기다.

그렇게 생각할 때 그 위기는 곧 대미 종속 레짐의 위기, 더 정확하게 이야기하자면, 특수한 대미 종속을 토대로 유지돼 온 레짐의 위기다.

미국이 설계한 상징 천황제

상기해야 할 것은, 상징 천황제를 포함한 전후 레짐 총체總體가 애초에 미국의 전후 대일 구상을 통해 그 기초가 설계된 것이라는 역사적 사실이다.

천황제의 존속과 함께 전력戰力(군사력) 유지를 금지하도록 규정한 전후 헌법이 미국이 구상한 대일 정책에서 하나로 엮인 '원 세트'였다는 사실은 여러 역사 연구를 통해 알 수 있는데, 상징 천황제 또한 전쟁이 종결되기 훨씬 전에 미국 정부 내에서 구상된 것이었다.

나중에 지일파知日派의 거물로 주일 미국 대사직을 맡은 에드윈 라이샤워Edwin Reischauer가 "우리의 목적에 가장 부합하는, (일본인에 대해) 대단한 권위를 지닌 괴뢰(傀儡, 꼭두각시)"로서 천황을 전후 일본의 부흥과 서방 진영으로의 편입에 보탬이 되는 존재로 지명한 것이 1942년 9월이었는데,[8] 실제로 그런 지침에 따라 전후 일본이 설계됐다.

더글러스 맥아더가 깊이 자각했듯이, 미국이 구상한 전후 일본의 민주주의는 천황제라는 그릇에서 군국주의를 빼버리고 대신에 '평화와 민주주의'라는 알맹이를 주입한 것이다. 즉, 대미 종속 구조 아래 천황의 권위가 있고, 다시 그 아래에서 전후 민주주의가 영위된다고 규정한 것이다. 이렇게 보면 상징 천황제는 큰 틀인 대미 종속 구조의 일부로서 설계됐다는 것을 알 수 있다.

미국과 국체를 둘러싼 역설

따라서 우리는 하나의 역설에 직면하게 된다. 상징 천황제를 어떻게든 지켜내야 한다는 아키히토 전 천황의 호소는, 한편으로는 패전을 계기로 미국의 개입 아래 제도화된 것을 지켜내야 한다는 호소이기도 하다.

또 한편으로 저 '말씀'은 자기목적화한 대미 종속의 영속화가 지금과 같이 전후 민주주의 전체를 갉아먹고 있는 상황 속에서, 천황의 상징 작용이 상징하는 것이 '국민 통합'이라는 사실을 상기시킨다. 이는 통합을 유지 내지 회복하기 위해서는 오늘날 위기의 근원인 전후 일본의 이상한 대미 종속을 끝장내야 한다는 것을 시사한다.

'미국'은 긍정되면서 동시에 부정되고 있다. 이런 역설이 존재하기에 우리는 역사를 살펴봐야 한다.

생각해보면, 점령 정책과 동서 대립(냉전)은 전후 일본을 이데올로기 차원에서 매우 기묘한 상황에 처하게 만들었다. 그 구조 속에서는 미국의 지배를 받아들이는 것이 천황제의 유지(독자성의 유지)인 동시에 민주주의이기도 했다. 국체의 파괴(패배와 피지배)는 국체의 호지(천황제 견지)였고, 국체의 호지(군주제의 유지)는 국체의 파괴(민주제의 도입)였다. 이는 패전에 따르는 일시적인 혼란이 결코 아니었다. 이 기묘한 모순 속에 파헤쳐야 할 전후 일본의 본질이 가로놓여 있다.

미국을 정점으로 한 '전후의 국체'

그러나 이 상태는 기묘하긴 해도 일본 국민에게는 달콤한 것이었다. 덕분에 전후라는 시대는 오랫동안 '평화와 번영'이라는 형용을 누려왔으니까. 그리고 이제 우리는 그것의 역설적인 귀결을 목격하고 있다.

전후 70여 년의 세월이 흐르면서 그 기묘한 구조가 노출됐으며 변질된 상태도 드러났다. 그것은 천황제를 존속시킨 미국의 진의(일본의 가치관이나 문화를 지키려는 선의도 아니고, 그에 대한 경의도 아니었다)가 분명해짐과 동시에 냉전 종식 뒤의 세계에서 미국을 따라가면 일단 틀림이 없다는 자세를 취한 일본의 국가 지침이 합리성을 잃게 됨으로써 초래된 결과였다.

　그럼에도 전후 레짐을 호지(견지)하려는 이 나라 친미 보수 지배층의 정신 속에서 이제 권위의 무게 추는 천황이 아니라 미국 쪽으로 기울고 있다. 아베 총리가 각국 언론으로부터 미국 대통령에게 "아첨하고 있다"는 소리를 듣는 한편으로, 총리가 총애하는 언론인은 "천황은 기도만 해도 된다"는 이야기를 공공연히 떠든다. 그러나 나중에 이야기하겠지만, 미국을 사실상의 정점으로 떠받드는 체제가 '전후의 국체'라고 한다면 이런 현상은 전혀 놀랄 게 없다.

　게다가 이 '전후의 국체'는 지금 '국민 통합'을 실현하기는커녕 그것을 파괴하는 쪽으로 기능하고 있다. 현재 정계·관료·재계·학계·언론의 주류를 구성하는 친미 보수파의 모습은 미국의 국익 실현을 위해 분골쇄신하는 듯이 보이는데, 그것은 일본 사회를 황폐화시킴으로써 '국민 통합'을 위에서부터 파괴하고 있다. 또 오키나와의 소리를 무시한 헤노코辺野古의 미군 기지 건설 강행도 같은 작용을 야기하고 있다.

　그리고 이 체제를 떠받치는 대중적 기반으로 눈을 돌려보면, 현 정권의 열렬한 지지자인 우파 활동가들이 가두선전 때 성조기를 들고 나가는 광경은 이미 익숙한 풍경이 됐다. 그들에게 성조기는 일장기와 마찬가지거나, 그 이상의 국기일 것이다.

기로에 선 일본

패전에도 불구하고 천황제를 보호·유지하는 것을 당시 일본인 대부분이 반겼지만 그것의 진짜 의미가 이제 드러나고 있다. 과연 일본인은 당당하게 "우리는 우리의 천황을 잃지 않았다"고 말할 수 있는가? 어느 누구도 더 이상 이 질문으로부터 도망칠 수 없다.

아마도 일본은 세계 역사에서 비슷한 예를 찾기 어려울 정도로 터무니없이 기묘한 패전, 즉 어떤 패배를 당했는지 패배자 자신이 자각하지 못해 거기서 탈출할 수 없게 된 이상한 패배를 경험하고 있고, 이제 그것이 표면화됐다. 이런 상황에서 '말씀'이 나왔다.

패전국에서 '권위 있는 괴뢰'의 지위에 머물 수밖에 없었던 아버지(히로히토 천황) 대에 시작된 상징 천황제를 열렬한 기도를 통해 부흥시킨 아키히토 전 천황은 시대의 흐름에 맞지 않게 된 이러한 근본 구조를 극복하기 위해 무엇이 필요한지 국민에게 생각해보도록 촉구했다.

만일 거기에 누구도 응할 수 없다면 천황제는 끝날 것이다. 지금 국민이 통합되지 못하고, 통합의 회복을 누구도 바라지 않는다면 '통합의 상징'도 있을 수 없기 때문이다. 또는 미국이 천황 역할을 해주고 그걸로 문제가 없다면 일본의 천황 따위 필요가 없을 것이다. 우리가 그런 기로에 서 있다는 것을 '말씀'은 알려주었다.

이 책에서 탐구하고자 하는 바는 근현대 국체의 역사를 살펴봄으로써 이 '기로'의 본질을 알아내는 것이다.

제2장

국체, 두 번 죽다

1. '잃어버린 시대' 헤이세이

헤이세이는 어떤 시대인가

아키히토 전 천황의 생전 퇴위(양위) 의향 표명은 '헤이세이'가 끝을 맞이했음을 의미하는데(2019년 5월 1일, 아키히토의 장남 나루히토가 즉위하면서 전대의 연호였던 헤이세이平成 역시 새 연호인 레이와令和로 교체됨-역주), 후세의 역사가들은 헤이세이 시대를 어떻게 규정할까.

유감스럽게도 내가 대부분의 생을 보낸 이 시대는 '어리석은 시대'로 규정될 것이다. 세상에서 일컫는 '잃어버린 20년' 또는 '잃어버린 30년'은 그 대부분이 헤이세이 시대와 겹친다. 즉, 헤이세이 시대가 온통 '잃어버린 시대'라는 것은 거의 상식이 돼 있다.

이 같은 평가는 1980년대의 거품경제가 붕괴한 이후 경제 침체가 계속 이어지고 있다는 사실 때문만은 아니다.

오늘날의 관점에서 돌이켜보면, 헤이세이 시대의 시작에 해당하는 1990년 전후의 시기는 일본이 결정적인 전환점에 이르렀음을 알리고 있었다.

경제성장의 종언─민족 재기 신화의 공회전

첫째, 거품의 붕괴는 전후 거의 일관되게 상승을 이어나가던 일본 경제의 성장기에 종지부를 찍었다. 그것은 냉정하게 보면, 서유럽 여러 국가나 미국과 마찬가지로 국민이 전반적으로 부유해짐에 따라 국내의 저렴한 노동력이 고갈되고 심각한 저개발 지역이 소멸됐다는 것 등을 의미한다. 즉, 일본의 국민경제가 구조적으로 성숙해지면서 더 이상의 고도성장을 바랄 수 없는 단계에 진입했다는 뜻이다.

그러나 전후 일본에서 '경제성장'은 '풍요로워지는 것' 이상의 의미를 지니고 있었다. 그것은 '이코노믹 애니멀(경제 동물)'이라는 욕을 듣고, 과로사로 세계를 경악시키면서까지 추구해야 할 그 무엇이었다. 왜냐하면, 바로 거기에 패전이라는 거대한 좌절에서 민족이 재기했다는 전후 일본의 신화가 담겨 있기 때문이다.

동서 냉전의 종언─미국에 의한 '비호'에서 '수탈'로

둘째, 냉전의 동쪽 블록이 붕괴하면서 동서 냉전은 끝났다.

졸저《영속 패전론》과《전후 정치를 끝낸다》에서 논했듯이 일본의 전후 레짐의 구조 및 '평화와 번영'의 토대가 된 최대의 요인은 동서 냉전에서 일본이 차지한 절묘한 지정학적 위치였다.

소련이라는, 미국과 일본의 공통의 적이 있는 한 미국은 아시아의 가장 중요한 동맹국인 일본을 비호할 구체적인 이유가 있었으며, 따라서 일본이 대미 종속을 국가 방침의 기본으로 삼은 것에도 그 나름의 합리성이 있었다. 그 구조의 비호 아래 일본은 대미 종속 상태에 머물면서 경제적으로 미국에 위협이 될 정도로 강대해졌다.

하지만 소련을 우두머리로 한 사회주의권의 붕괴로 사정은 완전히 달라졌다. 이 변화에 따라 미국이 일본을 비호하지 않으면 안 될 동기는 기본적으로 소멸했다.

'미일 구조 협의'가 시작된 것은 1989년인데, 이 흐름은 나중에 '미일 포괄경제협의', '연차 개혁 요망서' 등으로 모습을 바꿨고, 나아가 TPP환태평양경제동반자협정로 전개됐으며, 거기서 미국이 이탈하면서 앞으로는 미일 FTA자유무역협정 협의 쪽으로 진행될 게 유력해 보인다.

이런 협의 과정에서 일본은 미국으로부터 내정간섭이나 다름없는 요구를 받았다. 공정한 무역을 통해 미국의 대일 무역 적자를 삭감하겠다는 미명하에 신자유주의적인 정책 채택을 강요받은 것이다. 그리고 그 연장선상에서 이른바 재팬 핸들러Japan handler들이 작성한 '아미티지–나이 보고서Armitage-Nye Report' 같은 것이 일본 정부 여당의 안보정책에서 경제정책까지의 중대한 정책을 공공연하게 규정하는 사태가 빚어졌다.

이런 흐름이 의미하는 것은 요컨대, 미국의 대일 자세의 기초가 '비호'에서 '수탈'로 전환했다는 것이다. 국제적 배경을 고려하면 그것은 당연한 일이다. 초강대국이 초강대국다운 이유는 쇠퇴 국면에서도 그 비용 청구서를 타국에게 돌릴 수 있다는 점에 있다.

쇼와의 종언

셋째, 이는 완전히 우연이지만, 이 두 가지 대전환과 거의 동시에 1989년, 히로히토 천황의 서거로 쇼와昭和 시대가 끝났다. 관동 대지진(1923년)이 남기고 간 상처와 대공황(1929년)에서 시작돼 파시즘의 대두와 '15년 전쟁(1931년의 만주 침략에서부터 1945년 패전까지 군국주의 일본이 치른 전쟁을 가리킴-역주)'의 패배, 초토화, 그리고 경이적인 부흥에서 경제대국으로의 길을 걸은 격동의 시대가 종언을 고한 것이다.

한 차례 망국의 사태에 직면해 '현인신(現人神, 인간의 형상으로 나타난 신-역주)'과 '인간 천황'의 두 가지 삶을 산 쇼와 천황은 거품경제로 들끓던 일본 자본이 뉴욕의 상징인 록펠러 센터와 컬럼비아 영화사를 매수했다는 뉴스로 세간이 떠들썩한 것을 마지막까지 지켜보듯 하며 세상을 떠났다.

헤이세이 시대는 그때 시작됐던 것이다. 이렇게 보면, 이 시대의 과제는 전후 일본의 '평화와 번영'을 떠받쳐준 조건이 소멸함에 따라 새로운 조건에 적응하기 위한 변화를 이룩하는 것이었다.

그러나 현실에서는 강력한 경제성장을 회복하지 못했고, 그렇다고 해서 경제성장을 대체할 새로운 풍요와 행복의 방식을 확립하지도 못한 채 양극화의 확대와 빈곤의 만연으로 새로운 계급사회가 생겨났다(경제 분야의 '잃어버린 20년').

그럼에도 전후의 일본인들에게 경제성장은 국가 정체성과 관련된 것이었기에 영원히 지속시켜야만 했다. 따라서 성장의 정지는 순수하게 경제적인 곤란뿐만 아니라 정체성의 위기를 초래했으며, 그 때문에 오히려 불가능한 신화에 대한 집착이 생겨났다.

경제 침체 이유 중 하나인 급격한 인구 감소少子化에 대해서는 본격적인 대책을 취하지 못한 채, 동일본 대지진과 후쿠시마 제1원전 사고로 인한 재난에서 다시 일어선다는 부흥의 상징을 도쿄에서 열릴 올림픽 게임이나 오사카에서 유치하려는 만국박람회에서 구하는 사태가 그 뒤집힌 의식을 웅변적으로 말해주고 있다.

아시아에서 첫째가는 부하 지위의 상실

또 한편으로 정치에서는 1990년대에 널리 선전된 '아시아로의 착지着地(지나친 대미 종속에서 벗어나 아시아를 중시하는 방향으로 정책을 전환한다는 의미-역주)'가 좌절되면서 대미 종속의 필연성이 사라진 시대에, 오히려 대미 종속이 더 강고하게 자리 잡는 역설적 사태가 진행되었다.

그러는 중에 아시아 국가들의 국력 증대에 따라 아시아 지역에서 특출했던 일본의 국력이 상대적으로 약화됐고, 그로 인한 초조감이 대중 사이에서 배외주의 감정의 확산이라는 형태로 나타나고 있다.

대미 종속과 아시아에서의 일본의 고립은 다른 사안이 아니다. 그 것은 냉전 시대부터 동전의 양면처럼 기능해온 것이고, 영속 패전 레짐의 근간과 같은 구조를 이루고 있다. 일본은 제2차 세계대전 뒤 아시아에서 '미국의 첫째가는 부하'의 자리를 차지함으로써 침략과 식민지배라는 어두운 역사와 대면하는 일을 최소한의 땜질만으로 넘길 수 있었기 때문이다.

비록 아직까지 한반도와 타이완 해협에서 냉전 구조가 지속되고 있다고는 하지만, 중국이 세계 자본주의에 통합된 이상 냉전은 종언을 고했다고 봐야 한다. 즉, 일본이 전후 레짐을 청산해야만 하는 상황이 조성된 것이다.

영속 패전 레짐의 순수화

하지만 지금 우리의 눈앞에서는 청산은커녕 영속 패전 레짐의 원리주의적인 순수화純粹化가 진행되고 있다.

자민당을 필두로 정계·관료·재계·학계·언론에 뿌리를 내린 영속 패전 레짐의 관리자들(=친미 보수파 지배층)은 미국의 수탈 공세에 저항하는 대신 오히려 그 앞잡이를 자임함으로써 자기 이익을 꾀했고, 대미 종속은 국익 추구 수단이 아니라 이미 그 자체가 목적이 됐다. 그 한편으로 일본과 한국 혹은 일본과 중국 간의 신뢰 양성이 다시 시작될 기미는 보이지 않는다.

그리하여 아베 총리의 '전후 레짐으로부터의 탈각'이라는 슬로건과는 반대로, 자민당 정권이 하고 있는 것은 동서 냉전이라는 토대를 잃고 공중에 떠버린 레짐을 필사적으로 유지하는 일이다. 아베 신조가 자칭하는 '보수주의'란, 이 우매한 자를 두 번이나 총리 지위에 앉힌 권력 구조를 수단을 가리지 않고 '보수한다(지킨다)'는 지침에 지나지 않는다.

돌이켜보건대, 1990년대에는 '55년 체제(1955년에 자민당 창당으로 탄생한 일본의 보수 합동 체제-역주)'의 붕괴와 정계 재편이 일어나고 선거제도 개혁 등을 거쳐 2009년에 민주당으로의 정권 교체가 실현됐다. 하토야마 유키오鳩山由紀夫의 민주당 정권에서 가장 명료하게 드러났듯이, 거기에는 불건전한 대미 종속 구조에서 벗어나려는 시도가 들어 있었다.

그러나 정치 차원에서 '전후를 끝내겠다'는 모든 시도가 결국 대미 종속 체제의 강화로 귀결된 현실은 헤이세이 시대의 정치가 얼마나 척박했는지를 드러내고 있다(정치에서의 '잃어버린 20년').

평화와 번영의 '전후'에 집착한 헤이세이

끝나지 않는 '전후'. 사실 전후 일본이 '평화와 번영'의 좋은 시대로 체험돼온 만큼 그 세계상에 집착하는 경향이 생긴 것은 이해할 수 있는 일이긴 하다.

그러나 이제 그 노스텔지어가 얼마나 병적으로 바뀌고 있는지는, 제2차 아베 정권이 '아베노믹스' 정책을 선전하자마자 서점의 경제 시사 코너를 가득 채운 아베노믹스 찬양 서적들 몇 권만 훑어봐도 금방 알 수 있다.

그 서적들에 따르면, 아베노믹스 덕에 일본 경제는 대부활을 했으나 중국과 한국 경제는 파탄을 맞고 있다. 이런 책들은 명백히 경제 시사 서적으로 위장된 혐오 서적이다. 이런 종류의 책을 소비하는 사람들은 일본이 경제적으로 부활하는 것만으로 만족할 수 없고, 중국과 한국이 몰락해야만 마음이 놓인다. 여기에서는 '경제적 번영을 되찾고 싶다'는, 순수하게 그 자체로는 온당한 바람이, 뒤쫓아온 다른 아시아 국가의 국민이 '불행의 밑바닥으로 가라앉아주면 좋을 텐데'라는 꺼림칙한 바람과 표리일체를 이루고 있다.

여기에는 '아시아의 선진국은 일본뿐이어야 한다'는, 전후의 '평화와 번영'이라는 밝은 비전 뒤에 감춰진 어두운 바람이 있다. 그것은 메이지유신 이래 일본인들이 품어온 유럽과 미국을 향한 열등감과 다른 아시아 국가의 국민에 대한 인종차별이나 다름없다. 우리는 패전을 부인함으로써 그런 심정과 바람을 전후까지 연장했다.

그러나 이미 이야기했듯이 그 연장을 가능하게 해준 조건은 소멸했다. 그리하여 전환을 위한 적응에 실패하고 그 실패를 직시하지도 못한 채, 열등감과 인종차별에 잠긴 상태로 '그때(=냉전 시대)가 좋았다'는 백일몽에서 깨어나지 못하는 시대. 한마디로 정리하면, 그것이 바로 헤이세이 시대다.

후세의 일본인(그들이 존속할 수 있다면)은 이 시대의 터무니없는 어리석음에 경악하면서 또한 우리 세대를 깊이 경멸할 것이다. 천황의 양위 의향 표명은 이러한 헤이세이의 시대를 천황 자신이 끝내겠다는 것을 의미한다.

2018년과 2022년

이와 같은 정세 속에서 일본의 근대는 150살(2018년은 메이지유신 이후 150년이 되는 해)을 맞았다. 그러나 기념한다는 의미에서는 2022년이 더 중대한 의의를 갖고 있다. 그 까닭은 이 해가 '전전(메이지유신에서 패전까지)'과 '전후(패전에서 지금까지)'의 시간 길이가 같아지는(양쪽 모두 77년이 된다) 해이기 때문이다.

일본인은 습관적으로, 또는 역사의식을 통해 '메이지유신에서 패전까지'를 일본 근대의 전반기로, '패전에서 현재까지'를 일본 근대의 후반기로 파악하는 경향이 있다. 1945년의 패전은 일본 근대사를 두 개의 다른 시간으로 가르는 강고한 분수령이다.

이런 역사의식에는 '전전'을 '선인先人들의 시대'로, '전후'를 '우리 시대'로 파악하는 감각이 작동하고 있다. 당연히 전자는 '멀고', 후자는 '가깝다'. 하지만 이 원근감은 시대에 대한 지적인 파악 가능성과 반비례한다. 왜냐하면 우리가 지금 그 속에서 살아가고 있는 시공時空은 대상화하기 어렵기 때문이다.

일본인은 지극히 자연스럽게 '전전'을 '메이지明治·다이쇼大正·쇼와昭和 전기'라는 형태로 구별함으로써 시대의 이미지를 포착한다. 그리고 그때 메이지유신 직후의 일본(시발점)과 15년 전쟁기의 일본(종착점)이 여러 의미에서 상당히 달랐다는 점을 이해한다.

이에 반해 '전후'는 우리가 그 속에서 살고 있고 틀림없이 어떤 측면에서는 그 연속성 속에 있는 만큼, 마치 패전 직후의 일본과 현대 일본이 매끈하게 연결되는 듯한, 기본적으로 같은 세계인 듯한 이미지를 갖기 쉽다. 따라서 '전후' 내부의 시기 구분에 대해서는 정설다운 정설도 존재하지 않는다. 그러나 이제 머지않아 '전후'의 길이는 '전전'과 같아진다.

표류하는 '전후'

'전전'의 역사는 종종 근대화 혁명에서 급속한 발전을 거쳐 실패에 다다랐다는 식으로 이야기돼왔다. 이 이야기에 대응하는 서사를 '전후'는 지금까지 갖지 못했다. 하지만 시간의 길이라는 관점에서 보면, 우리가 그 기원과 전개에서부터 귀결에 이르는 '전후'의 역사를 이야기하기에 충분한 세월이 이미 흘렀다.

그럼에도 '평화와 번영'의 시대라는 빛나는 전후의 이미지는 썩어 문드러지는 한편, 전후 정치의 부산물로 간주돼야 할 총리 대신이 '전후 레짐으로부터의 탈각'을 절규하는 희극이 되풀이되고 있는 가운데 '전후는 어떤 시대였던가'에 대해 우리는 유력한 가설조차 갖고 있지 않다.

'전후'가 무엇인지 모르는데 거기에서 '탈각'해서 도대체 어디로 가겠다는 것인가? '전후'는 끝났어야 하는데 끝나지 않았고, 끝나지 않았어야 하는데 끝났다는 기묘한 시간 감각 속에서 우리는 살고 있다. 그에 따른 평형감각 상실은 위에서 이야기한 공허하고 꺼림칙한 정치 슬로건이 나올 수 있는 기반을 제공했다.

헤이세이와 '전후'라는 두 가지의 종언, 그리고 '전전'까지를 아우르는 일본 근대사의 한 고비에 직면한 가운데 '말씀'은 공표됐다. 그것의 의미는 깊이 생각해볼 만한 가치가 있다.

2. 역사극은 두 번 되풀이된다

'국체'는 죽었는가

이 책은 일본 근대사를 하나의 가설에 입각해서 살펴봄으로써 그 전체 구조를 부감하고, '전후'가 어떤 시대였는지에 대한 물음에 답을 모색하려 한다. 이 책이 채택한 방법은 메이지유신부터 현재에 이르기까지의 일본 근대사를 '국체의 역사'로 파악하는 것이다.

상식적으로 전전의 일본은 '천황제 국가였다'고 다들 얘기한다. 그리고 전후의 민주화는 전전 일본의 이런 측면에 대한 부정을 의미했다. 그러나 주지하다시피 천황제는 상징 천황제로 바뀌어 존속됐다.

한편으로 상징 천황을 정점으로 한 제도를 '국체'라 부르는 것 또한 일반적이지 않으며, 그 때문에 '국체'라는 말은 거의 사어가 됐다. 전후 민주주의 체제는 천황제의 '국체적 측면'을 부정·청산한 것으로 이해돼왔으며, 그것은 국제적 약속이기도 하다. 그러나 정말로 '국체는 죽은' 것인가?

국체호지가 초래한 실질적인 점령 지속

나에게 이 물음이 날카롭게, 그리고 오늘날 가장 중요한 의미로 다가온 것은 《영속 패전론》을 준비하면서 정치학자 도요시타 나라히코豊下楢彦의 《안보조약의 성립-요시다 외교와 천황 외교》(1996년)를 읽었을 때였다.

그 책은 전후 일본의 대미 종속의 기원과 배경인 미일 안보조약의 성립(1951년) 과정에 쇼와 천황이 적극적으로 관여하려 했다는 가설을 제시하고 있다. 당시 상황을 보면, 샌프란시스코 강화조약(1951년)을 통해 연합군(실질적으로는 거의 미군)의 점령이 종결되고 일본의 국가주권이 회복됐으나, 중화인민공화국의 성립(1949년)과 한국전쟁 발발(1950년)로 아시아에서 동서 대립이 격화하는 가운데 미국은 계속 일본에 자국 군사력을 대규모로 주둔시키기를 강력히 희망했다. 그때 미국이 바란 것은 "우리가 원하는 만큼의 군대를, 원하는 장소에, 원하는 기간만큼 주둔시킬 권리"[1](미국 대통령 특사 존 포스터 덜레스)였다.

요시다 시게루吉田茂 총리를 대표로 하는 당시 일본의 친미 보수 지배층은 주권국가에 외국 군대의 상시적이고 무제한적인 주둔을 허용하는, 주권의 원칙을 위태롭게 만드는 그 요구를 받아들였다. 어떤 의미에서는 받아들일 수밖에 없었지만, 도요시타가 그의 책에서 주제로 부각시킨 것은 그 과정에서 쇼와 천황이 수행한 역할의 중요성이다. 다시 말해, 천황의 의도에 따르기 위해 미일 안보조약이 현저하게 불평등한, 실질적으로는 점령의 지속을 규정하는 대체물이 됐을 가능성이 있다는 것이다.

도요시타의 주장은 전후 헌법 체제에서 상징 천황은 실질적인 정치 개입을 해서는 안 된다는 법률론상의 문제를 지적하는 데 그치지 않았다. 그가 끌어낸 것은 쇼와 천황이 제시한 방향으로 전후 일본의 체제 존재 방식이 결정되면서 야기된 문제의 심각성이다. 그 지침에는 오키나와의 점령 상태를 장기간 지속시킬 것을 천황이 미국 쪽에 의뢰했던 1947년의 '오키나와 메시지'도 중대한 요소로 포함돼 있다.

공산주의에 대한 공포

도요시타는 쇼와 천황이 적극적으로 미국을 '맞아들인' 가장 큰 동기가 공산주의에 대한 공포와 혐오였다고 본다.[2] 동서 대립이 격화하는 가운데 쇼와 천황은 나라 안팎에서 가해질 공산주의의 침투를 막는 수호신으로 미국의 군사적 주둔을 요청했다.

황제 일가의 살해로 치달았던 러시아혁명의 귀결과 패전 직후의 사회 혼란으로 미뤄볼 때 '공산주의 혁명＝국체의 파괴'라는 관념 자체는 완전한 허구는 아니었다. 따라서 미국의 군사적 주둔을 적극적으로 받아들이는 것은 실로 '국체호지'의 수단일 수 있었던 것이다.

여기에서 천황의 정치 개입이 어느 정도 직접적 실효성을 가졌는지는 그다지 문제가 되지 않는다. 문제는 전전부터 이어져온 시스템인 '국체'가 대미 관계를 매개로 존속에 성공했고, 그로써 모종의 왜곡(불평등조약의 항구화, 대미 종속 체제의 영구화)이 미일 관계에 야기됐다는 사실이다.

도요시타는 말했다. "천황에겐 안보 체제야말로 전후의 '국체'로 자리 잡아야 했던 것이다."[3]

나는 이 문장에서 강한 인상을 받아 《영속 패전론》 제3장에 〈전후의 '국체'로서의 영속 패전〉이라는 제목을 달았다. 요컨대 나는, 미일 안보 체제를 가장 중요한 기반으로 삼는 전후 일본의 대미 종속 체제(영속 패전 레짐)를 전전과의 연속성을 지닌 '전후의 국체'라고 보고 있다. 그런 의미에서 '국체'는 사어가 됐을지언정 죽은 것은 결코 아니다.

'국체' 개념은 왜 유효한가

전후의 역사는 더욱 기묘하게 비틀렸다. 당초 공산주의에 대한 대응책으로 의도한, 국체호지의 수단이었던 대미 종속은 공산주의의 위협이 사라진 뒤에도 살아남았다. 아니, 살아남은 정도가 아니라 더 강화됐다. '국체로서의 안보 체제'는 그 존재 근거를 상실했기 때문에 비로소 그것이 '국체'인 이유를 드러내기 시작했다고도 할 수 있다.

이를 통해 명백해진 것은 전후 일본의 대미 종속 방식의 이상한 왜곡, 그 특수성이다. 앞서 살핀 역사적 경위 때문만이 아니라 세계에 유례가 없는(만방무비萬邦無比, 세상 모든 나라와 견주어도 비할 데 없음. 일반적으로 천황제 국가인 일본을 찬양할 때 쓰이는 말-역주) 특수성을 파악하기 위해서도 '국체' 개념이 적용돼야 하는 것이다.

국가 체제가 대미 종속적인 것 자체는 전혀 진귀할 것이 없다. 세계에는 미국에 여러 측면에서 종속적이었거나 의존적인 나라가 수없이 많이 있다. 또 전후 일본이 대미 종속의 길을 걸어온 것에 불가사의한 점은 전혀 없었다. 그것은 패전의 단적인 귀결이다. 문제는 일본의 대미 종속 자체가 아니라 특수한 존재 방식에 있다.

세계에서 가장 미국에 유리한 지위 협정

가장 알기 쉬운 예가 미일 안보조약에 부수된 약정인 미일 지위 협정의 현저한 불평등성이다. 주지하다시피 미국은 세계 각국에 자국 군대를 배치, 주둔시키고 있는데 이를 위해 각 나라와 미군(그리고 군에 수반된 군무원이나 업자)의 지위와 권리, 기지 제공 절차나 사용 방식을

정한 지위 협정을 맺는다. 이세자키 겐지伊勢崎賢治와 후세 유진布施祐仁
은 미일 지위 협정을 미국이 다른 나라와 맺은 지위 협정과 비교·검토
했는데, 그들에 따르면 미일 지위 협정은 많은 점에서 "세계에서 가장
미국에게 유리한 지위 협정이라고 해도 좋다".[4]는 것이었다.

이것은 참으로 놀랄 만한 일이라고 할 수밖에 없다. 미일 지위 협정
에서 일본의 지위는 종종, 이를테면 명백한 미국의 괴뢰이자 수도 주
변의 일부 지역만 실효 지배하는 아프가니스탄 정부의 지위보다도 낮
다. 또 아직도 북한과 전쟁 상태(휴전 중)에 있는 한국 정부보다도 낮
다. 이런 상황이 특히 오키나와에서 미군 관계자들에 의한 중대 범죄
가 빈번히, 끊이지 않고 벌어지는 것과 깊은 관련이 있음은 말할 것도
없다. 이런 비교는, 일본의 대미 종속의 이유가 미일 간의 현실적인
격차(단적으로는 군사력의 격차)에 있는 것도 아니고, 군사적인 긴급함에
있는 것도 아니라는 것을 말해준다.

일본 정부보다 분명히 지배력이 낮은(따라서 미국에 의존하고 있는) 정
부나 전쟁의 현실적인 위기에 노출돼 있는(마찬가지로 미국에 고도로 의
존할 수밖에 없는) 정부조차도 일본 정부보다 강한 태도로 미국과 교섭
하고 그 관계를 조금이라도 대등한 것으로 만들기 위해 노력해서 성
과를 올리고 있다.

종속 관계를 은폐하는 '친구'라는 망상

왜 이런 부조리가 버젓이 존재한단 말인가?

일본의 대미 종속에서 달리 그 유례를 찾아볼 수 없는 특징이 바로

여기에 있다. 바로 종속 사실이 보이지 않게 감춰져 있고 부인된다는 점이다. 그리고 이 같은 불가시성을 조장하기 위해 종속 사실은 '온정주의의 망상'이라는 오블라투(oblato, 녹말로 만든 반투명한 종이. 주로 맛이 써서 먹기 어려운 가루약이나 과자 따위를 먹기 좋게 만드는 데 쓰임-역주)로 감싸여 있다.

예컨대 미일 관계에서는 지나치게 정서적인 말이 공적으로도 선택되고 사용된다. '배려 예산思いやり予算'이나 '친구 작전トモダチ作戦'이라는 언어 사용이 그러한데, 이들 용어는 '일본과 미국의 관계는 진정한 우정에 토대를 둔 특별한 것이다'라는 분위기를 조성하는 역할을 한다. '일본과 미국이 우호 관계를 맺고 있는 것은 국익에 대한 냉철한 타산 때문이 아니다. 이 관계는 그 전쟁(태평양전쟁-역주) 때의 처참한 쌍방 살육을 극복하고 이뤄낸 기적적인 화해를 통한 상사상애想思想愛에 그 토대를 두고 있다'는 이야기가 이런 용어들에, 또 기념행사 때마다 발표되는 주요 인사들의 발언 속에 녹아들어 있다.

지금에 이르러서는 이런 이야기가 극한의 수준으로 강화돼, 국가 원수의 외교 행사 때 어필되는 내용이 '정상 간의 관계가 친밀하다'는 것, 그 하나로 집약되기에 이르렀다.

그리고 일본의 거대 미디어들은 이 뻔히 보이는 어설픈 연극을 시시덕거리며 연출하고, 그것을 보는 일본 대중 역시 이에 대해 분노를 터뜨리지 않는다. 외국의 미디어에서 '트럼프 미 대통령에게 아부하는 일본의 아베 신조'가 심심찮게 나오는 동안 일본 국내 여론에서 '미 대통령과 잘 지내는 일본 총리'라는 이미지가 유통되는 모습은 너무

대조적이다.

즉, 친미 보수 세력이 지배하는 정부와 그것을 돕는 미디어 기관은 단 하나의 명제를 국민에게 주입하려 하며, 그 목적을 달성하고 있다. '미국은 일본을 사랑한다'는 명제를. 물론 미국의 입장에서 일본은 일개 동맹국에 지나지 않으며, 그런 명제는 망상에 지나지 않는다.

'천황 폐하의 적자'에서 '미국의 사랑'으로

어떻게 이런 망상을 할 수 있을까, 또 왜 그것이 형성될 수밖에 없었을까 하는 문제는 나중에 고찰해볼 과제다. 여기서 확인해둬야 할 것은 이런 '일본을 사랑하는 미국'이라는 명제가 대일본제국의 천황과 국민의 관계를 정의한 명제와 닮은꼴을 하고 있다는 점이다.

대일본제국은 '천황 폐하가 그 적자(赤子, 백성)인 신민을 사랑한다'는 명제 위에 우뚝 서서 그 사랑에 응하는 것─거기에는 '폐하가 결정한 전쟁'에서 기꺼이 죽는 것도 포함된다─이 신민의 의무이고 명예이며 행복이라고 강변했다. 이런 이야기는 강력한 국민 동원 장치로 기능했으며, 동시에 파멸적인 전쟁 상황 아래서도 어떻게든 희생을 줄이려는 합리적인 발상을 날려버렸다.

그 끝에 찾아온 패전의 결과 대일본제국의 천황제는 폐지됐다. 아니, 폐지돼야 했다. 그러나 우리가 지금 현실에서 보고 있는 것은 '천황 폐하의 적자'와 닮은꼴인 '미국은 일본을 사랑한다'는 이야기의 망령과 그 망령이 지금도 살아 있는 사람들을 사로잡고 있는 이상한 모양새다. '국체'는 잔해로 변했지만 그래도 여전히 국민의 정신과 생활을 강하게 규정하고 있다.

'전후의 국체'도 곧 죽는다

하지만 이 구조는 붕괴할 수밖에 없다. 왜냐하면 앞에서도 이야기했듯이 영속 패전 레짐은 그 토대를 잃어버렸기 때문이다. 영속 패전 레짐의 파산은 '전후의 국체'의 파산과 동일한 것이다.

문제는 이 레짐의 청산이 자체적으로, 즉 대다수 국민의 자각적인 노력으로 실행될 것이냐, 그렇지 않으면 외적인 힘에 의해 강제될 것이냐에 달려 있다. 후자의 '외적인 힘'이란 전쟁이나 경제 파탄이라는 파국적 사태를 가리키며, 많은 희생을 수반하게 될 것이다. 생각해보면, '전전의 국체'의 해체는 실로 파국적인 상황을 통해서 이뤄졌다.

사극은 두 번 되풀이된다

어쨌든 우리가 지금 목격하고 있는 것은 '전후의 국체의 위기'다. 그것을 인식한다면 우리는 일본 근대사의 총체에 관해 하나의 가설을 세울 수 있다. 즉, 그것이 '국체의 형성 및 발전, 쇠퇴, 그리고 붕괴'가 두 번 되풀이되는 사극史劇이라는 것이다.

메이지유신을 시발점으로 해서 성립된 '국체'는 여러 측면에서 발전해왔지만, 쇼와 시대에 막다른 골목에 처했고, 제2차 세계대전에서의 패배로 붕괴했다.

그리고 전후에 '국체'는 표면적으로 부정됐으나 미일 관계 속에서 재구축됐다. 그 '전후의 국체'가, '전전의 국체' 성립에서 붕괴까지의 기간과 동일한 긴 시간(77년간)이 흘러가는 가운데 붕괴 국면에 접어들고 있다.

이렇게 본다면, 이 두 가지 과정을 평행선상에서 파악할 수 있을 것이다. '전전의 국체'는 그 내적 모순을 내부에서 처리하지 못한 채 대외 팽창에서 해결을 구했고, 파멸했다. '전후의 국체'는, 물론 오늘날에는 단순한 대외 팽창 같은 것이 모든 의미에서 불합리하고 불가능하기 때문에 형태는 달라졌으나, 역시 마찬가지로 내적 모순을 내측에서 해결하는 힘이 결여돼 있어 파멸을 향해 가고 있다.

'역사는 반복된다'는 경구는 단지 그것만으로는 추상적이어서 구체적으로 더듬어서 확인해봐야 한다. '국체의 형성·발전·죽음'이 반복되는 과정으로 근현대 일본사의 구조적 약도를 그려내는 것이 이 책의 과제다.

3. 전전 국체의 3단계

'전전의 국체'가 거쳐온 3가지 단계

국체의 역사적 궤도를 추적하는 데는 사회학자 오사와 마사치大澤真幸
의《전후의 사상 공간》(1998년)에서 전개된 논의가 시사점을 던져준
다. 이 책에서 오사와는 전전과 전후의 평행성을 고찰하는데, 그때 천
황제에 관해 언급한다. 오사와에 따르면, 전전의 천황제는 천황과 국
민의 관계성을 기준으로 삼아 총 3가지 단계를 거쳤다.

즉, 메이지 시대는 '천황의 국민'으로, 다이쇼 시대는 '천황 없는 국
민'으로, 쇼와 전기는 '국민의 천황'으로 각각 정의된다.[5]

'천황의 국민', '천황 없는 국민', '국민의 천황'이라는 개념에 대해서
는 나중에 본격적으로 밝히겠지만, 간단하게 말하면 이런 개념들은
국가와 국민의 관계 및 그 역사적 변화를 가리키고 있다.

메이지 시대는 근대 천황제의 '형성기'였고, 그것은 동시에 근대 국
민국가로서의 일본의 기본적 구조가 확립돼간 시대였다. 우여곡절을
거치면서 천황은 메이지 헌법(대일본제국 헌법)에 의해 '신성불가침'한
'통치권의 총람자總攬者'의 위치를 갖게 된다. 천황은 이른바 일본국을
주재하는 존재가 된 것이다. 동시에 그 과정에서 일본 국토의 주민은
'천황의 국민'으로 재정의됐다.

기타 잇키의 이상 - '천황의 국민'에서 '국민의 천황'으로의 반전

이 정의를 반전시킨 것이 기타 잇키北一輝로 대표되는 파시즘 사상이

었다. 기타 잇키의 《일본개조법안 대강》(1923년)의 첫 장은 선명하게 '국민의 천황'이란 제목을 달고 있다. 쇼와 시대에 진입한 일본 사회가 경제공황에서 총력전 체제로 향하는 가운데 다양한 세력이 여러 방향성을 지닌 '국가 개조'를 기획했는데, 천황제의 전개라는 시각에서 볼 경우 그 기획의 일부에서 천황을 '국민의 천황'으로 만들려는 시도를 찾아볼 수 있다.

구체적으로 말하면, 그것은 수동적으로 지배·동원되는 '천황의 국민'을 이상 국가 실현을 위해 능동적으로 활동하는(이 시대의 경우, '쇼와유신昭和維新'을 위해 목숨을 바치는) 국민으로 전환시키려는 시도였다. 그리고 이 전환이 성공한 뒤 능동적인 신민에 의해 추대되는 천황이 바로 '국민의 천황'이다.

기타 잇키의 사상에 승복했던 육군 청년 장교들은 스스로를 궁핍한 농민의 대변자로 간주함과 동시에 '천황은 우리의 행동을 알아줄 것이다'라는 생각을 갖고 2·26사건(1936년)을 일으켰다.

그들이 사회적 모순의 해결책이라 여겼던 '군주 곁의 간신 척결'은 천황과 국민이 본래 갖고 있던 일체성을 저해하는 방해꾼(구체적으로는 중신, 재벌, 정당 정치가 등)을 제거함으로써 천황을 국민 곁으로 탈환해오는 행위로 간주됐다. 그런 의미에서 2·26사건은 '국민의 천황' 관념이 가장 첨예했던 순간을 보여준다.

'천황 없는 국민' 다이쇼 시대

'천황의 국민'의 시대와 '국민의 천황'의 시대 사이에 끼여 있는 것이

'천황 없는 국민'의 시대인 다이쇼 데모크라시 시대다.

이 시대는 필사적으로 독립을 유지하면서 열강 대열에 합류한다는 국가적 목표가 러일전쟁에서의 승리로 일정 부분 달성됨으로써 번벌(藩閥, 지방 조직인 번藩 출신의 인물들로 구성된 정치 세력. 메이지유신을 주도하고 중앙정부와 각 군의 요직을 장악했음-역주) 정부에 의한 권위주의적 지배가 흔들림과 동시에 사회생활의 여러 영역에서 자유화가 진행된 시대다. 자유주의적인 사조가 유행하고 자본주의 발전이 도시의 소비생활을 화려하게 바꿨다.

이런 현상에 대해 비판적인 사람들은 '이완'을 개탄했고, 긍정적인 사람들은 '해방'을 느꼈는데, 후세에 돌이켜보면 그 시대는 실로 '천황제 국가의 일시적 완화'로 표출된 시대이며, 기이하게도 그것은 병약하고 존재감이 희박한 천황(다이쇼 천황)의 이미지와 잘 어울린다.

이 같은 다이쇼 데모크라시를 대표하는 2대 정치사상이 요시노 사쿠조吉野作造의 '민본주의'와 미노베 다쓰키치美濃部達吉의 '천황기관설'이었는데, 이 두 가지 학설에는 공통점이 있었다. 바로 메이지 헌법하에서 가능한 한 민주화를 꾀하는 것이었다. 이때 피할 수 없는 것이 '주권의 소재' 문제였다.

'민본주의'의 '민본民本'은 '민중본위民衆本位'를 의미하는데, 이는 요시노가 '데모크라시'-'democracy'는 직역하면 '민중의 지배'다-에 붙인 번역어다. 즉, 주권의 소재 문제를 회피하기 위해(굳이 따지지 않고 넘어가기 위해) 궁리해낸 말이었다.

한편 천황기관설의 경우, 미노베는 메이지 헌법하에서도 적절한 헌법 해석을 하면 민주주의 정치가 충분히 실행 가능하다고 생각했고, 국민주권에 대한 주장을 고의로 애매하게 만들겠다는 발상은 하지 않았던 것으로 보인다.

그런데 천황기관설이 본보기로 삼은 것은 독일 법학자 게오르크 옐리네크(Georg Jellinek, 1851~1911) 등이 주장한 국가주권설(국가법인설)이다. 그것은 주권이 국가 자체에 귀속된다는 학설이며, 군주의 제약 없는 권력 행사에 대항하면서 그것을 제한하는 내용을 담고 있다. 바꿔 말하면, 군주에게 실권이 없는 입헌군주제를 확립하려는 목적에서 태어난 학설인 셈이다. 그런 의미에서 기관설도 '통치자로서의 천황'을 빈껍데기로 만드는 작용을 하기 때문에 나중에 거센 배격 운동의 대상이 된다(1935년의 천황기관설 사건).

이처럼 전전의 국체사를 가장 간결하게 총괄하면, '천황의 국민'에서 '천황 없는 국민'의 단계를 거쳐 '국민의 천황'에 당도한 뒤 시스템이 무너진 역사로 파악할 수 있다.

4. 전후 국체의 3단계

'전후의 국체'도 전전의 과정을 반복한다

이 책에서는 똑같은 사이클을 전후사에도 적용할 수 있다고 상정한다 (8~11쪽의 연표 참조). 전후에는 '천황'의 위치, 또는 그 기능적 등가물을 '미국'이 차지한다. 따라서 사이클은 '미국의 일본', '미국 없는 일본', '일본의 미국'이 되는 셈이다.

졸저 《전후 정치를 끝낸다》에서 미일 안보조약이 갖는 의미의 역사적 변천에 대해 검토했다.[6] 미일 안보조약은 1951년의 체결과 1960년의 개정, 그리고 조약이 원래 가상의 적으로 간주하던 공산권의 소멸을 기점으로 총 세 개의 시기로 구분할 수 있는데, 각 시기마다 조약의 의미가 달라지며 따라서 거기에서 드러나는 대미 종속의 성격도 다르다는 것을 그 책에서 논했다.

'전후의 국체'를 시기에 따라 구분해 그 각각에 대략적으로 성격을 부여하면, '대미 종속 체제의 형성기', '대미 종속의 안정기', '대미 종속의 자기목적화 시기'의 3단계로 규정할 수 있다. 이 구분을 토대로 '전후의 국체'가 어떤 형태로 세 개의 단계를 이루는지 간략히 서술해보겠다.

대미 종속 체제의 형성기 ─ '미국의 일본' 시대

1951년의 미일 안보조약 체결은 대미 종속 체제의 형성과 확립을 촉진했지만, 그것은 거꾸로 말하자면 그 체제가 당시 아직 불안정했다는 이야기도 된다.

그 불안정성이 최고조에 달한 것이 1960년의 안보(조약) 개정에 따른 안보(조약) 반대 투쟁이었는데, 결국 안보 개정이 실현되면서 미일 지배층은 그 심각했던 정치 위기를 뛰어넘는 데 성공했다. 즉, 미일 안보 체제가 안정기에 들어선 것이다.

다만 그것은 1960년의 안보 상황을 거쳐 단번에 도달한 결과는 아니다. 1960년의 안보 투쟁이 일면 반미 민족주의에 의해 촉발된 것은 분명하지만, 미국 제국주의에 대한 반감의 불씨에 기름을 끼얹은 건 베트남전쟁이었기 때문이다.

그리고 그 감정과 일체가 되는 형태로 전공투(全共鬪, 전국학생공동투쟁회의-역주) 운동이 전개된다. 그 마지막을 장식한 상징적인 사건이 연합적군連合赤軍 사건(1971~1972년)과 그보다 약간 앞선 미시마 유키오(三島由紀夫, 1925~1970. 소설가, 극작가, 평론가, 우익 민족주의자)의 자결(1970년)이었을 것이다.

점령으로 문자 그대로 '미국의 일본'으로 출발한 전후 일본은 혼란과 우여곡절을 거치면서 경제적 번영이라는 명백한 과실을 획득하기 시작했다. 하지만 그럼에도 아무리 애를 써도 없어지지 않는 위화감이 계속 남아 있었고, 이는 일본 사회에 이의를 제기하는 형태의 급진적인 정치 운동으로 발전했는데, 그 또한 파탄으로 내몰리면서 최종적으로 전후 제1기에 종지부가 찍혔다.

대미 종속의 안정기 – '미국 없는 일본' 시대

그리하여 전후는 제2기에 들어간다. 제1기와 제2기를 가르는 사건 가운데 하나는 닉슨 쇼크다. 1971년 리처드 닉슨 미국 대통령의 중국 방문 선언(이는 미중 국교 수립으로 이어진다) 및 금–달러 태환 정지(브레턴우즈 체제의 종언)가 그것이다.

두 사건은 전후 미국 국책의 대규모 궤도 수정을 의미했는데, 이는 '위대한 미국'의 상대화를 의미하는 것이기도 했다. 외교에서는 공산주의 중국이 현실에 확고하게 존재하고 있다는 사실을 인정할 수밖에 없었으며, 경제적으로는 세계 유일의 태환지폐였던 미국 달러의 위상을 포기할 수밖에 없었다.

제2차 세계대전 이후의 세계에서 압도적으로 강력한 국력을 지녔던 미국이 이처럼 그 지위를 상대화하도록 촉진한 것은 서유럽과 일본의 부흥과 경제성장, 그중에서도 특히 일본의 경제력 약진이었다.

그 결과, 1970년대부터 1980년대에 걸쳐 미일 간 무역마찰이 격화됐다. 전후 일본인이 더할 수 없는 민족주의에 빠져들었던 시기가 바로 이 시대였을 것이다. 로널드 레이건 정권이 '강한 미국'을 아무리 표방해도 퇴락의 기미를 덮을 수 없었던 데에 비해 일본 경제는 오일쇼크를 겪고도 견실한 성장을 지속해, 선진국 중에서도 예외적인 존재가 됐다. 결국《재팬 애즈 넘버원(Japan as number one, 1979년에 출판된 에즈라 보걸의 대히트작의 제목)》이라는 찬사까지 받기에 이르렀는데, 그것은 '미국을 따라잡고 추월하라'는 목표를 내걸었던 전후 일본의 도달점이었다.

그 도달점은 양면적이었다. 그것은 분명 대미 종속 레짐의 안정에 따른 과실이었다. 형성기를 통해 선택된 '대미 종속을 통한 부흥'이라는 노선이 안정적으로 지속되면서 경제 분야에서는 종주국을 위협할 지경에 이르렀으나, 그에 따른 반작용(미국의 반격)을 당연히 염두에 두고 있어야 했다. 그러나 그런 의식은 희박했다.

'전전의 국체'의 사이클과 비교해보면 '천황 없는' 다이쇼 데모크라시 시대가 15~25년 정도(이는 논자에 따라 다르다)의 봄날을 누리게 해준 것과 같이, '미국 없는 일본' 시대도 15~20년에 걸쳐 행복감을 선사해줬다.

대미 종속의 자기목적화 시기 – '일본의 미국' 시대

그다음의 전환점은 냉전 붕괴였다. 이는 단순히 미일 안보조약이 애초의 존재 목적을 상실했다는 것만을 의미하지 않는다. 미국이 일본을 아시아 제1의 동맹자로 대우해줄 필연성이 소멸했다는 의미이기도 하다.

하지만 이미 이야기했듯이 일본의 대미 종속은 상대화되기는커녕 점점 더 심해지면서 지금에 이르렀다. 전후의 대미 종속 노선은 당초 국가 부흥을 위한 수단이었으나 어느새 그것은 그 자체가 목적이 되는 자기목적화의 지경에까지 이르렀다.

이상의 3단계, '대미 종속 체제의 형성기', '대미 종속의 안정기', '대미 종속의 자기목적화 시기'가 각기 '미국의 일본', '미국 없는 일본', '일본의 미국'과 조응 관계를 이루는데, 그 구체적인 양상을 다음 장부터 추적해보자.

이상의 시대, 허구의 시대, 불가능성의 시대

앞서 이야기한 3단계 역사의 각 시대별 특징은 다음과 같이 간결하게
정리할 수 있다.

오사와 마사치는 미타 무네스케見田宗介가 1990년에 제시한 전후의
시대 구분(이상의 시대: 1945~1960년, 꿈의 시대: 1960~1970년대 전반, 허구
의 시대: 1970년대 중반~1990년)을 참조하면서 독자적으로 전후의 시간
을 구분하려고 했다.[7]

오사와에 따르면, 1945년부터 1970년 무렵까지가 '이상의 시대',
1970년 무렵부터 옴진리교 사건이 발생한 1995년까지가 '허구의 시
대', 1995년부터 지금까지가 '불가능성의 시대'로 정의된다.

오사와는 그 나름의 독특한 '제3의 심급審級' 개념의 사회적 작용 내
지 기능 부전을 기준으로 삼아 이와 같은 구분을 했다. 상세한 내용은
이 책에서 다루지 않겠지만, 우리에게 이러한 구분 규정은 시사적이
다. 왜냐하면 '이상', '허구', '불가능성'은 전전·전후 양쪽의 세 시기를
특징짓는 데 어울리는 개념이기 때문이다.

제1기는 근대 전반(전전)에는 '봉건사회에서 일등국으로'라는 '이상'
이 추구되고 실현된 시대였고, 근대 후반(전후)에는 '초토화 상태에서
문화국가·평화국가로, 그리고 경제대국으로'라는 과정을 지나온 시
대였다. 모두 명쾌한 '언덕 위의 구름(일본의 국민 작가로 일컬어지는 시바
료타로司馬遼太郎의 베스트셀러 소설 제목. 메이지유신에서 러일전쟁에 이르는 일

본 근대사를 많은 것을 이룬, 밝고 희망찬 시대로 그렸다-역주)'이 있고 그것을 쫓아가던 시대였다.

동시에 그 시대는 모두 격심한 혼란기였다. 그리고 혼란기에는 다양한 가능성이 잠재해 있었다. 거꾸로 이야기하면, 서로 다른 방향성을 지닌 다양한 가능성들이 서로 경쟁하며 싸우는 시기였기에 혼란스러웠던 것이다.

그러나 우여곡절을 거쳐 다양한 가능성은 하나의 방향성으로 수렴돼간다. 그것은 사회의 안정화를 의미했지만, 동시에 가능성의 상실을 의미하기도 했다.

그리고 제2기는, 마치 '천황 없는 천황제 국가', '미국 없는 일본'이 가능할 것 같은 분위기가 조성됐다는 의미에서 '허구적'이었다.

근대 전반은 다이쇼 데모크라시라는 허구가 떠돌던 시대였고, 근대 후반은 세계체제론을 제창한 이매뉴얼 월러스틴Immanuel Wallerstein조차 일본이 미국 다음으로 패권국 자리를 차지할 가능성에 대해 언급할 정도로[8] 전후 일본이 달성한 것이 과대평가됐다는 의미에서 '허구의 시대'였다.

제3기는 제2기의 허구성에서 잉태된 잠재적인 모순이 심화되면서 폭발적으로 드러난 시대로 정의될 수 있을 것이다. 그런 세계에서 사람들이 현실을 인식하는 기준점을 오사와 마사치는 '불가능한 것'이라고 불렀다. '불가능한 것'이란 근대 전반에는 '국민의 천황'이라는 관점이었다고 할 수 있고, 근대 후반에는 '미국 품에 안긴 일본' 또는 '일본의 미국'이라고 할 수 있을 것이다.

오사와 마사치는 말한다. '불가능성의 시대'에는 인간의 존재 양식이 '현실로의 회귀와 허구의 탐닉'이라는 일견 상반되는 두 개의 벡터에 의해 찢겨진다고.[9] 인간 자신을 포함한 만물이 정치적 내지는 경제적 스펙터클 속에 빨려드는(허구의 탐닉) 한편으로, 스펙터클에 뒤덮여 가려진 '진짜 리얼한 것', '현실 속의 현실'을 추구하는 충동이 커진다는(현실로의 회귀) 것이다.

확실히 '미국 품에 안긴 일본'은 허구에 지나지 않지만, 정치나 경제 영역을 보면 그런 관념의 토대 위에서 대미 종속 체제 내의 엘리트들이 결정한 방침이 실현되고, 그 프로파간다가 국민 사이에 널리 유통되고 있는─허구이기는커녕 이 관념이야말로 유일한 '현실주의'적인 국가 방침의 기초를 이루고 있다─것은 현실이다.

바꿔 말하면, 허구가 현실을 대체하고, 그것이 '현실 속의 현실'에 다다르고 싶다는 거센 충동을 불러일으킨다는 것이다. 내 경우에도 그러한 충동이 《영속 패전론》 이래의 작업에 동기를 부여하고 있다고 할 수 있는데, 예컨대 야베 고지矢部宏治의 일련의 작업(《일본은 왜 '기지'와 '원전'을 멈출 수 없는가》 등)으로 대표되는 대미 종속의 심층을 탐구하는 작업이 근년에 잇따라 이뤄지고 있는 사실이 이 충동을, 그리고 '불가능성의 시대'의 심각한 분열을 이야기해주고 있다.

5. 천황과 미국

'동경의 중심' 미국

앞서 이야기한 '천황과 미국' 또는 '천황(전전)에서 미국(전후)으로'라는 관점은 직접적으로는 미일 안보 체제의 역사에 대한 통찰을 통해 얻었다.

다만, 그 자체로는 군사적인 동맹 관계를 의미하는 데 지나지 않는 것이 스스로 '국체화'하는 사태, 즉 전전 레짐 때의 천황제를 계승해서 국민의 정신에도 절대적인 영향을 끼치는 사태는 군사적 차원이나 협의의 정치적 차원에서는 일어날 수 없다.

이런 사태는 전후 일본인의 삶에 물질적인 것을 매개 삼아 문화적·정신적 차원으로 '미국적인 것'이 큰 파도처럼 유입되지 않았다면 도저히 일어날 수 없었을 것이다.

패전 직후, 헌법 개정을 심의하던 국회에서 헌법 담당 국무대신이었던 가나모리 도쿠지로^{金森徳次郎}는 일본인에게 천황이 '동경憧憬의 중심'이라고 적절하게 정의했다. 그리고 풍요의 빛을 눈부시게 발산하는 아메리칸 웨이 오브 라이프(American way of life, 미국식 생활)를 중심으로 한 아메리카니즘 또한 전후 사회에서 '동경의 중심'이 됐다.

'근대화의 기수' 천황

이런 측면을 고찰의 중심에 놓고 있는 것이 사회학자 요시미 슌야^{吉見後哉}의 논의다. 그의 저서《친미와 반미―전후 일본의 정치적 무의식》

(2007년)에 따르면, 다음과 같이 생각할 수 있다. [10]

즉, '천황제는 오래된 것이고, 순수하게 일본적인 것이다'라는 널리 유통되고 있는 사회 통념과 대조적으로, 모더니즘 그 자체인 미국이란 존재가 천황제에서 근본적인 구성 요소로 기능하고 있다.

전전까지 포함해서 근현대의 일본 사회에서 '근대화'는 늘 지상 명제였고, 그때의 '근대성' 이미지를 참조할 만한 모델로서 미국이 대중문화를 중심으로 유력한 역할을 수행해왔다. 이러한 경향은 특히 전후에 비약적으로 강해진다.

'근대화의 기수' 역할은 근대의 천황도 수행해온 것이다. 메이지 시기에 최초로 양장 차림을 한 일본인이 바로 천황 자신이었다는 사실에서도 알 수 있듯이, 천황은 '근대적 군주'로서 '근대인이 된 일본인' 이미지를 앞장서서 체현하고 전파하는 역할을 떠맡았다.

전후의 상징 천황제 시대가 되면서 군사적·정치적 권리를 빼앗긴 천황은 '군주'의 이미지가 약해지고 '오래되고 좋은 전통의 지킴이'라는 이미지가 한층 더 강조되는데, 그렇다고 해서 천황이나 황족이 '근대화의 기수' 역할에서 물러난 것은 아니었다.

아마도 전후의 천황 또는 황족의 이런 역할이 가장 강력하게 기능한 것이 1959년의 황태자(아키히토)의 성혼과 함께 일어난 '미치 붐(평민 출신 쇼다 미치코正田美智子가 당시 황태자였던 아키히토와 '테니스 코트 연애' 끝에 결혼하면서 생긴 사회현상. 때마침 컬러텔레비전이 보급되던 시기라 두 사람의 로맨스는 매스컴을 통해 대대적으로 보도됐고, 이는 일본 경제와 패션에도 큰 영향을 끼쳤다-역주)' 때였을 것이다. 장래의 천황이 평민 출신의 여성과

연애결혼을 한다는 스토리에 대중은 열광했는데, 그때 사람들은 젊은 부부에게서 전후 민주주의 사회의 바람직한 현대적(비봉건적) 가정상을 발견하려 했다. 당시 미치코 황태자비의 패션이 대유행하는 등 두 사람의 성혼은 일대 미디어 이벤트로서 소비됐다.

'성혼 퍼레이드'의 실황중계를 보려는 사람들로 텔레비전이 날개 돋친 듯 팔리면서 보급률이 일거에 높아졌다. 그것은 실로 소비사회 특유의 사건이었다. 물론 당시 일본인에게 세계에서 가장 앞선 소비사회를 지닌 나라는 미국이었다.

치환 가능한 천황과 미국

이렇게 보면 '근대화의 기수로서의 천황'과 '미국적인 것'이 대체하거나 교환할 수 있는 개념이라는 것을 알 수 있다.

천황제에 대해 긍정적인 것이든 부정적인 것이든 전후에 쓰인 여러 천황제론을 참고하면서도 나는 그것들이 종종 성에 차지 않았다. 그 이유는 대다수 논자들이 전후의 천황제를 생각할 때 '천황과 미국'이라는 문제 설정을 시야 바깥에 두는 데 있었다.

그러나 이제까지 이야기해왔듯이 '전후의 국체'를 생각하기 위해서는 정치사적 사실 차원에서든 국민 생활의 정신사적 사실 차원에서든 미국(적인 것)의 존재를 참고하지 않으면 안 된다.

이 책의 기술 방법

이로써 이 책이 시도하게 될 제대로 된 역사 파악을 위한 준비 작업은 끝났다. 다음 장부터 구체적 역사 과정에 대해 논하기로 하자.

이 책에서는 굳이 직선적인 순서로 역사를 기술하진 않겠다. 이는 국체의 형성·발전·붕괴라는 두 개(전전·전후)의 사이클의 병행성並行性을 밝히기 위해서다. 따라서 다음 제3장에서 '근대 전반前半의 국체 형성'을 논한 뒤 제4장부터 제6장까지 '근대 후반의 국체 형성'을 이야기할 것이다. 제7장에서는 '전전의 국체'가 상대적 안정을 얻은 단계에서 붕괴로 향하는 과정을 기술하며, 제8장에서는 '전후의 국체'가 마찬가지로 상대적 안정에서 붕괴로 향하는 과정을 기술한다.

제3장

근대국가의 건설과
국체의 탄생

전전 레짐: 형성기

1. 메이지유신과 국체의 형성

젊은 기타 잇키의 탄식

이 장에서는 '전전의 국체'가 형성된 시기, 즉 '전전 레짐'의 확립 과정에 초점을 맞춘다. 구체적으로는 메이지유신(1868년)에서 시작해, 대일본제국 헌법 제정(1889년 반포, 이듬해 시행)을 거쳐, 러일전쟁(1904~1905년), 대역大逆 사건(1910년), 메이지의 종언(1912년)으로 이어지는 시대를 '전전의 국체'가 형성·확립된 시기로 볼 수 있다.

이 시기에 기본적인 틀이 세워진 '국체'란 무엇인가. 젊은 기타 잇키는 1906년(메이지 39년) 《국체론 및 순정純正 사회주의》에 다음과 같이 썼다.

이 일본이라 이름 붙여진 국토에서 사회주의가 창도됨에 따라 특별히 따져봐야 할 기괴한 주제가 생겼다. 즉, 소위 '국체론'이라는 것과 관련해 '사회주의는 국체에 저촉되는가, 아닌가' 하는 우려할 만한 문제이다. 이는 딱히 사회주의에만 국한된 문제가 아니다. 새롭게 유입된 사상은 늘 심문의 대상이고, 그중 '국체론'이라는 이름을 가진 로마 법왕의 심사를 거스른다면 즉각 교살당한다. 이 때문에 정론가도 자유로운 혀가 묶여 전제정치하의 노예나 농노 같은 신세가 됐으며, 이 때문에 신문기자 역시 지극히 추잡하고 괴이한 아첨으로 알랑대는 문자를 나열하고도 부끄러운 줄 모른다. 이 때문에 대학 교수부터 소학교 교사에 이르는 모든 이가 윤리학설과 도덕론을 닥치는 대로 훼손하고 더럽히며, 이 때문에 기독교도 불교도 각기 타락하여 우상(숭배)교가 돼 번갈아가며 서로를 국체에 해로운 것이라고 비방하고 배격한다.[1]

이것은 실로 귀재다운 투철한 인식이었다고 할 수 있다. 의회에서 소학교에 이르기까지 공적인 자리에서 말할 기회를 가졌던 당시의 모든 일본인은 자신의 언설이 '국체에 저촉되는지 아닌지'를 자문하지 않을 수 없었다. 즉, '국체'의 관념은 메이지유신부터 패전에 이르기까지 일본의 사상 공간에서나 생활공간에서 넘을 수 없는 절대적인 한계로 작용했다.

　그토록 열심히 근대화를 추진하고, 근대화의 추진력으로 서양의 모든 문명·사상·종교 등을 도입하는 데에 열심이었던 사회는 새로운 것을 받아들일 때 단 하나의, 그러나 지극히 중대한 조건을 달았다. '국체에 저촉하지 않는 범위 내에서'라는 조건이었다.

게다가 난처하게도 '국체'란 무엇인가에 대한 견해는 논자에 따라 달랐고, 최대공약수적인 정의를 해봤자 '천황을 중심으로 하는 정치 질서'라는 추상적인 결론 이상으로 나아가지 못했다. 그럼에도 그것은 애매한 상태로, 아니 그 애매함을 장기로 삼아 '사상을 교살'했다. 기타 잇키는 저 글을 쓰고 약 30년 뒤에 민간 우익 활동가로서 국가 개조를 위해 '국체'가 지닌 마력魔力을 최대한 활용하려 했다가 자신이 '교살' 당하고 말았다(2·26사건).

그러나 메이지 정부의 성립과 동시에 이런 마력이 발생했던 것은 아니다. 그것은 몇 차례의 계기를 거쳐 그런 괴물로 자라났다. 이 장에서 다룰 '국체'의 형성기는 그 기초가 구축된 시기에 해당한다. 거꾸로 이야기하면, 기초가 구축될 때까지만 해도 훗날 '국체'로 불리게 될 그 '무언가'는 확실한 존재가 아니었다는 의미이다.

메이지유신으로 성립된 근대 일본은 다양한 방향으로 나아갈 수 있는 가능성들을 잠재적으로 잉태하고 있었지만, 결국 하나의 가능성을 선택하면서 패전까지 이어지는 '전전 레짐'을 형성한다. 그 레짐에 붙여진 이름이 아마도 '국체'일 것이다.

근대적 국가권력의 성립 – '폭력의 독점'이 완성되기까지

구체적 과정을 보기로 하자. 보신전쟁(戊辰戰爭, 1868~1869년. 에도 막부 세력과 교토의 천황에게 권력을 반환하라는 막부 타도 세력 사이의 내전-역주)을 거쳐 성립한 메이지 정부에게 가장 우선적인 과제는 '폭력의 독점'을 실현하는 일이었다.

보신전쟁의 의의는 도막(倒幕, 막부 타도) 세력이 도쿠가와 막부(德川幕府, 에도 막부)와 그 동맹자들을 무력으로 압도하고 도쿠가와가家를 대체할 새로운 중앙 권력을 수립한 데서 그치지 않는다. 이후 판적봉환(版籍奉還, 1869년 일본의 지방 영주들이 자신들에게 내려진 땅과 백성을 천황에게 반환한 일-역주), 폐번치현(廃藩置県, 1871년 영주가 다스리던 기존의 번藩을 없애고 그 땅에 천황이 직할하는 부府와 현県을 설치한 일-역주), 지조개정(地租改正, 조세제도 개혁-역주) 등을 통해 봉건사회 곳곳에 흩어져 있던 권력과 이를 가능케 하는 폭력, 그리고 그것들을 떠받치는 자금, 즉 조세를 중앙 권력 아래 일원화시키는 작업의 첫발을 뗄 수 있도록 한 것이야말로 보신전쟁의 참된 성과라 할 수 있다.

막스 베버의 유력한 정의에 따르면 "국가란 어느 일정한 영역의 내부에서—이 '영역'이라는 점이 특징적이지만—정당한 물리적 폭력 행사의 독점을 (실효적으로) 요구하는 인간 공동체"[2]인데, 이러한 '폭력의 독점'이 근대국가 특유의 현상임을 베버는 강조한다. 즉, 자율적으로 폭력을 행사하는 권능을 지닌 주체가 복수로 존재하는 봉건사회의 상태를 해소하고 '정당한 폭력 행사'의 권능을 중앙정부에 집중시키는 것이 새 정부의 입장에서는 무엇보다 우선하는 과제였다. 왜냐하면 그것이 근대적 국가 주권의 성립에 불가결한 것이었기 때문이다.

그러나 그 과정은 보신전쟁만으로 종결되지 못했다. 새 정부는 폐번치현을 통해 종전까지 '정당한 폭력 행사의 주체가 되는 조직'이었던 번을 폐지하고 폐도령(廢刀令, 1876년 대례복大禮服 착용자 및 군인, 경찰

이외의 사람이 칼을 차고 다니는 것을 금지한 포고령. 대도금지령帶刀禁止令이라고도 함-역주)과 지쓰로쿠 처분(秩禄処分, 지쓰로쿠 급여의 전면 폐지 정책. 지쓰로쿠란 화족華族이나 사족士族에게 주던 가록家禄과 유신 공로자들에게 주던 상전록賞典禄을 합친 것-역주)으로 '정당한 폭력 행사의 주체를 담당하는 인간'이 속한 신분(=무사 계급)을 폐지했으나 이에 대한 반발은 거듭된 사족 반란으로 나타났다.

새 정부는 국민개병(國民皆兵, 국민 모두가 병사가 돼 국방을 담당하는 것-역주)의 이념에 토대를 둔 징병제를 시행함으로써 근대국가 아래 새롭게 조직된 폭력을 통해 사족 반란에 대처해서 승리했다. 1877년 최후이자 최대의 사족 반란인 세이난 전쟁(西南戰爭, 규슈 지역의 구마모토·미야자키·오이타·가고시마 현에서 메이지유신의 영웅 사이고 다카모리西鄉隆盛를 맹주로 삼아 일어난 옛 사쓰마 번 출신 사무라이들의 반란. 사이고의 할복자살로 종결된 일본 최후의 내전-역주)을 끝으로 '폭력의 독점'은 완성됐다고 볼 수 있다.

헌법 제정 권력으로서의 자유민권운동

그리하여 물리적 폭력으로 새 정부에 대항할 길이 막혀버린 저항 세력은 언론 투쟁을 축으로 한 투쟁(자유민권운동)으로 방향을 전환할 수밖에 없었다.

다만 자유민권운동은 프랑스나 영국의 민권 사상에 토대를 둔 순수한 언론 투쟁은 아니었다. 1881년, 민권의 요구에 응하는 형태로 메이지 정부는 10년 뒤에 국회를 개설하고 헌법을 제정할 것을 약속했으나 자유당 급진파는 숱한 '격화激化 사건'을 일으킨다. 언론 투쟁의 장이 공식적으로 주어질 예정이었음에도 불구하고, 자유민권운동이 온건해지기는커녕 과격해진 것은 무엇 때문이었을까.

그것은 자유민권운동이 이미 확립된 제도 내부에서 국민의 권리를 확장하려는 운동이 아니라 제도 그 자체를 확립하는 주체가 되려는 운동이었기 때문이다. 자유민권운동의 목표는 정부가 마련해준 무대인 국회에서 민중의 의견을 주장하는 게 아니라, 민중들이 자신의 의견을 주장하고 법을 제정하는 무대를 주도적으로 만들어내는 것이었다. 1880년에 결성돼 나중에 자유당의 모체가 되는 국회기성동맹國會期成同盟은, 역사학자 마쓰자와 유사쿠松沢裕作에 따르면 다음과 같은 생각을 지니고 있었다.

국회기성동맹은 단순히 정부에 국회의 개설을 촉구하는 운동체가 아니다. 국민의 권리로서 국회는 당연히 개설돼야 한다. 국회의 개설을 주도하는 것은 정부가 아니라 그 권리를 주장하는 국민이다. 따라서 만일 정부가 국회 개설을 결정했다 하더라도 그 구체적인 방법에 대해서는, 국민을 대표해서 국회 개설을 주장하는 국회기성동맹이 의견을 개진하지 않을 수 없다.[3]

민권을 소리 높여 노래하는 숱한 '사의헌법(私擬憲法, 1889년 대일본제국 헌법이 발포되기 전까지 민간에서 검토된 헌법안-역주)'이 만들어진 것도 국회기성동맹의 결성이 계기였는데, 어떤 의미에서 볼 때 이런 헌법안들은 혁명이 아직 끝나지 않았다는 반증이기도 했다.

　왜냐하면, 세이난 전쟁으로 혁명에 의한 폭력 독점 과정은 일단락됐지만 자유민권운동이 확립하려 했던 것은 정치학·법학에서 이야기하는 '헌법 제정 권력(제헌 권력)'이었기 때문이다. 헌법은 권력 운용의 규칙이며, 권력에 대한 제약이다. 따라서 그 헌법을 만들어내는 힘인 제헌 권력은 무제약의 권력(=혁명 권력)이며 주권 그 자체인 것이다.

　당시 자유민권운동의 기치 아래 이 과업을 담당하고자 했던 이들은 혁명의 폭력적 진행 과정에 참가했음에도 이후 권력 운용에서 배제당한 사람들(이타가키 다이스케板垣退助로 대표되는 불평사족不平士族)과 발언권을 요구하는 호농豪農 계층, 그리고 지조개정으로 무거운 조세 부담을 안게 된 빈농층 등 다양한 사회 계급에 속한 사람들도 자신들을 사민평등이 선언된 근대국가의 진짜 주권자로 대우해줄 것을 요구했다.

혁명 프로세스의 종언

1889년부터 1890년에 걸친 대일본제국 헌법 발포와 제국의회 개설은 이러한 혁명 프로세스에 종지부를 찍었다.

　즉, 새로운 정부는 스스로 제헌 권력이 되려 했던 세력을 자신이 준비한 정치투쟁의 무대에 영입함으로써 그들로부터 제헌 권력의 성격을 빼앗은 것이다. 반정부 세력은 의회 정당이라는 공적인 자격을 얻는 것과 동시에 국가가 정한 법과 제도의 틀 안으로 도로 끌려 들어가고 말았다.

　이처럼 '전전의 국체'를 법적·제도적으로 확립한 대일본제국 헌법이 수립된 일은 메이지유신 직후의 다양한 가능성을 잉태했던 혼돈기가 안정을 찾아감과 동시에 메이지 레짐에 포함돼 있던 잠재적인 여러 가능성들이 하나의 필연적인 형태로 수렴되었음을 의미한다.

헌법·의회에 수반된 교육칙어

여기서 주목해야 할 것은 헌법 및 의회와 한데 묶여 반포된 1890년의 교육칙어^{教育勅語}이다.

후대의 관점에서 대일본제국 헌법은 근대국가의 헌법으로서 불충분하게 보이겠지만, 그것은 국가의 권력을 제약하고 국민에게 권리를 부여하는 내용을 담고 있었다. 이것은, 비록 제국의회가 한정된 권한밖에 갖지 못했고 제한적인 선거로 유권자는 인구의 겨우 1퍼센트 남짓에 지나지 않았지만, 그럼에도 국민의 요구에 목소리를 부여한 국가공인의 장이 성립됐음을 의미했다.

이 같은 맥락에서 볼 때, 천황의 이름으로 반포된 교육칙어는 봉건 시대를 살아온 국민에게 매우 친숙한 유교적 통속 도덕을 이용해 권리 주장 및 요구에 대한 고삐를 죄기 위한 목적으로 기획된 것이다. 메이지 레짐의 운영자들에게 국민의 권리 주장 및 요구는 일본이 근대국가를 자처하는 이상 공인될 수밖에 없는 것이었으나, 그것은 바로 '국체에 저촉되지 않는 한도 내에서' 공인돼야 하는 것이었으며, 그런 제약을 국민이 자발적으로 내면화하도록 유도하기 위한 장치로서 도입된 것이 바로 교육칙어였다.

두 장의 어진

민중 속으로 천황제를 스며들게 하기 위해 저 유명한 '어진御眞'을 제작하고 유통하기 시작했다는 사실도 특필할 만하다.

메이지 21년(1888년)의 천황 초상화는 이탈리아에서 초청된 에도아르도 코소네Edoardo Chiossone가 그린 그림을 사진으로 촬영한 것인데, 여기에는 당당한 제왕의 이미지가 인상 깊게 묘사돼 있다.

미학자 다키 히로지多木浩二는 이를 메이지 6년(1873년)에 촬영된 메이지 천황의 사진과 비교·분석하면서 다음과 같이 썼다.

> 우치다 구이치內田九一의 사진(메이지 6년의 사진)에서 천황은 극히 개별적인 존재인 데 비해, 메이지 21년의 천황 초상화에서는 개인적 존재감을 거의 느낄 수 없다. 이것은 메이지 21년 어느 날의 천황을 포착한 것이 아니다. 그 정교하면서도 치밀한 사실성에도 불구하고, 흔들리는 존재의 한순간이 아니라 존재가 보여주는 모든 변화를 넘어 구성된 개념적·추상적 (중략) '신체'가 화면을 구성하는 수법으로 그려진 것이다. (중략) 그 용모는 이상화되고, 초인격적이며, 명백히 사회적·정치적 환경에서 사람들에게 받아들여질 만한 권세의 이미지로 꾸며져 있다는 느낌을 받을 수밖에 없다.[4]

다키는 메이지 21년의 초상화에 역사가 에른스트 칸토로비치Ernst Kantorowicz가 말한 '왕의 두 신체'가 드러나 있다고 본다. 군주는 태어나고, 성장하며, 끝내 소멸하는 '자연적 신체'를 지님과 동시에 '정치적

신체', 즉 자연의 영향을 받지 않는 '추상적 신체'를 지니고 있으며, 전
자는 후자를 체현體現한다.

이 초상화는 천황의 살아 있는 몸(자연적 신체)을 소재 삼아 그려졌
지만, 그 '소재'에서 태어난 것은 살아 있는 몸을 지닌 존재가 보여주
는 모든 변화를 넘어 구성된 '개념적·추상적 신체', 불변의 신체(정치적
신체)다. 이런 '추상적 신체'란 미래에도 영구히 존재하고, 과거에 대해
서도 가능한 한 오랜 기원을 지녀야 하는 것, 즉 일본 그 자체다.

일반적으로 근대 국민국가가 제대로 기능하려면 구성원들 사이에
서 그들의 국가가 자연스럽게 존재하는 것, 따라서 미래영겁 뒤에도
당연히 존속할 것이라는 관념이 공유돼야 한다. 천황의 어진은 국민
이 이 같은 관념을 받아들이도록 하는 장치를 마련하는 데 당시 일본
이 유감없는 능력을 발휘했음을 보여준다.

그리하여 한쪽에서는 헌법과 의회를 통해 입헌정체의 체재體裁를
구축하면서, 다른 한쪽에서는 국민의 내면을 '천황의 국민'으로 만들
어 규범의 통제에 복종시키려는 시도가 이뤄졌다. 국가의 제도와 국
민의 내면이라는 양면의 정비를 통해 메이지 레짐은 불안정한 시기를
벗어나 확립됐다. 바꿔 말하면 메이지유신에서 20여 년이 지난 이 무
렵부터 근대 전반의 '국체'가 일단 확립됐던 것이다.

우치무라 간조 불경 사건―시민사회가 추구한 '국체'와 그 왜곡
그러나 그럼에도 '국체'는 초창기부터 새로운 충돌을 경험할 수밖에
없었다.

메이지 6년(1873년)의 사진

국체론

메이지 21년(1888년)의 초상

교육칙어 반포 이듬해인 1891년에 우치무라 간조內村鑑三 불경不敬 사건이 발생했다. 그것은 확립된 '국체'와 '반국체'의 원리(이 경우엔 기독교)가 충돌한 최초의 사건이었다.

대일본제국 헌법 제28조는 "일본 신민은 안녕질서를 방해하지 않고, 또 신민으로서의 의무를 저버리지 않는 한 종교의 자유를 지닌다"고 규정해 '신앙의 자유'를 조건부로 국민의 권리로서 인정했다. 또한 교육칙어의 제정 과정을 통해 알 수 있듯, 번벌 정부의 수뇌는 정부가 종교적으로 중립이어야 한다고 생각하고 있었다.

당시 제1고등중학교 교원이었던 우치무라 간조가 천황이 서명한 교육칙어에 최고 경례(最敬礼, 손이 무릎에 닿을 정도로 허리를 크게 굽혀서 하는 절-역주)를 하지 않은 것은, 그 자체로는 사소한 일이었다. 하지만 이는 결국 어용학자와 매스컴의 손을 거치며 큰 사건으로 번지고 만다. 말하자면 시민사회의 자발적인 움직임이 '국체'를 대의명분으로 한 훗날의 가혹한 사상 탄압·내면 지배를 예감케 하는 사태를 야기했던 것이다.

종종 지적되듯이 국가신토(國家神道, 일본의 고유 신앙인 신토神道를 천황의 신성성을 강조하는 내용으로 개편한 것. 천황가에 대한 숭배를 유도하는 것이 목적이었음-역주)로 제도화된 국체 신앙은 공식적으로는 국가 종교의 형태를 취하지 않았지만, 실질적으로는 모든 종교를 초월한 메타 신앙으로 기능하면서 일본인의 내면을 규제했다. 그리고 이것은 국가에 의한 강제뿐 아니라 국민의 자발적인 복종에 의해서도 실현됐다. 우치무라 간조 불경 사건은 이 같은 현실의 원형을 보여줬다고 할 수 있다.

2. 메이지 헌법의 양면성

'국체' 개념의 내실 - '국체와 정체'의 이원론

지금까지 메이지 시대의 국체 형성을 잰걸음으로 훑어봤다. 이 시대에 명확해진 국체 개념의 특징이 몇 개 있는데, 이 책에서는 두 가지점에 주목한다.

첫째는 국체 개념의 원형이라고 해야 할 '국체와 정체'의 이원론이다. 이것은 국체 개념의 기원을 살펴보면 드러난다.

일찍이 지적받았듯이 '국체'라는 용어에 중대한 의미가 부여된 근대문헌의 효시는 미토학(水戸學, 에도 막부 말기 미토 번水戸藩에서 형성된 정치사상학. 유학 사상을 중심으로 국학과 사학史學, 신토를 결합한 학문-역주)의 사상가 아이자와 세이시사이會澤正志齋의 《신론新論》(1825년)이다. 《신론》은 쇄국을 무너뜨릴 열강의 함선들이 일본 근해에 출몰하던 상황에서쓰였는데, 여기에서 제창하고 있는 양이(攘夷, 외국 오랑캐를 물리친다는뜻-역주) 사상은 유신 운동에 강한 영향을 끼친다.

이 무렵부터 대외적 위기감이 높아지는 가운데 '국체'라는 말이 다수의 문헌에 나타나게 된다. 당초에는 논자들에 따라 제각각이어서일정하지 않던 국체의 의미는[5] 이윽고 근대 일본의 공식 이데올로기가 되는 국체 개념, 즉 '신으로부터 유래된 천황가라는 왕조가 단 한번도 교체되지 않고 일관되게 통치하고 있는, 달리 유례를 찾아볼 수없는 일본국의 존재 방식'이라는 관념으로 자리 잡게 된다.

그러나 이 국체 개념을 현실의 역사에 투사하려고 하면 곧바로 자기모순에 빠지게 된다. 왜냐하면 실증적인 고증이 곤란한 고대는 논외로 치더라도, 천황 자신이 실질적인 정치 지배자로 군림했던 시대는 짧았고, 오히려 예외적이었다고까지 말할 수 있기 때문이다.

그래서 국체론은 '국체와 정체의 구별'이라는 관념을 즉시 도입하지 않을 수 없다. 즉, 시대에 따라 지배하고 통치하는 정치적 형태(정체)는 변화했지만 정치의 차원을 초월한 권위자로서의 천황은 늘 변함없이 군림해왔다(국체)는 질서관이다. 바꿔 말하면 실질적 '권력(정체)'과 정신적 '권위(국체)'가 나뉘어져 있다는 것이다. 이런 생각은 근대 국체의 최대 위기(=패전과 점령 지배·속국화) 때 결국 거대한 역할을 수행하게 된다.

사실 막부 말기 국체론의 발신원이 된 히라타파 국학(平田派國學, 국수주의적 성향을 띠는 일본 국학 가운데서도 특히 일본의 우월성을 주장한 학파. 이후 일본 우익의 사상적 토대가 됨-역주)은 원래는 제정일치祭政一致론을 주장했다. 이 사고방식이 메이지 정부의 공식 이데올로기로 채용되면서 1869년의 태정관제에서는 신기관(神祇官, 고대 일본의 율령제에서 조정의 제사를 관장하는 관청-역주)이 행정기관의 우두머리 위치를 차지하기도 했다. 바꿔 말하면 국체론을 직선적으로 실현해보려 한 것이다.

이 같은 움직임은 폐불훼석(廢佛毁釋, 불교 배척과 그 유물 파괴-역주) 운동을 격화시켰지만 끝내 신권정치적神權政治的 이념은 근대국가의 건설·제도 정비와 양립할 수 없었다. 제정일치 국가를 향한 시도는 우여곡절을 거치며 좌절되고 말았다. 그 의의에 대해 종교학자 시마조노 스스무島薗進는 다음과 같이 썼다.

사람들은 이러한 흐름을 '신토 국교화' 정책이 철회 내지 수정되어간 과정으로 이해하곤 한다. 하지만 '신토 국교화'의 '철회'라는 것이 무엇을 의미하는지는 그리 명확하지 않다. 왜냐하면 이후에도 신토는 일종의 국교적 지위를 유지하며, 점차 그 지위를 높여갔다고도 할 수 있기 때문이다. 당대의 일본은 분명 '정교분리' 쪽으로 흘러가고 있었다. 그러나 '제정일치' 이념 또한 굳게 지켜지고 있었던 것이다.[6]

'정교분리'와 '제정일치'라는 두 방향이 동시에 존재했던 상황을 시마조노는 지적하고 있다. 앞서 이야기했듯이 대일본제국 헌법은 '일본 신민은 안녕질서를 방해하지 않고, 또 신민으로서의 의무를 저버리지 않는 한 종교의 자유를 지닌다'고 규정해 '종교의 자유'를 인정했다(정교분리).

그러나 여기에 덧붙여진 중대한 조건, '안녕질서를 방해하지 않고, 또 신민으로서의 의무를 저버리지 않는 한'이 의미하는 바는 뒤로 갈수록 커진다. '신민으로서의 의무' 속에는 '국체라는 신권정치적 이념에 대한 지지', 더 나아가 '국체에 대한 종교와 같은 신앙'이 명백하게 포함됐고, 또 그것은 훗날 '도리도 전략도 없는 전쟁 수행을 지지하고 적극적으로 협력해야 할 의무'를 의미하게 된다. 여기에서 정교분리가 본래 보장해야 할 '종교의 자유', '내면의 자유'는 완전히 사라지고 정치적 권력(군부)과 정신적 권위(천황)는 하나로 합쳐졌다.

메이지 헌법의 양면성─천황은 신성 황제인가 입헌군주인가

역사가 이러한 방향으로 흘러가게끔 만든 요인은 메이지 헌법 그 자체에도 내포돼 있었다. 따라서 두 번째로, 전전 레짐의 기초적 구조가 확고해졌음을 보여준 메이지 헌법에서 국체의 성격이 어떻게 나타났는지 살펴봐야 할 것이다.

메이지 헌법의 최대 문제는 그것이 잉태한 양면성이었다. 메이지 헌법에는 천황의 지위가 명확하게 규정되지 않았다. 절대적 권력을 장악한 신성 황제인가, 아니면 입헌군주인가.

패전 뒤에 점령군 당국은 전자라고 판단해 헌법의 전면적인 개정을 요구했으나 그 판단에는 모순이 포함돼 있었다. 정말 전자라면, 쇼와 천황이 어떻게 전쟁의 책임에서 해방될 수 있었는지 설명할 수 없기 때문이다.

한편, 헌법 개정을 요구받은 당시의 일본 엘리트층은 곤혹스러워하면서도 최소한의 변경으로 그 상황을 모면하려 했다. 여기에 그들의 자기 보신保身 동기가 있었던 것은 부정할 수 없지만, 동시에 그들의 당혹감도 나름의 이유는 있었다. 왜냐하면, 다이쇼 데모크라시 시대의 기억을 지닌 그들에게 메이지 헌법은 민주적으로 운용될 수 있는 입헌군주제를 상정한 것으로 인식됐기 때문이다. 하지만 쇼와의 광신적인 파시즘 체제가 메이지 헌법을 기초로 하는 법질서를 무대 삼아 만들어졌던 것 또한 분명한 사실이었다.

이 같은 인식 착오를 유발하는 양면성은 메이지 헌법 그 자체에 내포돼 있었다. 전후에 쓰루미 슌스케鶴見俊輔와 구노 오사무久野收는 메이지 헌법 레짐이 엘리트들에게는 입헌군주제로 보였고, 대중에게는 신권정치체제로 보였으며, 전자에서는 메이지 헌법의 밀교적(密敎的, 감춰지고 잘 드러나지 않음-역주) 측면이, 후자에서는 현교적(顯敎的, 숨김 없이 드러남-역주) 측면이 각각 기능했다고 주장했다.[7] 그리고 쇼와 시대 군국주의 파시즘 체제의 출현은 신권정치체제의 측면이 입헌군주제의 측면을 삼켜버린 사태였다.

권력의 제약

그러한 귀결을 낳은 양면성의 구조는 메이지 헌법을 만든 장본인들조차 그리 명료하게 정리할 수 있는 것이 아니었다. 그 양면성은 조문에서 다음과 같이 드러난다.

> 제1조 대일본제국은 만세일계의 천황이 통치한다
> 제4조 천황은 나라의 원수元首로서 통치권을 총람하고, 이 헌법 조규에 의거하여 그것을 행한다

제1조는 이른바 '만세일계'의 신권정치적 이념에 해당하며, 제4조는 입헌군주제의 이념에 해당한다. 메이지 헌법의 성립 과정에서 영국형 입헌군주제가 아닌 프로이센형 입헌군주제의 규범을 취하는 쪽으로 방향을 틀면서 군주에게 집중되는 권력이 점점 커지게 되었다는 것은 종종 지적돼온 사실이다. 그럼에도, 적어도 헌법이 헌법인 한, 그것은 '권력에 대한 제약'의 요소를 포함하고 있다. 군주가 모든 것을 통제하

는 정치체제를 만들고자 했다면 애초에 헌법은 필요하지 않았을 테니까 말이다.

그런 관점에서 봤을 때 제4조의 '이 헌법 조규에 의거하여' '통치권을 총람'한다는 부분은 메이지 헌법의 입헌주의적 요소의 핵심부를 이루고 있다. 메이지 헌법 반포의 주역이었던 이토 히로부미伊藤博文는 다음과 같이 그 부분을 해설했다.

> 헌법을 친히 재결親裁해서 이를 **군**君**과 민이 함께 지키는** 대전大典으로 삼고, 그 조규에 따르는 것을 그르치지 않고 잊지 않겠다는 뜻을 밝히신 것은, 곧 자신의 천직을 중히 여겨 세운世運과 더불어 영원한 규모를 대성大成하는 자다. 대저 통치권을 총람하는 것은 주권의 몸體이다. 헌법의 조규에 의거해 이를 행하는 것은 주권의 쓰임用이다. **몸이 있는데 쓰지 않으면 그것을 전제**專制**에게 잃게 된다.** 쓰는데 몸이 없다면 그것을 산만散慢에게 잃게 된다.**8**

여기에서 이토는 헌법에 토대를 둔 정치가 '전제'의 대척점에 있다고 분명하게 말하면서, 헌법이 군주를 구속하고 있다는 점을 강조하고 있다.

그리고 '통치권의 총람'이라는 개념은 아마추어의 눈에는 '천황 자신이 절대적 통치권을 행사한다'라는 뜻으로 보이겠지만, 법학적 상식에 따르면 의미하는 바는 정반대다. '통치한다'는 것이 아니라 '통치권을 총람한다'는 뜻은 통치하는 행위를 구체적인 차원에서 결정하고 담당하는 것은 천황의 보필자이고, 원수인 천황은 이를 '재가'하는 형식적인 행위를 하는 데 그친다는 의미이다.

이러한 천황의 지위 부여는 제3조 '천황은 신성해서 침해해선 안 된다'와 밀접하게 관련돼 있다. 얼핏 보기에는 이 조문 또한 메이지 헌법 레짐의 신권정치적 성격을 뒷받침하는 조문 같다. 그러나 이 역시 입헌군주제의 군주무답책(君主無答責, 어떠한 경우에도 군주에게 책임을 묻지 않는 것-역주)을 의미하는 부분으로, 유럽의 입헌군주국 헌법을 참조해서 도입한 것이다.

군주무답책이란 국가가 잘못을 범하더라도 국왕에게 책임을 묻지 않는다(벌하지 않는다)는 뜻이 아니라, 대신이 책임을 진다는 뜻이다. 왜냐하면, 입헌군주제 국가에서 국왕의 권력은 형식적인 것이며, 정책을 구체적으로 입안하고 실행하는 것은 대신이기 때문이다. 권한이 없는 자에게는 책임도 없다는 논리다.

권력 정통성의 원천으로서의 천황

그러나 현실에서 메이지 헌법 레짐이 지나온 역사를 보면, 천황의 의사가 단순히 형식적으로 기능한 것은 아님을 알 수 있다.

예컨대 이토 히로부미는 메이지 헌법의 토대를 만든 사람 중에서도 입헌주의적 헌법관을 가지고 있었고, 번벌 정치로부터의 탈피를 지향해 야마가타 아리토모山縣有朋와 대립한 적도 있다. 하지만 그런 이토조차 제4차 내각을 이끌던 당시, 제15회 제국의회(1900~1901년)에서 증세에 강경하게 반대하는 귀족원을 굴복시키기 위해 칙어勅語를 이용했다.

이에 대해 '헌법 위반이 아닌가'라는 비판이 중의원에서 제기됐으나 그 비판에 대해 정우회政友會의 호시 도루星亨는 다음과 같이 반박했다. "천황의 '대권 속에서 헌법이 성립'하는 것이므로 '헌법으로 폐하의 입을 다물게 해서 폐하가 하시는 일을 방해해서는 안 된다.'"⁹ 이 같은 반박은 실제로 효과를 발휘했다.

그 뒤 메이지 시대의 제국의회에서는 총 10차례나 메이지 천황의 '어사태서御沙汰書'와 '칙어'가 발표됐다. 훗날 '통수권의 독립'을 대의명분으로 내걸어 군사軍事 확대에 반대하는 세력을 뿌리째 뽑아버린 후대의 군인들에게서 이토나 호시의 향취를 느낀 이가 많은 것도 이 때문일 것이다.

그리하여 쇼와 파시즘 시대에 메이지 헌법의 입헌주의적 해석은 주류의 지위를 잃어버렸을 뿐 아니라 금지되기에 이르렀다(1935년의 천황기관설 사건 및 국체명징 성명). 그리고 그 결과 '포츠담선언 수락'이라는 정치적으로 가장 중요한 결단을 천황 스스로 내려야 하는 사태(어성단御聖斷)가 초래되고 만다.

메이지 헌법의 실질적 제정자(이토 히로부미)의 의도에 반하는 이러한 사태는, 그러나 이 헌법을 중핵으로 하는 레짐(국체) 속에 내재돼 있던 요소에 의해 초래된 것이리라. '헌법이란 권력에 대한 제약이다'라는 기본 명제를 이 레짐은 국민 대중에게 그저 숨기기만 했을 뿐 아니라 레짐의 운용자인 파워 엘리트들마저 그 점을 애매하게(또는 몰이해) 함으로써 정쟁을 불러일으켰다.

메이지 헌법은 흠정(欽定, 황제가 손수 제도나 법률을 제정함-역주)이었다. 다시 말해, 제헌 권력을 천황이 독점한다는 원칙 아래 발포된 헌법이었다. 그리고 그것과 궤를 같이하는 형태로 국가의 지도층은 헌법을 '국민에 대한 천황의 약속이요 서약'으로 보는 대신, "천황이 '황조황종皇祖皇宗의 신령'에게 허락을 구하고, 이어서 국민 쪽으로 돌아서서 증여하는 것"[10]이라는 자세를 취했다. 이것들 모두 정통성을 갖춘 권력의 원천이 천황에게만 있고 국민에게는 존재하지 않는다는 것을 말해준다.

그렇게 되면 국가의 체현자인 천황을 '감시하고' '국민의 의사에 따라 제약하는' 등의 일은 너무 '황공스러운' 일이어서, 도무지 현실성이 없다. 따라서 민주제에 불가결한, 국민의 의사나 비판적 시선이 국가권력을 감시하고 제약한다는 발상은, '군주 곁의 간신'이 부당하게 천황의 의사를 조종하거나 천황의 덕정德政을 방해하고 있다는 추단推斷의 형태를 취할 수밖에 없게 된다.

그리고 이 레짐에서 정통성의 구조상 천황보다 상위에 있는 것은 '황조황종'밖에 없다. 이렇게 해서 천황을 중핵으로 하는 국가권력 자체를 종교적으로 숭배할 수밖에 없게 만든 요인이, 가능성으로 놓고 봤을 땐 입헌주의의 기초가 될 수 있었던 헌법 자체에 잉태돼 있었다.

사정은 교육칙어와 비슷하다고 할 수 있을지 모르겠다. 오늘날에도 '교육칙어에는 현재에도 존중받을 만한 교훈이 들어가 있다'며 옹호하고 복권시키려는 움직임이 있다. 문제는 칙어의 내용—'부모에게 효도하라'나 '벗을 믿어라' 등—이 아니라 그 형식, 즉 국가원수가 국민이 지켜야 할 덕목을 직접 명령한다는 점에 있다. 국가원수에 대한 맹목적인 숭배에 토대를 둔 도덕 따위는 도덕의 이름에 걸맞지 않다. 이와 마찬가지로 헌법의 내용(입헌주의＝권력의 제약)을 헌법의 형식(흠정헌법·신권정치＝무제약의 권력)이 배반하고 있는 것이다.

국체론

3. 메이지의 종언

'언덕 위의 구름'으로 향하던 시절의 광경

입헌정치 체재를 어찌어찌 정비한 대일본제국은 청일전쟁과 러일전쟁의 승리로 본격적인 제국주의 국가의 지위를 얻는다. 1911년에는 막부 말기 이래의 비원이었던 불평등조약의 개정도 완료된다. 그것은 막부 말기의 '독립 위기'에서 시작돼 유신이라는 실질적인 혁명을 거쳐, '일등국으로 선다'는 '언덕 위의 구름'을 좇아온 메이지 국가 체제의 한 도달점이었다.

'황국의 위광'이 이런 형태로 확립되는 한편으로, 이 시기 '국체'로부터 일탈하고자 했던 이들은 사회주의·무정부주의라는 새로운 형태를 취했다. 1900년 전후부터 노동운동이 발흥하기 시작해 1901년에는 사회민주당이 결성되는데, 정부는 즉각 이를 금지했다. 이런 운동을 이끌었던 사회주의자·무정부주의자들 다수가 기독교의 영향을 받고 있었는데, 확립된 국체와 최초로 충돌한 것이 기독교도인 우치무라 간조였다는 사실은 시사적이다.

이윽고 사회주의자·무정부주의자들은 '국체의 적'으로 인식되기에 이르렀고, 그것이 1910년의 대역 사건을 초래했다. 이 사건에서 고토쿠 슈스이幸德秋水를 필두로 총 26명이 메이지 천황의 암살을 계획했다는 혐의로 체포·기소됐으며, 비공개 암흑 재판으로 24명에게 사형 판결이 내려졌다. 그러나 오늘날에는 고토쿠를 포함한 20여 명이 무죄였던 것으로 밝혀졌다. 이 날조에 의한 거대한 탄압 사건은 나쓰메 소세키夏目漱石, 모리 오가이森鷗外, 도쿠토미 로카德富蘆花, 이시카와 다쿠보쿠石川啄木, 나가이 가후永井荷風 등 지식인들에게 심각한 충격을 주었다. 그것은 외면적으로는 식민지를 다스리는 제국이 되고 '일등국'이 된 근대 일본이, 그 내부에 무언가 터무니없는 뒤틀림을 품고 있는 것이 아닌가 하는 회의를 불러일으켰다.

전환기의 필연성

러일전쟁 종결로부터 대역 사건에 이르는 시기는 근대 전반의 제1기와 제2기를 가르는 시기였다고 해도 좋을 것이다. 첫째, '전전의 국체' 형성 초기에 국체에 대한 가장 유력한 대항 세력이었던 자유민권운동이 완전히 퇴조한 뒤 본격적인 '국체의 적'으로 사회주의·무정부주의가 지명됐다는 의미에서 대역 사건은 에포크 메이킹(epoch making, 획기적인 사건)이었다.

본래 제헌 권력을 두고 번벌 정부와 다투던 자유당이 우여곡절을 거치면서 제국의회의 체제로 흡수되고, 1900년에는 이토 히로부미를 수령으로 하는 입헌정우회에 합류했을 때, 이를 격렬하게 규탄한 자가 고토쿠 슈스이였다(《자유당을 제사지내는 글》). 고토쿠 자신에게 그런 자각이 있었는지 여부와는 상관없이, 정부는 고토쿠에게서 과거 제헌 권력을 추구했던 자유민권운동의 정통 후계자—즉, 국체의 입장에서는 불구대천의 적—를 발견하고 이를 토벌했던 것이다. 나아가 거기에서 발견된 적(사회주의·무정부주의, 나중에는 공산주의)은 이어지는 세 개의 시대—'전전 레짐'의 상대적 안정기·붕괴기·'전후 레짐'의 형성기—에 걸쳐 일관되게 '국체의 적'으로 지목되었으며, 특히 '전전 레짐'의 붕괴기에는 공산주의 쪽도 국체와의 정면 대결에 돌입하게 된다.

그러나 두 번째로, 대역 사건이 벌어졌음에도 불구하고, 시대는 다이쇼 데모크라시 시대로 전환한다. 메이지 말기에는 이미 다이쇼 데모크라시의 바람이 불기 시작했다. 대역 사건에서 살아남은 사회주의자·무정부주의자들은 한때 '겨울 시대'를 겪었으나 노동운동의 본격적인 시작과 1917년 러시아혁명으로 힘을 받으면서 사상과 운동 양면에서 모두 고양되는 시기를 맞게 된다.

1911년에 세이토샤(靑鞜社, 여성해방을 주장했던 여성 지식인과 여류 문학가들의 조직-역주)가 결성되며 여성해방운동의 신기원을 열었던 일에서 엿볼 수 있듯이, 메이지유신 이래 근대화를 통한 국가의 독립 유지라는 큰 목표를 어느 정도 성취해가는 상황에서 그때까지 자기주장의 수단을 갖지 못했던 사회적 집단들이 잇따라 목소리를 내기 시작하는 추세를 막을 방도는 없었다. 이러니저러니 해도 국민 대중은 그 목표 달성을 위해 궁극의 희생, 피의 희생을 치렀고(청일전쟁·러일전쟁), 무거운 세금도 견뎌냈다. 희생을 치러야 할 의무밖에 없는 무권리 상태에서 쌓인 분노가 1905년의 포츠머스 조약(러일전쟁 강화조약-역주) 체결을 계기로 발생한 히비야 방화 사건에서 이미 폭발하고 있었다.

노기 장군의 죽음

그런 와중에 메이지 천황이 1912년에 사망했다. 메이지 천황의 죽음은 그 자체로 한 시대의 끝을 알린 사건이었지만, 그 이상으로 거대한 충격을 준 상징적인 사건이 노기 마레스케乃木希典와 그 부인 시즈코静子의 순사(殉死, 나라를 위하여 목숨을 바치거나 죽은 사람을 따라 죽음. 흔히 신하가 죽은 임금을 따라 죽거나 아내가 죽은 남편을 따라 죽는 일을 가리킴-역주)였다. 그 사건은 국민적인 관심을 불렀고, 이에 대한 해석·평가를 둘러싸고 지식인 사이에서 논쟁이 일어났다. 나쓰메 소세키나 모리 오가이가 노장군의 예스러운 행위를 메이지 일본의 영광과 비극을 체현한 것으로 심각하게 받아들인 일은 지금도 종종 언급된다.

이 죽음의 동기가 무엇이었는지에 대해선 논란이 분분하다. 유서에서 언급된, '세이난 전쟁에서 군기를 적에게 빼앗겼던 일'은 다소 설득력이 떨어진다는 느낌을 준다. 그 '군기 상실설'에 비하면 러일전쟁에서 지휘관으로 싸울 당시 그의 두 아들을 포함한 다수의 병사들이 뤼순旅順 공방전에서 전사한 일로 인한 고뇌와 자책의 마음이 최대의 동기일 것이라는 설이 훨씬 그럴듯하게 들린다. 실제로 노기는 러일전쟁 뒤 바로 죽으려 했으나 메이지 천황이 타일러 이를 단념시켰다. "죽기는 쉽고 살기는 어려운 지금 경이 죽어야 할 때가 아니다. 경이 만일 굳이 죽으려 한다면, 부디 짐이 세상을 떠난 뒤에 그렇게 하라"[11]라는 말을 듣고, 이를 그대로 따랐다고 해석할 수 있다.

하지만 애초에 천황에 대한 노기의 충성이 왜 도를 넘는 형태로 절대화된 것일까? 봉건사회에 존재했던 군주를 향한 충성이 그 대상을 바꾼 것일 뿐일까? 만일 그렇다면 노기는 완전히 전근대인에 지나지 않으며, 그의 순사는 소세키나 오가이 같은 당대 최고의 지성에게 강한 감동을 불러일으킬 만한 일이 아니었다.

문학연구자인 사사키 히데아키佐々木英昭는 러일전쟁과 세이난 전쟁보다도 전에 노기가 경험했던 비극과 그 영향을 분석했다. 그 비극이란, 관의 군인이 된 노기가 같은 고향(조슈長州) 출신인 마에바라 잇세이前原一誠가 일으킨 하기의 난(萩の乱, 1876년)에서 진압군 쪽에 서게 되면서 마에바라와 함께 반란을 일으킨 동생 마사토(真人, 본명은 노기 마사토乃木真人지만 당시 요시다 쇼인의 삼촌인 하급 무사 다마키 분노신玉木文之進의 양자로 가면서 다마키 마사요시玉木正誼로 개명함-역주)나 은사이기도 했던 다마키 분노신을 비롯해 많은 근친자를 '반란군'으로 맞아 토벌한 일을 가리킨다. 심지어 난이 발발하기 전에 동생은 형을 마에바라 진영에 끌어들이려고 몇 번이나 그를 찾아가 설득했다고 한다. 그러나 노기는 이를 거부하고 몹시 사랑했던 동생을 죽음으로 내몰게 된다. 중요한 것은 그 시점에서 노기의 선택에 의義가 있다는 보증은 어디에도 없다는 점이다.

> 동생의 설득을 받아들여 반란군인 하기 쪽에 서는 선택지도 있었다. 노기가 그쪽을 택하지 않은 주된 이유가 무엇이든, 그 결단으로 자신은 살고 동생은 죽었다. 그 경험이 마음의 상처가 되지 않았을 리 없다.
>
> 이런 경우 상처를 안게 된 인간이 그 뒤 상처를 치유하고 마음의 안정을 얻어 살아가기 위해 추구하지 않을 수 없는 것이 그때 자신의 선택이 옳았다고 보증해줄 정당화 논리다. 즉, 그때 자신이 가담한 천황의 군대가 만에 하나라도 부정하고 지킬 가치가 없는 쪽이었다는 걸 알게 된다면, 그 순간 '눈물을 뿌리며 사랑하는 동생을 벤' 일 또한 무의미해

져 버리게 된다. 당사자가 얼마나 의식하고 있었는지는 제쳐 놓고라도, 그가 천황을 절대화한 배경에는 이런 논리가 숨어 있다.[12]

이 '논리'야말로 메이지 때 성립한 천황제가 국민을 통합하는 작업에서 강력한 힘을 발휘할 수 있었던 이유의 핵심에 자리하고 있다고 추측된다. 삿초(薩長, 사쓰마薩摩와 조슈) 번벌 정부가 짊어졌던 천황의 권위는 새 정부의 중추가 된 옛 하급 무사들이 자신들의 권력을 정당화하기 위해 내세운 속보이는 방편에 지나지 않았다는 설명이 종종 나오곤 하는데, 만일 그렇다면 번벌 정부로부터 따돌림을 당한 세력이나 옛 좌막파(佐幕派, 막부 편에 선 세력-역주) 계보에 속한 세력에 대한 회유 공작은 도저히 그 힘을 발휘할 수 없었을 것이다. 그러나 실제로는 '전전의 국체'가 안정화되는 과정에서 천황의 권위는 확장되면서 고양돼간다.

하기의 난 때 노기가 얻은 경험은 예전의 동지(노기의 경우는 친족까지)와 적으로 갈라지고 이를 토벌해야만 하는, 혁명에서 숙명적으로 잉태되는 비극과 관련된 일이었다. 막부 말기부터 세이난 전쟁에 이르기까지 이런 숱한 비극을 겪으며 무슨 수를 써서라도 실현해야 했던 것, 그것은 형태를 불문한 '화해'일 수밖에 없었으리라.

노기를 비롯한 당대의 사람들은 천황이 바로 이 화해의 상징이 되어줄 거라고 기대했던 게 아닐까. 그리고 혁명으로 흘린 모든 피에 대한 속죄를 할 수 있으려면 '천황의 정의'는 '부동의 진실'이어야만 했으며, 현실에서 이것이 가능해야 메이지 시대의 천황제는 통합 작용을 할 수 있었다.

이런 문맥에서 봤을 때 거의 현실에서 멀어져버렸다고도 할 수 있는 '이상적인 군인'을 노기가 어느 시점부터 연기하기 시작하고, 자살을 통해 그것을 완성한 것의 의미가 드러난다. 그 연기는 '이상적인 충의'를 천황 쪽으로 향하게 함으로써 '천황의 정의'가 현실에서 '부동의 진실'이 되도록 부단히 요구하는 행위였는데, 그 행위를 노기에게 명한 것은 혁명을 위해 쓰러져간 자들이며, 나아가 노기의 명령으로 죽어간 병사들인 것이다.

불가해한 노기의 죽음, 이는 필연이었다

그러나 노기 마레스케의 죽음은 다이쇼 시대를 담당한 세대, 즉 혁명의 실행 세대나 그에 가장 가까운 세대가 아니라 혁명이 만들어낸 제도와 환경 아래서 육성된, 바꿔 말하면 그런 제도와 환경을 자명한 것으로 보기 시작한 세대의 지식인 다수에겐 이해 불가능한 것, 좀 더 심하게 말하면 타파해야 할 시대착오적인 것으로 비춰졌다. 아쿠타가와 류노스케芥川龍之介는 노기를 다룬 작품 《장군》(1921년＝다이쇼 10년)에서 등장인물의 입을 통해 이렇게 말한다.

"물론 속인俗人은 아니었겠죠. 지성至誠의 사람이었다는 것도 상상할 수 있습니다. 다만 그 지성이란 게 우리로서는 도무지 제대로 삼킬 수 없는 것입니다. 우리 뒤 세대의 인간들에게는 더더욱 통하지 않을 것이라 생각합니다."[13]

노기의 삶과 죽음이 이해할 수 없는 것(불가해한 것)이 된 까닭은, 노기가 살았던 시대가 혁명을 통해 국민국가가 형성되고 그 국가가 (헤겔적 의미에서의) 세계사의 무대에 뛰어드는, 어떤 민족이든 아마도 단 한 번밖에 경험하지 못하는 시대였기 때문이리라.

나쓰메 소세키가 '메이지의 정신'(《마음》)이라고 부른 것은 그 일회적 경험을 가리킨다. 그 시대가 끝나면, 즉 '천황의 국민'이라는 관념을 각각의 개인 및 집합적 아이덴티티의 중핵으로 삼는 국가와 사회가 어느 정도 완성에 도달해 상대적 안정을 확보해버리면, 그것이 통합 작용을 수행할 수 있는 유일무이한 존재로는 보이지 않게 된다.

그리고 실제로 그 뒤에는 천황이 상징해야 할, 혁명의 비극을 정화하는 '화해'가 사회에 내재하는 적대성을 폭력적으로 부인하는 가족국가관으로 변질되며, '부동의 진실'로서의 '천황의 정의'는 대외 팽창·제국주의적 침략을 정당화하는 내용으로 변해간다.

노기의 순사에 대한 가장 신랄한 반응은 시가 나오야志賀直哉가 일기에 쓴 표현이 아닐까 한다. "바보 같은 놈이라는 생각이 든다. 마치 하녀 따위가 사리분별 없이 무슨 짓을 저질렀을 때 느끼는 심정과 같은 기분을 느꼈다."[14] 잔혹하고 비정함마저 느껴지는 말이지만, 그럼에도 어쩐지 머지않아 도래할 치안유지법과 특별 고등 경찰과 끊임없는 전쟁이 국민 통합 작용의 사실상의 중심축이 돼가는 시대에 '노기적인 것'이 어떻게 활용될 것인지를 예견하기라도 한 것 같다.

제4장

國體

천황과 미국의 결합
―전후 국체의 기원

전후 레짐: 형성기 ①

1. '이해와 경애'의 신화

전후 국체의 기원―쇼와 천황·맥아더 회견

'전전 국체' 형성기(메이지 시대)를 분석한 제3장에 이어서, 이 장부터 제6장까지는 '전후의 국체' 형성기(전후 레짐의 제1기)를 개관하는 데 할애하고자 한다. 전전과 전후, 이 두 가지 국체가 어떻게 다르고, 무엇이 지속됐는지 살펴보려면 형성기를 비교·검토할 필요가 있기 때문이다.

　'전후 국체'의 원점은 어디에 있을까. 쇼와 천황이 1989년 1월 7일 서거했을 때 보도기관들은 모두 격동의 쇼와 시대와 천황의 생애를 돌아보는 일에 힘을 쏟았다. 그때 자주 언급되고 상기된 에피소드가 1945년 9월 27일, 쇼와 천황이 더글러스 맥아더와 처음 회견하는 자리에서 했다는 유명한 발언이다. 쇼와 천황은 이렇게 말했다고 한다.

> "나는 국민이 전쟁을 수행하면서 정치, 군사 양면에서 한 결정과 행동
> 에 대한 모든 책임을 져야 할 자로서, 나 자신을 당신이 대표하는 국가
> 들의 재결(裁決, 판결)에 맡기기 위해 찾아왔습니다."[1]

이 말은 맥아더 자신이 집필한 《회상기》에서 처음 언급됐는데, 이 책
의 내용 가운데에는 여러 과장과 기억 오류가 있는 탓에 쇼와 천황의
이 발언이 진실인지의 여부를 두고 긴 논쟁이 이어졌다.

하지만 실제로 이 발언이 '있었느냐 없었느냐' 하는 것은 '전후의 국
체'를 고찰하는 일에서 결정적으로 중요한 것이 아니다. 우리가 정말
주목해야 할 것은 '나는 모든 책임을 질 각오가 돼 있다'라는 취지의
발언이 있었다고 가정할 때, 그 자체로는 당당해 보이는 천황의 이 발
언이 어떤 신화를 형성하게 됐는가이다. 거기에 '전후의 국체'를 구성
하는 정치 신학의 원점이 숨어 있다.

'회견'의 신화
쇼와 천황의 상술한 발언 뒤에, 맥아더의 《회상기》는 다음과 같이 이
어진다.

> 나는 큰 감동에 사로잡혔다. 죽음이 따를 정도의 책임, 그것도 내가 알
> 고 있는 모든 사실에 비춰보건대, 분명히 천황에게 돌아가서는 안 될

책임을 떠안으려는, 이 용기 넘치는 태도는 내 뼛속까지 흔들었다. 나는 그 순간 내 앞에 있는 천황이 개인 자격으로도 일본 최상의 신사라고 느꼈다.[2]

맥아더는 쇼와 천황의 고결한 인격을 이해하고 감동했다. 거기에서 신화가 시작된다. 말하자면, 마치 이 회견에서 맥아더가 천황의 고결함에 감명을 받았기 때문에 천황의 발언 내용과는 정반대로 맥아더가 쇼와 천황에게 전쟁 책임이 없다는 것을 한층 더 강하게 확신했고, 천황은 소추의 대상에서 제외됐을 뿐만 아니라, 천황제의 존속도 인정받아 퇴위를 강요당하지도 않게 되었다, 라는 인상이 나중에 생겨났다.

맥아더가 천황의 말에 깊은 감동을 느꼈다는 것은 사실일지도 모르겠다. 그러나 맥아더가 그 회견에서 어떤 인상을 받았느냐는 것과 왜 면책 결정을 내렸느냐는 것은 완전히 다른 차원의 사안이다.

제1장에서 이야기했듯이 전쟁 종결 뒤에도 천황제를 존속시켜 원활한 대일 정책에 이바지하게 한다는 아이디어가 미국 국내에서 나온 것은 전쟁이 끝나기 훨씬 전인 1942년 시점이었고, 그러한 구상을 짜고 있었던 것은 CIA(Central Intelligence Agency, 중앙정보국)의 전신인 OSS(Office of Strategic Services, 전략첩보국) 관계자들이었다.

OSS에서는 첩보를 통해 전쟁을 승리로 이끌 방법을 찾았을 뿐만 아니라 전쟁 이후의 상황을 상정한 대독·대일 연구를 그 방면의 전문가들을 결집시켜 진행하고 있었다. 그 결과물 중에서 대표적인 것이 일본문화론으로 전후 널리 읽히게 되는 문화인류학자 루스 베네딕트

Ruth Benedict의 《국화와 칼》(1946년)로, 이 역시 OSS에 제출한 보고서를 토대로 쓴 책이다.

즉, 쇼와 천황에게 전쟁의 책임을 묻지 않은 것이나 상징 천황제로 천황제를 존속시키는 것과 같은 큰 틀의 정책 판단은 긴 시간에 걸친 연구와 논의 끝에 채택된 것이지, 회견 때 맥아더가 쇼와 천황에 대해 호의와 경의를 품게 돼 그 자리에서 즉흥적으로 결단을 내린 것이 전혀 아니었다.

덧붙이자면, 《회상기》에서 맥아더는 '쇼와 천황에게 전쟁 책임은 없다'는 회견 이전에 확정돼 있던 판단이 옳았음이 천황과의 대면으로 뒷받침된 듯이 쓰고 있으나, 그 시점에서도 연합국 사이에서 천황의 처우에 대한 의견이 갈리고 있었을 뿐 아니라 미국 정부 내에서도 천황 면책을 주장하는 그룹과 천황 소추를 주장하는 그룹 및 미국 내 여론이 서로 다투던 상황이었다. 소추하지 않기로 한 것은 아직 확정된 방침이 아니었기 때문에 맥아더의 기술은 뒤죽박죽이다.[3]

왜 일본인은 이 신화를 놓지 못하는가

오늘날 이러한 사정은 공개된 사료(특히 미국 쪽)와 조사를 통해 점차 실상이 드러나고 있다. 그럼에도 불구하고 여전히 많은 일본인들은 쇼와 천황·맥아더 회견을 둘러싼 신화를 믿는다.

이는 전후의 일본인들에게 이 신화를 믿고 싶다는 동기가 있었기 때문이리라. 그 동기란, 단순히 자신들이 받드는 군주가 고결한 인격의 소유자이기를 바라는 마음만이 아니다. 천황의 고결함에 맥아더가 감동하고 경의를 품었다, 다시 말해 미국은 '일본의 마음'을 이해했다, 라는 이야기를 일본인들은 원했던 것이다.

그것이야말로 전후의 일본인들이 헤어날 수 없었던 음울함을 멋지게 해소해주는 일이었기 때문이다.

변절과 의존

주지하다시피, 미국의 일본 점령은 놀랍도록 순조롭게 이뤄졌다. 미군은 태평양전쟁에서 일본군이 보여준 가열찬 전투 행태를 근거로, 점령군에 대한 실력 행사를 포함한 끈질긴 저항이 있을 것으로 예측하고 경계했으나 막상 점령이 시작되자 그런 저항은 전혀 없었다.

직접적인 이유는 천황이 일본 국민을 상대로 전쟁 종결 선언(옥음玉音 방송)을 했기 때문이다. 이 옥음 방송에서 "만약 그 정이 격해져서 함부로 사단을 일으키거나 동포를 배제해 서로 시국을 어지럽히고 대도를 그르쳐 세계로부터 신의를 잃는 것은 짐이 가장 경계하는 바"라고 한 부분은 '전쟁은 끝났으니 격정에 사로잡히지 말고, 무기를 내려놓고 일본의 재건에 온 힘을 기울여주세요'라는 메시지를 담고 있었으나, 이러한 구체적 지시 이상으로 천황 자신이 "전쟁은 끝났다"라고 선언한 것 그 자체가 '귀축미영(鬼畜米英, 마귀와 짐승 같은 미국·영국)', '성전聖戰 완수', '일억 불덩어리' 등등을 외쳤던 사람들로 하여금 돌연 모든 전투 의욕을 잃게 만들었다.

이를 계기로 맥아더는 천황을 면책하는 일이 원활한 점령에 얼마나 필요하고 유익한지 확신하게 됐고, 이후 본국에 천황 면책을 한층 더 강하게 호소한다.

한마디로 이야기하면, 기막힌 변절變節이 생긴 것이다. 8월 15일 이전에 한 '자신의 말'에 책임을 지려 한 일본인은 매우 드물었다. 그리하여 전후의 모든 기간에 걸쳐 많은 지식인이 변절 문제를 거듭 담론의 주제로 삼게 된다.

하지만 어찌 됐던 간에, 패전 뒤 일본인은 현실에서 살아가기 위해서 '귀축'이라고까지 불렸던 적에게 저항은커녕 의존할 수밖에 없었다. 수많은 동포를 죽인 적에게 말이다.

고질라의 비애

그렇게 해서 생겨난 음울함이 얼마나 심했는지는, 예컨대 1954년에 공개된 괴수 영화 〈고질라〉(제1편)에 명료하게 드러나 있다. 드디어 부흥을 이뤄가던 도쿄는 (그 영화에서) 왜 다시 파괴돼야만 했는가? 그것은 당시 일본인들의 뒤가 켕기는 꺼림칙함, 자기 처벌 충동 때문이었을 것이다.

어째서 괴수 고질라는 두려울 뿐만 아니라 애처로울까? 고질라는 남태평양에서 실시된 핵실험으로 깨어난, 방사능을 지닌 괴물이다. 거기에는 핵무기에 대한 공포만이 아니라 격전지에서 인류 전쟁사에서 보기 드문 비참한 모습으로 죽어간 무수한 동포들의 영혼이 투영돼 있는 게 아닐까.

그렇게 보면 어떤 의미에서 고질라는 살아남은 일본인들의 아버지와 형, 동생, 남편이나 아들들이다. 그들은 '뒤따를 것으로 믿는다'며 옥쇄했다. 그러나 살아남은 일본인들은 '뒤를 따르지' 않았을 뿐 아니라 그들을 죽인 미국에게 복수조차 하려 들지 않았으며, 심지어 그들의 도움을 받아 살아가고 있었다.

그런 일본인을 고질라는 재앙을 뿌리며 죽이러 온 것이다. 〈고질라〉 이야기는 젊은 천재 과학자 세리자와 박사가 자신이 발명한 '옥시전 디스트로이어oxygen destroyer'를 써서, 자기 목숨을 바쳐가며 고질라를 쓰러뜨리고 끝난다. 이때 세리자와의 마지막 말인 "행복하게 살아다오, 안녕, 안녕히"는 의미심장하다.

세리자와는 전쟁으로 상처를 입고 그 상흔으로 계속 고통을 겪는 인물이다. 말하자면 '절반의 전사자'라는 인상을 주는데, 심지어 그의 죽음도 어쩔 수 없이 가미카제 특공대를 연상시킨다. 따라서 그의 마지막 말은 죽은 병사들(고질라와 세리자와)의 말이며, 살아남고 변절함으로써 죽은 이들을 배신한 일본인들을 향한 '용서'를 의미했다.

그런 맥락에서 맥아더와 쇼와 천황의 회견을 둘러싼 에피소드는 중대한 기능을 수행했다.

왜 변절이 정당화될 수 있는가? 왜 그것이 배신이 아닌가? 그 대답을 일본인들은 저 아름다운 이야기에서 찾아냈다. 맥아더 혹은 맥아더에 의해 대표된 미국이 천황을 이해하고, 그에 대한 경애심을 품으면 예전에 그들을 '귀축'이라 불렀던 것은 불행한 오해로 여겨질 수 있었고, 전후의 일본인들은 죽어간 동포들의 유지를 이어받아 저항하지 않으면 안 될 의무에서 해방될 수 있었다. 미국의 비호 아래 '행복하게 사는' 것이 허용됐던 것이다.

'시바 사관'과 영미 협조

동시에 시데하라 기주로幣原喜重郎와 요시다 시게루로 대표되는 영미英美파 정치가·외교관이 전후 정치의 주류를 형성하면서 '메이지유신 이래 일본 외교의 줄기는 영국·미국과 협조 노선이며, 제2차 세계대전 때는 광기에 사로잡힌 군인들이 여기에서 일탈했기 때문에 큰 실패가 초래됐다'라는 인상이 날조됐고, 이를 통해 '불행한 오해'라는 변절의 심리가 한층 더 깊어졌다.

나중에 큰 인기를 차지하는 이른바 시바 사관(司馬史觀, 일본의 국민 작가로 군림했던 작가 시바 료타로의 역사관. 시바 료타로는 전반적으로 메이지 시대를 높이 평가한 반면, 생애 대부분의 시간을 보냈던 쇼와 시대에 대해서는 비판적인 태도를 취했다-역주)은 이러한 요시다 시게루적 외교 방침의 관점에서 본 근대 일본관의 문화적 등가물이었다고 할 수 있을 것이다.

시바 사관을 가장 명료하게 체현한 작품으로 보이는《언덕 위의 구름》은 1968년부터 1972년에 걸쳐-즉, '전후'의 제1기 말 무렵-신문에 연재됐다. 그것은 바로 초토焦土와 혼란에서 출발해 복수의 '이상理想'들이 밀고 당기면서 격심한 정치 변동을 겪다가 친미 보수 노선이 최종적으로 승리하게 되는(그 대항자를 멸망 내지 무기력 상태로 내몬) 시기와 겹친다. 이제 경제대국으로 나아가는 가운데 변절의 문제는 망각의 저편으로 내몰리게 된다.

'억압당한 것의 회귀'

그러나 역사의식의 저편, 무의식의 바닥 깊숙한 곳으로 내쫓긴 변절 문제야말로 '억압당한 것의 회귀'(프로이트)로서 강박적이고 반복적으로 영속 패전 레짐을 충동질했다. 바꿔 말하면 이것은 근원적 바탕으로서 레짐을 떠받치는 동시에, 레짐이 불합리한 행위를 하게끔 만드는 동력이 된 것이다.

왜냐하면, '천황을 이해하고 경애심을 지닌 미국'이라는 관념에 오늘날의 기괴하다고밖에 할 수 없는 것으로 전락한, 일본의 대미 종속이 가진 특수성이 시작된 원점이 있기 때문이다.

대미 종속적인 국가는 전 세계에 무수히 많지만, '미국이 우리나라를 사랑해주기 때문에 종속하는 것이다(따라서 이것은 딱히 종속이라고 할 수 없다)' 따위의 관념을 품은 채 종속하고 있는 나라·국민은 (일본 외에는) 단 하나도 없다. 바로 이것이 '일본 국체가 만방무비인 까닭'이다. 이 관념에 따라 현재 종속돼 있다는 사실이 정당화될 뿐 아니라 그 상태도 영속화된다. 대저 국체는 '천양무궁(天壤無窮, 영원토록 계속됨-역주)'이어야 한다. 이런 식으로 종속·지배의 사실을 계속 부인하면 변절의 문제에서 계속 눈을 돌릴 수 있다.

그러나 온갖 정치적 현실은 종속·지배의 폭력적인 차원을 속속들이 드러내게 마련이다. 오키나와의 미군 기지와 관련해 빈번하게 일어나는 사고·사건이 그 전형이다. 그때 현실을 정당화하고 불합리한 종속·지배의 사실을 합리화하는 가장 손쉬운 방법은 종속·지배의 현실 그 자체를 부인하는 것이다.

사랑에 토대를 둔 종속이라면 그것은 종속이 아니다. 주일 미군을 '배려'하는 정신에서 그 충동은 가장 명료하게 드러나 있다.

2. 천황제 민주주의

지배의 부인이 초래한 것

이러한 미일 관계를 둘러싼 관념은 오늘날 드러나고 있는 전후 민주주의의 한계를 규정하고 있다. '하느님을 받드는 것은 지혜의 시작'(《구약성서》 잠언 1장 7절). 이 잠언에 대한 해석은 다양한데, 그중 한 가지가 '우리가 무엇에 지배당하고 있는지 알아야 비로소 지성이 작동하기 시작한다'는 것이다. 즉, 잠언에 따르면 우리는 왠지 모르게 자신이 자유롭다고 믿고 있으나, 실은 전지전능한 신(주님)에 의해 완전히 지배당하고 있다. 그러므로 당연히 주님은 두려워해야 할 존재이며, 주님이 무엇을 바라고 있는지 우리는 이해해야 한다. 따라서 '주님의 의지를 알려고 하는' 데서부터 지성 운동을 시작할 수 있다고 잠언은 이야기하고 있는 것이다.

이를 거꾸로 이야기하면, '주님을 받드는' 일을 하지 않으면 지혜는 시작되지 않는다는 뜻이다. 우리가 무엇의 지배를 받고 있는지 의식하지 못하고 지배당하고 있다는 사실을 계속 부인한다면, 영구히 지혜는 시작되지 않을 것이다. 오늘날 일본인의 정치의식·사회의식이 일반적으로 점점 유치해지고 있는 것(지적 열화)의 근원이 여기에 있다.

전전 데모크라시의 한계가 메이지 헌법 레짐에 의해 규정된 천황제였다면, 전후 데모크라시 또한 그 후계자에 의해 한계가 지어졌다. 어느 시대에나 '국체'가 국민의 정치적 주체화를 방해한다.

피지배란 바로 부자유다. 지배 사실을 자각하는 데서 자유를 지향하는 탐구가 시작되는 만큼, 지배 사실을 부인하고 있는 한 자유를 획득하고자 하는 회구도 영원히 실현될 수 없다. 즉, 일본의 전후 민주주의 체제는 지성의 발전과 자유를 향한 욕구에 대한 근본적인 부정 위에 성립돼 있다.

점령 정책 도구로서의 천황

이 같은 외견상 매우 특수하게 성립된 민주주의 체제를 역사가 존 다워John W. Dower는 '천황제 민주주의'라고 부르면서 발명의 공을 맥아더에게로 돌린다.

> 맥아더가 보기에, 일본인은 진정한 민주주의 또는 진정한 인민주권을 실행할 능력이 없는 만큼, 전후의 일본에 '천황제 민주주의'를 발전시키는 것은 불가결한 일이었다. 일본인은 천황이 그렇게 하라고 명하는 경우에만 '민주주의'를 받아들일 수 있을 것이다. 일본의 국민성에 대한 이런 보수적인 견해 때문에 맥아더는 몇 가지 구체적인 면에서 천황의 '대은인大恩人'이 됐다.[4]

'대은인'이란 천황이 전쟁의 책임에서 해방될 수 있도록 조처한 사람들의 우두머리가 맥아더였다는 사실을 지적한 것이다. 요컨대 노골적으로 이야기하면, 전후의 일본에 미국 입맛에 맞는 민주주의 비슷한 체제를 구축하려면 천황이 필요했기 때문에 천황을 무죄로 처리했다는 것이다.

그러나 우리에게 맥아더의 견해가 갖는 '보수성'을 비판할 자격이 있을까. 실제로 너무나 많은 일본인이 '천황의 명령'으로 유유낙낙(唯唯諾諾, 명령하는 대로 순종함-역주) 옥쇄를 하고, 또 '천황의 명령'으로 유유낙낙 전투를 중단했다. 이것을 본 맥아더는 일본에 민주주의를 도입하려면 '천황의 명령'을 통할 수밖에 없다는 결론을 내린 것이다. 이런 '민주주의'의 희극적인 성질은 오늘날에도, 예를 들면 '주권자 교육'─'주권자가 돼라'라고 위에서 호령하는 교육─에서 반복되고 있다.

미국이 보내는 '애정'의 이면

일본인이 전후 미일 관계에 투영된 판타지에서 벗어나 실제로 무슨 일이 있었는지 제대로 본다면, 거기에 있는 것은 애정이나 경의는커녕 인종적 편견과 경멸이라는 사실을 알게 될 것이다.

1945년 봄에 마닐라에서 열린 미영 합동군의 심리전 담당관 회의에 배포된 비밀 자료에는 다음과 같은 사항이 적혀 있었다.

> 일본인은 자신이 신이라고 믿고 있으며, 다음에 제시된 것과 같은 민주주의나 미국의 이상주의를 모르고, 절대로 이해할 수도 없다.
> (1) 미국 독립선언
> (2) 미국 헌법
> (3) 대서양 헌장
> (4) 다른 인종, 다른 종교를 인정하는 관용의 정신
> (5) 공정한 재판 없이는 처벌하지 않는다는 원칙

(6) 노예제 반대

(7) 개인의 존엄

(8) 인민에 대한 절대적 신뢰[5]

이런 노골적인 인종적 편견 및 냉소주의와 미국의 이상주의야말로 세계 보편적으로 이해돼야 할 무조건적 가치가 있다는 오만의 혼합물(에드워드 사이드가 말한 '오리엔탈리즘'의 전형)을 후일 GHQ점령군사령부가 옹호했던 민주주의 개혁의 실행자들 전원이 공유했다고 할 수는 없을 것이다.

그러나 GHQ 내에서 최고의 일본통으로 알려진 인물이자 천황 면책을 위해 분주했던 대일 심리작전 책임자 보너 펠러스Bonner F. Fellers 준장이 해군대신 요나이 미쓰마사米内光政에게 했다고 알려진 다음의 말은, 다분히 그 발언의 직접적인 의도를 넘어 시사하는 바가 많다.

나는 천황 숭배자가 아니다. 15년이나 20년 뒤에 일본에 천황제가 남아 있을지 없을지, 또 천황 개인이 어떻게 돼 있을지, 관심 없다. 그러나 연합군이 일본을 점령하는 데 있어서 천황이 최선의 협력자라는 것은 인정한다. 지금의 점령이 계속되는 동안에는 천황제도 존속돼야 한다고 생각한다.[6]

고이즈미 야쿠모(小泉八雲, 그리스 태생의 일본인 소설가-역주)에게 경도된 일본통이었던 펠러스에게조차 천황제의 존속 그 자체는 어찌 되든 상관없는 일이었다. 그저 원활한 점령을 위해 필요한 것이었을 뿐이다.

'천황제 민주주의'의 본질－경멸 · 편견 · 혐오의 상호 투사

천황제의 존속에 관한 '미국의 진의'에 대해서는 이제 더 이야기할 만한 것이 없다. 그것보다 우리가 물어야 할 것은 '지금의 점령이 계속되는 동안'이란 도대체 언제를 가리키는가, 하는 의문이 아닐까. 그것은 점령기를 넘어서 오늘에 이르기까지 지속되고 있으며, 여기에 덧붙여 펠러스의 말대로 '천황제도 존속'－형태를 바꿔서－돼왔다.

그리고 오늘날 썩어 문드러진 일본 전후 민주주의에 비춰보건대, 일본인은 데모크라시의 이념을 근본적으로 이해할 수 없을 거라는 전망이 점차 정확한 통찰이 돼가는 듯 보이는 현실을, 단순히 역사의 아이러니로만 치부하며 지나쳐서는 안 된다.

전후 민주주의 개혁은 미일 합작의 덕이 크고, 또 불충분한 점이 있을지언정 숭고한 이념을 내건 프로젝트였다는, 주류를 차지해온 종래의 점령개혁관은 이제 도저히 유지될 수 없다.

민주주의 개혁 프로젝트의 이상주의보다는 그것이 종래의 천황제, 즉 국체를 부정하면서도 다른 한편으로는 매우 자각적이고 적극적으로 국체를 유지·구제하려 했다는 사실의 의미가 지금은 압도적인 중요성을 띠고 있다. 미국은 그들의 경멸과 편견 속에서 국체를 구제하고 그것을 경의와 애정에 따른 행위라고 포장했다.

그러나 일본인은 그것을 비난할 자격이 없다. 왜냐하면, 일본 또한 '전후 일본은 민주주의국가로 재출발했다'는 판에 박힌 말에 따라 미국식 민주주의에 경의와 애착을 표하는 시늉을 하며 전후 민주주의가 썩어가는 것을 방치했고, 이를 통해 내심 그것에 대해 품었던 경멸과 혐오감을 만족시켜왔기 때문이다.

이런 이중구조의 심리는, 걸핏하면 '미일은 자유민주주의를 공통의 가치로 떠받들기 때문에 긴밀한 동맹이다'라며 양국 간 우정을 강조하면서도, 민주주의 개혁의 중요한 일부로 자리 잡은 새 헌법(전후 헌법)을 "꼴사납다"(아베 신조)며 경멸·혐오하는 친미 보수파의 자세에서 명료하게 드러난다.

이렇게 본다면, 표면상의 경의와 애정, 그 진짜 동기인 경멸·편견·혐오를 미일이 상호 투사하는 과정이 '천황제 민주주의' 성립 과정의 본질이다. 그리고 천황제 민주주의의 성립은 (변용되긴 했지만) '국체호지' 그 자체다. 구체적 경과를 다음 장에서 살펴보기로 하자.

제5장

國體

'천황을 지켜라'
국체호지의 정치 신학

전후 레짐: 형성기 ②

1. 포츠담선언 수락과 국체호지

'국체호지'의 실상

포츠담선언 수락 때, 일본 쪽이 덧붙이려고 했던 유일한 항복 조건인 '국체호지'가 문제가 됐던 사실은 잘 알려져 있다.

1945년 8월 9일, 소련마저 일본 공략에 참가하고 나가사키에 두 번째 원자폭탄이 떨어졌다. 일본의 전쟁지도부는 마침내 '항복할 수밖에 없다'는 정세 판단으로 기울었다. 그러나 그날 밤이 되도록 각의는 결론을 내지 못했으며, 다음 날인 10일 새벽에야 천황까지 참석한 어전회의에서 이른바 '성스러운 결단'이 내려졌다.

그러나 이 시점까지도 여전히 포츠담선언 수락은 확정되지 않았다. 일본 정부가 중립국 스위스와 스웨덴을 통해 연합국 쪽이 '국체호지'

를 보장해줄지 말지를 확인하려 했기 때문이다.

8월 12일, 연합국에서 회답이 왔다. 그러나 그것은 어느 쪽으로도 해석할 수 있는 내용이었기 때문에 군부는 계속해서 항복에 반대했다. 8월 13일의 최고전쟁지도회의에서는 '국체호지를 보장했는지 여부를 연합군에 다시 조회하라'고 주장한 육해군 대표자들과 '재조회는 무의미하며, 오히려 조건을 악화시킬 뿐'이라고 주장한 도고 시게노리東鄕茂德 외상이 대립했다.

다음 날인 14일 어전회의가 재차 소집됐고, 천황은 '국체호지는 아마도 문제없을 것'이라는 예측 아래 다시금 결단을 내려, 그날 밤 포츠담선언 수락을 연합국에 통지했다. 그사이에 은밀히 준비해두었던 종전 조서를 옥음 방송으로 녹음한 뒤, 15일에 방송했다.

이 일련의 과정은 큰 의미를 갖는다. 포츠담선언 수락 조건을 둘러싼 연합국과의 협상에서 전쟁지도부는 '국체' 개념을 객관화하는 일에 매달려야 했기 때문이다.

국체호지의 가부가 연합국 쪽의 자세 여하에 달린 시점에서, 대일본제국의 공식 이데올로기에 의해 '국체'로 흡수됐던 '천손강림'이니 '3종의 신기'니 '만세일계'니 '만방무비'니, '현어신(現御神, 인간의 모습으로 세상에 나타난 신-역주)'이니 '천양무궁'이니 하는 신화적 관념은 아무런 의미도 가질 수 없었다. '국체는 세계에서 유례를 찾을 수 없는 대단한 것'이라는, 일본인들이 주관적으로 품어온 환상을 깔끔하게 잘라낸 채, 당시 전쟁지도부는 국체 개념을 그 이데올로기의 바깥에 있는 타자가 이해할 수 있는 것으로 번역하는 일에 매달려야 했던 것이다.

8월 10일 일본 정부가 연합국에 문의한 내용의 원문 해당 부분은
다음과 같다.

The Japanese Government are ready to accept the terms enu-
merated in the Joint Declaration which was issued at Potsdam
on July 26th, 1945 by the heads of the Governments of the
United State, Great Britain and China, and later subscribed by
the Soviet Government, with the understanding that the said
Declaration does not comprise any demand which prejudices
the prerogative of His Majesty as a sovereign ruler.

The Japanese Government hope sincerely that this under-
standing is warranted and desire keenly that an explicit indi-
cation to that effect will be speedily forthcoming.

제국정부는 1945년 7월 26일 '포츠담'에서 미국, 영국, 중국의 3국 정부
수뇌가 발표하고 그 뒤 소련 정부가 참가한 공동선언에 열거된 조건을,
이 선언이 천황의 국가 통치 대권을 변경하라는 어떠한 요구도 포함하
지 않은 것으로 이해하고 이를 수락한다.

제국정부는 이런 이해가 틀림없는 것으로 믿고 본건에 관한 명확한 의
향이 신속히 발표되기를 간절히 바란다.[1]

여기서 실질적으로 '국체'를 의미하는 부분은 'the prerogatives of His
Majesty as a sovereign ruler'이며, '천황이 가진 국가 통치의 대권'이

국체론

라고 공식 번역돼 있다.

즉, '천황이 통치의 대권을 장악하는 국가 체제'가 '국체'이며, 포츠담선언 수락이 이를 'prejudice'하는(변경하는. 다만 'prejudice'라는 말은 '손상하다'는 의미가 강하다) 것을 의미한다면 받아들일 수 없다는 것이다.

이에 대한 연합국의 회답(미국 국무장관 제임스 F. 번스James F. Byrnes가 초안을 쓴 '번스 회답')의 요점은 다음과 같다.

> From the moment on surrender the authority of the Emperor and the Japanese Government to rule the state shall be subject to the Supreme Commander of the Allied Powers who will take such steps as he deems proper to effectuate the surrender terms.

이 부분을 당시 외무성은 "항복 시점부터 천황 및 일본국 정부의 국가 통치 권한은 항복 조항의 실시를 위해 필요하다고 인정되는 조치를 집행할 연합군 최고사령관의 제한 아래에 두는 것으로 한다"[2]라고 번역했다.

문제가 된 것은 'subject to'의 해석이었다. 육군은 통치의 권한이 연합군 최고사령관에게 '예속되는 것'이라고 번역했다.

다시 말해, 통치 권한이 연합국에 의해 '제한될' 뿐이냐, 아니면 연합국에 '예속되는' 것이냐를 둘러싸고 견해가 갈린 것이다.

영어 해석의 상식에 비춰보면, 후자의 '예속된다'는 해석이 옳다는 것은 두말할 필요가 없다.[3] 여기에서 조기 강화를 유도해 본토 결전을 회피하고자 했던 외무성은 '제한될 뿐'이라는 해석을 토대로 '국체 호지는 가능'하다는 견해를 제시한 데 반해, 본토 결전 원칙을 버릴 수 없었던 육군 쪽은 직역을 토대로 '이것으로는 국체호지가 보장됐다고 할 수 없다. 오히려 천황 대권의 파괴이며, 국체의 근본적 파괴다'라고 주장하며 서로 대립했다.

번스 회답의 말미에 다시 한 번 국체에 관해 언급되는데, 거기에는 다음과 같이 적혀 있었다.

> The ultimate form of Government of Japan shall in accordance with the Potsdam Declaration be established by the freely expressed will of Japanese people.
> The armed forces of the allied powers will remain on Japan until the purposes set forth in the Potsdam Declaration are achieved.
> 최종적인 일본국 정치의 형태는 포츠담선언에 입각해 일본국 국민이 자유롭게 표명하는 의사에 따라 결정될 것이다.
> 연합국 군대는 포츠담선언에 제시된 목적들을 완수할 때까지 일본국 내에 주둔한다.[4]

포츠담선언에 담긴 연합국의 점령 목적이 달성될(포츠담선언의 12항에서 말하는 '평화적 경향을 지니고 또한 책임 있는 정부가 수립될') 때 점령도 끝나고, '최종적인 일본국 정치의 형태'는 일본 국민의 의사에 따라 결정될 것이기 때문에, 결국 이 부분은 연합국에게 '군주제의 폐지'를 강요할 의도가 없다는 의미로 해석할 수 있다(그리고 일본인이 천황제의 폐지를 바랄 리 없다). 어전회의에서도 이 같은 주장이 우세해지면서 결국 포츠담선언 수락 쪽으로 최종 결단이 내려졌다.

그리하여 옥음 방송에서는 '국체호지'가 "짐은 이에 국체를 호지할 수 있고"라는 형태로 분명하게 선언될 수 있었던 것이다.

2. 국체는 털끝만큼도 변경할 수 없다

국체는 호지됐나?

이 같은 문언 해석부터 항복·점령·신헌법 제정, 나아가 샌프란시스코 강화조약의 발효(점령 종결)에 이르는 과정과 관련해, '국체는 변경됐는가, 그렇지 않은가'를 둘러싸고 다수의 논쟁이 벌어졌다.

대표적으로 사사키 소이치^{佐々木惣一}·와쓰지 데쓰로^{和辻哲郎} 논쟁과 미야자와 도시요시^{宮沢俊義}·오타카 도모오^{尾高朝雄} 논쟁(1940년대)이 있고, 훗날 있었던 무조건 항복 논쟁(에토 준^{江藤淳}과 혼다 슈고^{本多秋五}, 1978년)이나 오늘날까지 자주 거론되는 '강요된 헌법론' 및 일본국 헌법 무효론 역시 이 문제와 관련돼 있다.

이들 가운데 특히 패전으로부터 얼마 지나지 않은 시기에 벌어진 논쟁은 순수하게 학술적인 것이라 할 수 없었다. 가령 1946년 새 헌법을 심의하던 제국의회에서 발생한 것은 정치적 논쟁 그 자체였다. 여기에서 요시다 시게루 총리는 5개조의 서약^{御誓文}을 인용하면서 군신일여(君臣一如, 군주와 신하는 하나)의 나라인 일본은 원래 민주주의국가였으며, 따라서 새 헌법으로 국체를 "털끝만큼도 변경할 수 없다"고 주장했고, 헌법 담당 국무대신인 가나모리 도쿠지로는 국체를 "(천황을) 동경의 중심으로 삼고, 천황을 기본으로 해서 국민을 통합한다는 데에 근본 토대가 있다"고 정의하면서 "물은 흘러가도 강은 흘러가지 않는" 것처럼 국민주권 체제가 되더라도 국체는 바뀌지 않을 것이라고 답변했다. [5]

제3장에서 언급한, 이른바 '국체와 정체의 구별', 즉 전자는 불변이지만 후자는 변화한다는 국체론이 초창기부터 품고 있던 관념을 활용해서 당시의 정권은 '국체는 호지됐다'는 견해를 억지로 밀어붙였다.

이에 대해 미노베 다쓰키치나 미야자와 도시요시 등의 유력한 헌법학자들은 새 헌법으로 주권자가 명백히 바뀌었다는 점을 들어 국체가 변경됐다는 논진을 폈다.

금지된 논점—주권의 소재

이처럼 국체호지를 둘러싼 논쟁에서는 주로 '주권의 소재'를 중심적 논점으로 삼아 여러 입장이 충돌했는데, 법학자 나가오 류이치長尾龍一는 논쟁의 구도를 다음과 같이 정리했다.

> 포츠담선언 수락 이후 대일 강화조약 발효까지의 일본 법 체제에 관한 법적 구성은, 점령 체제를 사상(捨象, 버림, 배제-역주)하고 논하는 입장과 점령 체제 자체를 고유의 법 체제로 삼는 입장으로 대별된다. 이하 전자를 A설, 후자를 B설이라 부르겠다.[6]

나가오가 보기에 국체호지 논쟁은 외견상 논자들의 입장이 다양함에도 불구하고 모두 A설의 내부 논쟁에 지나지 않았다. A설이 점령 체제를 사상한다고 한 것은 "그 내부 대립에도 불구하고 A설은 피점령국의 천황이나 국민이 주권자일 수 있다는 공통된 전제 위에 서 있기"[7] 때문이었다.

이에 비해 B설은 다음과 같은 논리 구성을 갖고 있었다.

> 점령 체제는 포츠담선언을 헌법으로 삼고 맥아더를 주권자로 하는 절
> 대주의적 지배 체제다. 신구 두 헌법 모두 이 주권자가 허용하는 한도
> 내에서만 효력을 가지며, 주권자는 두 헌법에 전혀 구속받지 않는다.
> 주권자가 법에 구속받는 것이 법치국이라면, 일본은 법치국이 아니다.
> 일본 국민의 의사는 의회나 정부를 통해 표명되는데, 주권자는 이에 구
> 속받지 않으며, 이를 존중하는 것은 어디까지나 은혜로 간주된다. 민의
> 에 의한 정치가 민주주의라면 이것은 민주주의가 아니다.[8]

A설과 B설 중 어느 쪽이 더 이치에 맞는지는 포츠담선언 수락 과정을
살펴본 우리에게는 자명하다. 천황이든 일본 정부든 일본 국민이든,
포츠담선언 수락은 그 국가 통치의 권한이 GHQ에 '예속된다'는 것을
의미했다. 따라서 '주권의 소재'를 초점으로 하는 국체호지 논쟁은 원
래 존재하지 않는 것의 위치 선정을 둘러싸고 벌어진 부조리한 논쟁
이었다는 결론을 내릴 수밖에 없다.

나가오는 말했다. "점령하의 민주주의와 자유를 열렬히 환영하며
점령 정책에 협력한 전후파 지식인층의 입장에서는 이런 지적들이 실
로 불온한 언사일지 모르겠으나, 이상의 지적들은 적어도 사실로서
잘못된 것은 아니다."[9]

게다가 A설은 GHQ가 '새 헌법의 기초자는 일본인'이라고 위장함
으로써 지지받은 입장인 데 비해, B설은 점령하 일본에서 프레스 코

드(Press Cord, 신문윤리강령-역주)의 검열을 받아 금지당한 주장이었다.[10] '진정한 주권의 소재' 문제는 논해서는 안 될 주제였던 것이다.

가시화되지 않고 부인당한 '주권의 제한'

또 이 문제는 점령이 끝나면서 자동적으로 해소된 것도 아니었다. 샌프란시스코 강화조약 발효에 따라 점령이 종결되면서 번스 회답에서 언급된 '최종적인 일본국 정치 형태'가 '일본국 국민이 자유롭게 표명하는 의사에 따라 결정'될 수 있는 상황이 도래했다. 본래대로라면 이것은 일본이 국체·정체의 형태를 정할 결정권을 회복한다는 의미였다.

그러나 샌프란시스코 강화조약은 동시에 체결된 미일 안보조약과 하나의 세트를 이루고 있었다. 앞서 이야기했듯이 미국이 형식상의 주권을 회복한 일본에게 요구한 것은, "우리가 원하는 만큼의 군대를, 원하는 장소에, 원하는 시기만큼 주둔시킬 권리"(덜레스 미 대통령 특사)였다.

이 요구를 일본 쪽이 받아들인 것의 문제는 제2장에서 살펴본 대로다. 제2차 세계대전 이후 국제정치의 근본 질서는 대립하는 동서 2대 진영에 의해 성립됐고, 대다수 국가는 미국과 소련 중 어느 한쪽에 항상적으로 의존·종속되는 상태를 강요받았다. 따라서 이와 같은 실질적인 '주권의 제한'은 어떤 의미에서는 필연적인 것이었다.[11]

그러나 거듭 지적해왔듯이 전후 일본의 '주권의 제한(=피지배=자유의 제약)'의 특징은 그것이 가시화되지 않고 부인당한 데에 있다.

도대체 무엇이 그것을 가능하게 만들었을까? 우리는 그 답을 '국체호지'에서 찾을 수 있다.

앞서 살펴봤듯이 미국의 지배를 받아들이는 것은 맥아더와 쇼와 천황의 회견으로 상징되는, 미국과 천황의 '우호적인' 결합, 즉 국체의 재편성 과정을 통해 이미 정당화됐다. 이는 국체가 모종의 형태로 수호됐다는 뜻인데, 미일 안보조약의 체결은 그 과정이 점령 기간을 넘어 계속되는 것을 의미했다. 나중에 이야기하겠지만, 미국을 매개항으로 하는 이 같은 국체의 호지 또는 재편성은 패전의 결과로 전승국에게 지배당한다는 지극히 당연한 사실을 볼 수 없게 만들었다.

국체호지의 불가능성

요시다 시게루가 말한, 국체는 "털끝만큼도 변경할 수 없다"는 것이 정말 있을 수 있는 일인가? 앞서 우리는 '일본인이 국체를 어떻게 생각하는가'라는 주관적 의미에서의 국체 개념과, 일본인과 주관을 공유하지 않는 타자를 이해시키는 과정에서 성립되는 객관적 의미에서의 국체 개념이 구별되는 데에 주목했다.

포츠담선언 수락에 이르는 연합군과의 줄다리기는 일본의 지배층에게 그러한 '국체 개념의 객관화'를 시도할 수밖에 없는 상황으로 내몰린 전대미문의 순간을 각인시켰다. 거기에서 신화적 함의가 제거되고 추출된 국체의 개념은 '천황이 가진 국가 통치의 대권', '천황이 통치의 대권을 쥐는 국가 체제'였으며, 이것은 글자 그대로 읽으면 사실상 '전제군주제 국가'라는 정체政體를 뜻할 수밖에 없다.

제3장에서 살펴봤듯이, 메이지 헌법에 입헌주의적으로 운용할 수

있는 요소가 포함돼 있었다 할지라도 제3자의 관점에서 본 1945년 8월 10일 시점의 일본은 신권정치적 이념에 휘둘리는 극도로 군국주의적인 '전제군주제 국가'였을 뿐이며, 그것은 메이지 헌법이 품고 있던 가능성의 실현 형태들 가운데 하나였다.

당연한 일이지만 샌프란시스코 강화조약의 조인·발효에 따른 주권의 회복, 일본의 국제사회 복귀는 논리적으로 볼 때 이 같은 정체에 대한 부정과 개혁 없이는 불가능했다.

그것은 포츠담선언 제12항에 명기된 항복 이후 점령 종결의 조건―"앞서 이야기한 목적들이 달성되고 또 일본국 국민이 자유롭게 표명한 의사에 따라 평화적 경향을 지니고 또한 책임 있는 정부가 수립되면 연합국의 점령군은 바로 일본국에서 철수할 것이다."―의 연장선상에 있었다.

여기서 이야기하는 '앞서 이야기한 목적들'이란, 구체적으로 군국주의 제거와 체제의 민주화를 가리킨다. 그리고 점령 뒤의 개혁을 통해 이들 과제가 일정 정도 이상 달성된, 즉 파쇼화의 온상이 된 '전제군주제 국가'라는 정체＝국체가 근본적으로 변경됐다고 국제적으로 인정받는 상황이 된 이후에야 비로소 강화조약을 체결할 수 있을 터였다.

이 같은 과정을 거치지 않고 대일본제국의 정체＝국체를 근본적으로 변경하지 않은 상태('털끝만큼도 변경할 수 없는' 상태 그대로!)로 국제사회에 복귀한다면, 그것은 전후 독일이 '제3제국'인 상태 그대로 국제사회에 복귀하려 드는 것과 같다.

당연한 말이지만 그런 일이 허용될 리 없었다. 미노베나 미야자와가 '국체는 변경됐다'며 정부를 비판한 것은 이 같은 당연한 이해를 강화에 앞서 지적한 것이기도 했다.

국체를 둘러싼 기묘한 프로세스

참으로 이상하게도, 국회에서 정부를 대표해서 국체는 "털끝만큼도 변경할 수 없다"고 명언한 바로 그 인물이 샌프란시스코 강화회의에서는 국체가 근본적으로 변경됐다는 것을 확인하는 문서(강화조약)에 조인했다.

국체는 변경됐지만 동시에 호지(수호)됐다. 어떤 의미에서 호지됐다고 하는가? 새 헌법으로 주권자가 천황에서 국민으로 이동한 것을 두고 '국체는 변경됐다'고 주장하는 것은 근거가 없기 때문이다. 이미 살펴봤듯이 애초부터 점령 체제하의 주권은 일본 쪽(천황이든 일본 국민이든)에 존재하지 않았고, 따라서 이동시키고 싶어도 할 수 없었으니 말이다. 즉, '국체의 변경'을 주장한 민주주의 옹호자들은 이때까지도 일본이 주권국가일 수 있다는 환상을 품고 있었던 셈이다.

이와 대조적으로 요시다 시게루 등 보수 지배층은 '국체와 정체'라는 전통적 이원론 이데올로기에 의거해 '국체 불변'을 주장했으나, 그 이데올로기 또한 국내에서만 통용되는 환상이었다.

어찌 보면 양자는 상호보완적인 관계였다. 왜냐하면, 앞서 이야기했듯이 민주화 개혁이 그 나름의 성과를 올렸다(국체가 변경됐다)는 점이 대외적으로 인정받았기 때문에 비로소 강화조약을 체결할 수 있었고, 그 덕에 국가 주권의 회복(=국체의 존속)이 확정될 수 있었기 때문이다.

이 기묘한 프로세스는, 일본인의 주관적 차원에서의 국체는 호지됐지만, 객관적 차원에서의 국체(전제군주 정체)는 변경됐다는 이야기이기도 하다. 혹은, 일본 국민의 시각으로 보면, 객관적 차원에서의 국체 변경을 받아들임으로써 '국체는 호지됐다'는 신화—아마도 그것은 패배에 따른 충격과 굴욕을 누그러뜨렸을 것이다—를 주관적으로 유지하는 데 성공한 것이다.

3. 국체의 풀 모델 체인지

'8월 혁명'의 진상−천황에서 GHQ로의 주권 이동

다만 그 기간에 일본국 쪽에 주권이 없었다고 해서 주권 그 자체가 증발해버린 것은 아니다. 만일 어떤 결정이 실효적으로 이뤄질 수 있는 정치 질서가 있다면 거기에는 주권이 존재한다. 나가오 류이치는 미야자와 도시요시의 '8월 혁명설(패전 후 신헌법을 제정한 사건은 전제군주국이었던 일본을 민주주의국가로 탈바꿈시킨 만큼, 사실상 혁명으로 보아야 한다는 학설. 정치학자 마루야마 마사오丸山眞男가 주장했다−역주)'을 비판하면서 다음과 같이 말했다.

> 8월 혁명설의 기묘한 점은, 간접 통치라고는 하나 점령군의 통치를 받는, 말하자면 점령군을 주권자로 하는 체제에서 그 사실을 사상捨象한 채 천황 주권이나 국민 주권이 있을 수 있다는 듯 주장한다는 사실이다. 비유적으로 이야기하자면, '선언'을 수락함으로써 주권은 천황에서 국민이 아니라 맥아더에게 넘어간 것이다.**12**

포츠담선언의 내용, 수락 당시의 협상을 있는 그대로 해석하면 점령기의 주권은 법적으로도 실질적으로도 GHQ 또는 맥아더가 갖고 있었다. 따라서 1945년 8월에 '혁명(주권의 이동)'이 있었다면, 그것은 천황으로부터 맥아더에게로 주권이 이동한 일이라고 해야 할 것이다.

이를 가장 웅변적으로 말해주는 것이 일본국 헌법 9조에 의한 전후 일본의 무장해제와 그 뒤의 재무장(1950년의 경찰예비대 창설)이다. 나중에 자위대自衛隊가 되는 무력 집단의 창설은 포츠담 정령政令에 따라 이뤄졌다. 전후 일본의 비무장을 결정했던 권력과 동일한 권력이 어떤 민주주의적 프로세스도 거치지 않고 이번에는 재무장을 명한 것이다.

그때 사실상의 군사 조직과 헌법 9조가 서로 모순되는 정합성 문제를 방치한 것이 오늘날까지 이어지는 자위대를 둘러싼 헌법 논쟁의 기점을 이루고 있다는 사실은 새삼 이야기할 필요도 없을 것이다. 요컨대 GHQ는 헌법을 제정하는 권력을 갖고 있으면서 동시에 정치적으로 필요하다면 헌법을 파괴할 수 있는 권력(헌법에 구속받지 않는 권력)을 갖고 있었다. 그런데 점령기의 주권을 둘러싼 논쟁에서 바로 이 부분이 애매해지고—더 직설적으로 말하면 언급하는 것이 기피되고—무의식화된 것이다.

그 프로세스에서 읽어낼 수 있는 것은 20세기의 논쟁적인 정치사상가 카를 슈미트Carl Schmitt가 이야기한 '정치 신학'을 떠올리게 한다. 슈미트의 주저《정치 신학》은 정교분리로 세속화된 근대의 정치 공간에서 활용되는 개념이 실제로는 기독교 신학에서 사용해온 개념이 번안된 것들이라는 사실을 지적했다. 그중에서도 특히 유명한 것이 주권자의 개념인데, 슈미트는 주권자란 "예외 상태에 관해 결단을 내리는 자"라고 정의한다. '예외 상태'란 전형적으로는 혁명이나 내란 등 통상적인 법질서가 붕괴된 상황을 가리키며, 주권자는 그런 상황에서 그 명한 바가 통용되게 할 수 있는 자를 가리킨다. 이와 같은 주권 개념은 신학의 '기적' 개념의 세속적 번안이라고 슈미트는 설파한다.

일본의 패전에서 점령에 이르는 시기 역시 엄청난 사회적 혼란과 주권자의 교체가 진행된 만큼 '예외 상태'에 속했다고 할 수 있다. 그러나 그 과정에서 일본인들이 '새로운 민주주의적 법질서'를 획득했다는 겉모습에도 불구하고 실은 '국체'라는 구질서의 요체를 이루는 개념이 여전히 온존됐다. 그리고 여기에서 슈미트가 말한 기독교 신학의 번안 역할을 수행한 것이, 나중에 살펴보겠지만, 일본인의 역사적 무의식, 즉 이미 알고 있던 역사의 패턴을 미증유의 상황인 현재에 적용하려는 태도였다.

역겨운 스나가와 사건 판결

이 국가 주권의 구조는 점령 종결과 동시에 끝난 것이 아니라 일본 안보 체제로 계승됐다.

그것을 상징하는 것이 1957년에 발생하고 1959년에 판결이 내려진 스나가와 사건이다. 당시 도쿄도 기타다마군北多摩郡 스나가와초(砂川町, 지금의 다치카와立川 시)에 있었던 미군 다치카와 항공기지 확장을 둘러싸고, 반대 운동을 벌였던 현지 주민 및 활동가들과 측량을 강행하려 한 정부 측이 격렬하게 대립했는데, 이는 결국 유혈 사태로까지 비화된다(1956년 10월 13일). 스나가와 사건이란 1957년 7월 8일, 측량 저지 시위대가 기지 울타리를 부수고 내부에 불법 침입했다는 이유로 23명이 체포당하고 그중 7명이 기소된 사건을 말한다.

그 사건의 1심에서는 이른바 다테 판결(伊達判決, 당시 1심 재판장이었던 다테 아키오伊達秋雄는 "미일 안전보장조약에 토대를 둔 주일 미군의 존재는 헌법 전문과 9조의 전력 보유 금지에 위반되는 위헌"이라며 무죄판결을 내렸다-역주)이 내려졌는데, "미일 안전보장조약은 헌법 위반"이라는 사법 판단이었다. 이에 경악한 일본 정부는 도약상고(跳躍上告, 1심 판결에 대한 항소 과정을 거치지 않고 바로 최고재판소에 상고하는 것-역주)를 했고, 그해가 채 넘어가기도 전에 최고재판소는 1심 판결을 파기했다.

최고재판소 판결은 다테 판결을 완전히 부정한 것으로, 그 요지는 '헌법 9조가 금지하는 전력이란 일본국이 지휘·관리하는 전력을 말하는 것이고, 외국의 군대는 전력에 해당하지 않는다. 따라서 미군의 주둔은 헌법이나 헌법 전문의 취지에 반하지 않는다'는 것이었다. 그리고 '미일 안전보장조약처럼 고도의 정치성을 지닌 조약에 대해서는 매우 명백하게 위헌 무효로 인정되지 않는 한 위헌 여부를 사법이 판단할 수는 없다'[13](통치행위론)고 했다.

1심 판결을 최고재판소가 뒤집은 것 자체는 일본의 삼권분립이 운용되는 실태에 비춰보면 새삼스레 놀랄 일이 아닐지도 모른다. 그러나 21세기에 들어서면서 이 최고재판소 판결이 얼마나 역겨운 과정을 거쳐 나온 것인지 밝혀졌다.

1심 판결에 경악한 것은 일본 정부만이 아니라 미국 쪽도 마찬가지였는데, 당시 주일 미국대사 더글러스 맥아더 2세는 다테 판결을 무효화하라며 후지야마 아이이치로藤山愛一郎 외상과 최고재판장인 다나카 고타로田中耕太郎에게 압력을 가했다.

이러한 미국의 움직임도 놀랄 일은 아니다. 미일 안보조약의 무효화는 그들에게 전리품의 상실을 의미했기 때문이다. 최대의 문제는 일본 쪽, 특히 다나카 고타로가 미국의 압력을 부당한 개입으로 보고 거절하기는커녕 스스로 적극적으로 아첨했다는 사실, 더 단적으로 이 야기하자면, 그 판결문이 "주일 미국 대사의 지시와 유도에 따라"[14] 쓰였다는 사실이다.

여기에 더해 그 판결의 내용이 의미하는 바도 무겁다. 왜냐하면, 통치행위론을 원용함으로써 미일 안보조약에 관한 법적 분쟁에 대해서는 사법이 헌법 판단을 회피해야 한다는 판례를 만들어버렸기 때문이다. 이에 따라 일본의 법질서에는 일본국 헌법과 안보법 체계라는 '두 개의 법체계'(하세가와 마사야스)가 존재하게 됐고, 후자가 전자보다 우월한 구조가 확정되고 말았다.

주권의 포기와 국체호지의 교환 ─ '미국의 일본'의 완성

그리하여 점령이 공식적으로 종결된 뒤에도 포츠담선언 수락으로 성립된 주권 구조는 계속 이어졌다. 점령기의 '미국의 일본'이라는 구조는 점령기를 넘어서도 무제한으로 유지된다. 그것은 일본 쪽이 자발적으로 주권을 포기한 결과였다.

그 대가로 일본은 무엇을 얻었던가? 바로 '국체는 호지됐다'는 의제擬制였다. 미국, 더 단적으로 말해 맥아더는 미국 국내 및 다른 연합국들이 제기한 천황 소추 요구와 '위험하기 짝이 없는 일본의 군주제를 폐절하라'는 요구로부터 천황을 지켜냈다.

그런 노력이 열매를 맺은 덕분에 옥음 방송 당시까지만 해도 "이에 국체를 호지할 수 있"다고 했던 천황의 희망적인 관측은 곧 (국체는)

"털끝만큼도 변경할 수 없다"(요시다 시게루)는 확고한 주장으로 연결될 수 있었다. 그리고 맥아더 등의 노력을 일본인들은 '일본에 대한 미국의 이해와 경의'로 해석하며 미국에 대한 종속(주권의 자발적 포기)을 정당화했다.

또 미국 내지 맥아더는 천황의 전쟁 책임 추궁보다 더 원리적인 '국체의 적'으로부터 천황을 지켜주었다. 그 적은 공산주의였다. 동서 대립이 격화하는 가운데 그 적은 일본의 천황제뿐 아니라 미국 자신에게도 절대적으로 극복해야만 할 존재였다.

동서 대립의 격화가 야기한 점령 정책의 전환, 즉 '역逆코스(일본을 점령한 미군은 초기에만 해도 일본의 민주화·비군사화를 내세웠지만 1947년 무렵부터 반공주의 체제를 강화하기 위해 사회주의자 배제와 전범자 재기용, 군사화 등 시대의 요구에 역행하는 정책을 펼쳤다-역주)'의 흐름 속에서 전전 및 전쟁 도중까지만 해도 미국을 귀축(鬼畜, 마귀와 짐승)이라 부르라고 부추겼던 보수 지배층(특히 파쇼화를 추진한 사람들)은 바로 그 귀축의 환심을 얻음으로써 자신들의 복권 기회를 잡았고, '대미 협력=반공주의=국체 보위'라는 삼위일체는 이런 변절을 정당화하는 논리를 제공함으로써 주권의 자발적 포기를 촉진했다.

한마디로 정리하면 포츠담선언 수락에서 점령, 샌프란시스코 강화조약, 미일 안보조약을 통해서 주권을 포기하는 대가가 바로 국체호지였던 셈이다.

일본이 얻은 '자유'

그러나 이미 살펴봤듯이 객관적인 의미에서의 국체는 변경될 수밖에 없었으며, 그것이 호지됐다는 것은 어디까지나 일본인의 주관(지어낸 이야기)에 지나지 않았다.

따라서 주권을 내주고 얻은 것은, 정확하게 말하면 국체에 대한 주관적인 해석의 권리이며, 바꿔 말하면 국체의 개념에 대해 일본인이 투영했던 관념을 향후에도 계속 투영할 수 있는 권리에 지나지 않았다. 그리고 이 해석은 당연히 '포츠담선언의 내용에 명백히 반하지 않는 한도 내에서'라는 제한을 받는다.

그런 가운데 '우리 국체는 원래 군민일여의 민주주의다'라는 관념이나, '천황은 오로지 평화를 기원하는 존재이며, 따라서 전후 일본의 평화주의를 주도하는 존재다'는 관념이야말로 실제로 이뤄진 '투영'의 내용이라 해야 할 것이다.

'대원수'에서 '평화국가·문화국가 건설 지도자'로의 변신은 이상과 같은 배경 덕에 가능했으며, 동시에 거꾸로 그런 변신 자체가 이러한 구조의 확립에 공헌했다.

국가 주권이 심하게 제한받았다—다만 그것은 동서 대립이 전 세계 국가들에게 운명처럼 강제한 구조이기 때문에 어쩔 수 없었다—는 현실, 더 정확하게 말하자면 국가 주권을 자발적으로 포기한 가운데 국민주권을 입에 올리는 공허함을 떠안은 대가로, 우리는 '원래부터 민주주의적이고 평화주의적인 국체'에 대해 여러 가지로 이야기할 수 있는 자유를 허락받았다. 물론 그것이 자유라고 부를 만한 가치가 있다고 가정할 경우 그렇다는 이야기지만.

그래도 최소한, 과거 파쇼 체제를 이끌었던 정치가들이 '자유민주당'이라는 이름 아래 미국식 민주주의가 어떤 것인지 진정으로 이해할 생각도 없이 외면적으로만 거기에 영합하며 내심 그것을 경멸·혐오할 수 있는 정도의 자유는 현실적으로 보장받았다고 할 수 있으리라.

'국체는 호지됐는가 그렇지 않은가'라는 물음에 대한 답

이제까지 '전후의 국체' 또는 '안보 국체'라고 부를 법한 구조가 어떤 과정을 통해 성립됐는지 살펴보았다.

'국체는 호지됐는가 그렇지 않은가'라는 물음에 대한 답은 '양쪽 다 아니고, 양쪽 다 맞다'는 것이리라. 즉, 일종의 풀 모델 체인지(full model change, 차량에서 이름을 제외한 모든 부분, 다시 말해 외장부터 내부 구조까지 전부 바꾸는 것-역주)가 이뤄진 것이다.

전전 심한 탄압을 받았던 오모토교大本教의 교조 데구치 오니사부로出口王仁三郎는 전후에 있는 권리에는 농담을 했다고 하는데, 이는 실로 간결하게 본질을 찌른 것이다. 풀 모델 체인지된 국체는 미국(맥아더)을 일본의 천황보다 구조적으로 상위에 두는 형태로 형성됐다고 할 수 있으니까.

이것은 이제까지 논의해온 국가 주권을 둘러싼 까다로운 공법학적 논의와는 다른 차원에서, 맥아더가 '푸른 눈의 대군大君'으로서 당시 일본 국민으로부터 열렬한 환영을 받은 사실로도 뒷받침된다.

맥아더는 한편으로는 보수적인 포퓰리스트였고 또 한편으로는 자기 극화(劇化)를 좋아하는 현실주의적 군인이었으며, 동시에 이상주의적 신념에 치우치기도 했던 특이한 개성의 소유자였다. 이런 인물이 주도했기 때문인지는 몰라도, 점령은 단지 패전했기 때문에 점령 통치를 당하는 것 이상의 무언가를 의미하게 됐다.

여러 가지 의미에서 '전쟁에 져서 다행이다'는 속내를 전후의 일본인들은 자주 내비치곤 한다. 본래 있을 수 없는 이런 말이 절반쯤 상식화될 수 있었던 것은 우리가 '새로운 국체'를 얻어낸 덕이라고 생각한다면, 꽤 납득이 간다.

'새로운 국체'와 새 헌법 제정

이 통치 구조는 새 헌법(일본국 헌법)의 제정 과정에도 잘 드러난다. 새 헌법은 메이지 헌법에서 정한 헌법 개정 절차에 따라 개정됐다. 메이지 헌법을 변경할 수 있는 것은 천황뿐(대일본제국 헌법 제73조: 칙명으로써 의안을 제국의회의 논의에 부친다)이었기 때문에 쇼와 천황이 초안을 발의하고 최종적으로 재가해서 개정된 것이다.

그 과정은 명백히 구헌법과 다를 바 없는 흠정헌법이었다. 점령하에서는 헌법 제정의 실질적인 권력이 GHQ에 있었으나 그 형식적 행사 권한은 천황에게 맡겨져 있었다. 바꿔 말하면 국체의 정점을 차지한 GHQ(=연합국, 실질적으로 미국, 더 실질적으로는 맥아더)가 천황을 통해 주권을 행사하는 형태였다.

덧붙여, 형식적으로는 흠정헌법인 새 헌법은 내용적으로는 주권재민〔일본국 헌법 전문: 일본 국민은 (중략) 여기에 주권이 국민에게 있다는 것을 선언하고, 이 헌법을 확정한다)의 내용을 담은 민정헌법이다.

여기에는 명백한 모순이 있는데, 이러한 모순을 지닌 헌법안을 심의한 추밀원 의결에서 새 헌법에 반대한 것은 미노베 다쓰키치 단 한 사람뿐이었다. 새 헌법이 이야기하는 국민주권의 '국민'은 제헌 과정에서 일관되게 부재했으며, 결국 일본 국민이 가져야 할 주권자로서의 지위를 GHQ가 대행·의제擬制한 것에 지나지 않는다는 현실에서 눈을 돌렸던 셈이다.

천황제의 존속 · 전쟁 포기 · 희생양 오키나와
– '전후의 국체'의 삼위일체

이 같은 헌법 제정 과정의 외면적 사정뿐 아니라 새 헌법의 내용 또한 국체호지, 또는 리뉴얼에 깊이 연관돼 있었다.

새 헌법 초안이 만들어질 때까지의 과정에 관해서는 이미 자세한 연구가 이뤄져 있다. 먼저 GHQ가 헌법 개정을 일본 쪽에 지시했고, 국무대신 마쓰모토 조지松本烝治가 메이지 헌법을 소규모로 개정한 안을 작성했다. 하지만 이를 도저히 받아들일 수 없었던 GHQ는 '맥아더 3원칙(천황을 원수로 삼는다, 전쟁을 포기한다, 봉건제도를 폐지한다)'에 토대를 둔 헌법 초안을 서둘러 작성해서 일본 쪽에 받아들일 것을 요구했다. 일본 쪽은 '전쟁 포기' 조항에 경악했으나 GHQ 쪽에서 이것을 밀어붙여서 현행 헌법의 골격이 확정됐다.

여기서 중요한 것은 '맥아더 3원칙'의 '천황을 원수로 삼는다'와 '전쟁을 포기한다'가 상호보완적인 관계였다는 점이다.

'천황을 원수로 삼는다'는 실질적으로 천황제 유지를 의미했는데, GHQ가 이처럼 새 헌법의 기초를 급하게 서두른 가장 큰 이유는 1946년 2월 26일로 예정돼 있던 극동위원회의 제1차 회의 전에 새 헌법의 방향성을 정해둬야 했기 때문이다. 다른 연합국 대표들도 참가하는 극동위원회는 권한상 GHQ에게 대일 방침을 지시하는 입장에 있었던 만큼, 만일 이들이 제헌 과정에 개입하기 시작하면 천황을 끝까지 지켜내지 못하게 될 가능성이 있었다.

그리고 전쟁 포기는 미국의 국내 여론과 국제 여론을 납득시키기 위해 필요했다. 전 세계에는 '히틀러, 무솔리니에 견줄 만한 히로히토'라고 여기는 사람들이 많았던 만큼, 천황을 지켜내기 위해서는 일본이 완전한 비무장국가가 된다는 초강수를 내세우지 않으면 안 될 상황이었던 것이다.

전쟁 포기 조항을 요구받은 당시의 일본 정부 수뇌는 당혹감 속에서 머뭇댔지만 최근에 밝혀진 바에 따르면 정작 제시된 초안을 본 쇼와 천황 본인은 "이 정도면 괜찮지 않은가"라고 해, 시데하라 총리가 받아들일 결의를 다졌다고 한다.[15]

아마도 쇼와 천황은 맥아더 3원칙의 의미, '천황제의 존속'과 '전쟁 포기'의 상호보완성을 당시 정부 수뇌부 그 누구보다도 잘 이해하고 있었을 것이다. 국체를 호지하려면 스스로 대원수 지위를 버리는 것은 물론, 전후 일본이 자위전쟁의 권리조차 포기할 자세를 보여 주어야 한다는 지극히 투철한 인식이 거기에 자리 잡고 있었다.

맥아더로서는 원활한 점령 통치를 위해서 옳고 그름을 떠나 천황을

국체론

구해야 했다. 여기에서 양자 간의, 서로 호흡을 맞추기라도 한 듯한 협력 관계를 찾아볼 수 있다.

그리하여 점령 초기, 국체호지를 바라는 천황의 강고한 의사는 GHQ의 점령 통치에 대한 적극적인 협력으로 표출됐다. 앞서 이야기 했듯 동서 대립의 격화, 역코스 정책으로의 전환, 공산주의 위협의 증대와 함께 천황의 국체호지 의사는 미일 안보 체제 구축을 향한 의사로 표출됐다.

여기에 이어서 일본의 독립 회복 뒤에도 거대한 군대를 남겨두고 싶어 했던 미국의 의사를 천황이 훌륭히 배려함으로써 협력 관계가 구축됐던 것이다. 이때 오키나와 문제의 '처리'와 관련해 쇼와 천황이 내놓은 '오키나와 메시지'는 국체의 풀 모델 체인지를 통한 호지 과정의 핵심 사건이었다.

오늘날 오키나와는 나고시^{名護市} 헤노코의 앞바다에 새 기지를 건설하는 문제를 비롯해서 국민 통합의 위기가 가장 명료하게 가시화된 장소다. 이곳은 '전후 국체'의 역사적 기원이 최종적으로 다다른 도착지라 할 수 있다. 앞서 살펴봤듯이 '천황제의 존속'에는 헌법 9조에 의한 절대적인 평화주의가 필요했는데, 다른 한편으로는 바로 그 '천황제의 존속'을 위해서 미일 안보 체제, 즉 세계에서 가장 강력하고 또 쉬지 않고 전쟁을 지속하는 군대가 '평화국가'의 영토에 항구적으로 주둔할 필요가 있었다.

이 같은 모순을 감추는 역할을 강요당한 곳이 오키나와다. 맥아더는 "일본은 태평양의 스위스가 돼라"고 했는데(애초에 스위스는 어느 나라와도 동맹을 맺지 않는 '영세중립국'이지만, 비무장국가는 결코 아니다), 전후 일본이 평화주의를 새로운 국가 정체성으로 내세우면서 동시에 미국의 군사적 이해에도 발맞추려면 한 가지 조건을 충족시켜야 했다. 바로 오키나와를 일본에서 떨어뜨려 미군이 완전히, 자유롭게 사용할 수 있도록 '기지 섬'을 내주는 것이었다. 결국 천황제 존속과 평화 헌법과 오키나와의 희생은 삼위일체를 이뤘으며, 그 삼위일체에 붙여진 이름이 미일 안보체제(= 전후 국체의 기초)였다. '오키나와 메시지'는 국체호지의 명줄이 바로 이 삼위일체에 달려 있었음을 이야기해주고 있다.

그리하여 오키나와는 '전후의 국체'가 국민 통합 기능을 달성하는 시점에서 이미 (일본 영토에서 미군 관할로) 배제됨과 동시에, 그것이 기능하는 데에 없어서는 안 될 역할을 떠안았다. 따라서 '전후의 국체', 즉 세계에 유례가 없는 특수한 대미 종속 체제가 국민 통합을 오히려 파괴하는 단계에 이른 지금, 그 모순이 응축된 장소=오키나와에서 일본 전체가 봉착하고 있는 국민 통합의 위기가 가장 첨예한 형태로 표출되고 있는 것이다.

쇼와 천황이 수행한 초헌법적 역할

새 헌법 시행 이후 미일 안보조약 성립에 이르기까지의 과정에서 쇼와 천황이 취한 행동[16]은 헌법에 정해진 천황의 권한에서 일탈한 정치 개입이었다.

새 헌법하에서는 천황의 정치 개입에 관한 논쟁이 주로 각료들이 하는 '내주(內奏, 왕에게 올리는 은밀한 상주-역주)' 문제를 둘러싸고 발생하는 경우가 많지만, 여러 가지 에피소드를 통해 추측해 보건대 쇼와 천황은 새 헌법하에서 자신이 수행해야 할 역할이 구헌법하의 그것과 근본적으로 다르지 않다고 인식했던 것으로 보인다.[17]

그 역할은, 비록 자기 의사를 강경하게 밀어붙이는 식은 아니었지만 완전히 수동적이고 명목적인 존재인 입헌군주의 역할과도 거리가 있었다. 천황 자신은 영국의 왕정을 본보기로 삼아 요소요소에서 적절한 조언이나 격려, 경고를 위정자에게 주는 것이 천황 대권이 폐지된 새 헌법하에서의 역할이라는 인식을 갖고 있었던 것으로 추정된다.

구헌법하에서든 새 헌법하에서든 자신의 의향을 넌지시 이야기함으로써 통치 엘리트 집단이 나아가야 할 방향을 시사해줬다는 점에서, 천황의 근본적 역할은 달라지지 않았다. 또 그런 천황과 통치 엘리트 집단의 의사 조정·일치가 국체 이데올로기에서 말하는 '군민공치君民共治'의 실상이자 한계였다.

다만 천황 자신의 인식이 어찌됐든, 종전부터 미일 안보 체제 성립에 이르는 체제 전반의 위기 과정에서 천황이 수행한 역할은 초헌법적인 것이었다. 어전회의 때 사실상 그 자신의 의지로 전쟁 종결을 결단한 천황은 메이지 헌법에 규정되지 않은 초헌법적 존재였고, 새 헌법하에서도 천황은 주권자여야 할 국민이 선택한 정부와 초헌법적 권력 그 자체인 GHQ 및 미국 정부 사이에서 양자를 매개하는 역할을 수행했다.

4. 정이[征夷]하는 미국

정이대장군 맥아더 이야기

그리하여 패전과 혼란, 피점령이라는 위기를 넘어 결과적으로 초기
전후 레짐의 골격, 즉 미일 안보조약을 기초로 하는 미온적인 반공주
의 체제가 성립된다.[18] 그런데 여기부터 거슬러 올라가 보면 맥아더
는 전쟁 책임 문제로부터 천황을 구출했을 뿐 아니라 한층 더 세력을
불린 '국체에 대한 위협', 즉 공산주의로부터 국체를 지켜내는 존재로
일본에 군림했다고 할 수 있다.

그렇게 본다면 맥아더는 어떤 의미에서 '근황의 사(勤皇の士, 천황에 충
성한 지사-역주)'라 할 수 있지 않은가?

실제로 이것은 일본사에서 자주 볼 수 있는 광경이었다. 천황과 맥
아더의 회견은 일본 역사에서 몇 번이고 되풀이돼온 구도였다.

그것은 무엇인가? 고대로부터 근대에 이르기까지 일본을 제패한
인물은 제각기 달랐지만 어느 시대에서든 천황은 이른바 옥(玉, 일본 장
기에서 체스의 '킹'에 해당하는 말. 여기에서는 '승리하기 위해 잘 보호해야 하는
것'이라는 뜻으로 쓰였다-역주)으로 대접받았다. 일본사의 가장 두드러진
특징은 정권 교체기 때마다 새롭게 등장한 실력자와 기존의 천황 간
에 이루어진 협력이다. 장차 권력을 손에 넣고자 하는 실력자는 권위
의 원천인 천황을 폐하고 그 자신이 모든 권력과 권위를 독차지하는
대신, 어디까지나 천황의 조정이 설정한 관위官位를 획득함으로써 자
신의 권력을 정당화하려 했다.

이런 구조에서 권력의 정통성은 늘 천황에 의해 독점됐으며, 따라서 권력을 획득하려는 자는 반드시 존황尊皇·근황勤皇을 공식적으로 내세울 수밖에 없었다. 그러나 정권 교체기 때 천황이 실력자를 대하는 방식이 잘못되면 이 법칙은 언제든 무너질 수 있었다. 이는 곧 천황 자신의 위험과 왕조의 해체 위기를 의미했다.

두 사람의 회견 이후 천황과 맥아더는 신속하게 협력적인 관계로 정착했고, GHQ의 천황제를 온존해야 한다는 판단은 점점 더 견고해졌다. 이것은 지난 역사에서 몇 번이나 위기의 순간을 극복해온 천황가의 이른바 'DNA'가 힘을 발휘한 결과였을 것이다. [19]

그렇게 본다면 맥아더가 '푸른 눈의 대군'이라 불린 것은 단순한 비유 이상의 의미를 갖고 있다. '대군'이란 에도 시대 때 막부가 정이대장군(征夷大將軍, 본래는 천황의 명에 따라 아직 복속되지 않은 오랑캐를 정벌하는 관직이었지만 나중에는 막부를 통솔하는 일본의 실질적인 최고 통치자를 가리키는 말이 됐다. 이것을 줄인 말이 쇼군將軍이다-역주)의 대외적 칭호로 사용한 말이다. 점령사 연구를 이끌어온 정치학자 소데이 린지로袖井林二郎도 다음과 같이 지적하고 있다.

천황을 통해 일본 국민을 지배한다. 이것이야말로 쇼군가將軍家의 기능이었다. 메이지유신으로 최후의 쇼군이 폐지된 지 70여 년 만에 일본은 쇼군을 떠받들도록 강제되었다. [20]

하지만 이 '강제'를 일본인의 역사적 무의식에 여과시켜 천황이 맥

아더를 정이대장군에 임명한 것으로 이해한다면 다음과 같은 수미일
관한 이야기를 구성할 수 있을 것이다.

정이대장군의 일은 '이적(夷狄, 오랑캐)'을 토벌하는 것이다. 그리고
맥아더는 평화주의자인 천황에게 억지로 전쟁을 시작하도록 강요한
전쟁광 군인들을 굴복시켜 천황을 그들의 포위로부터 구출해냈다. 이
렇게 생각하면 (맥아더와 천황의) 회견 장면은 쇼와 천황이 맥아더를 정
이대장군에 임명한 순간이 되는 셈이다. 전쟁광 군인들이 재판에 넘
겨져 처벌받은 뒤 그들 대신에 '이적'으로 지목된 것이 바로 공산주의
자였다. 그 위협으로부터 천황을 지키는 것이 쇼군의 임무다.

어느 쪽이 주인인가

그러나 이 같은 역사 해석은 일본인들의 소망이 반영된 주관적 차원
의 국체 이야기다.

실제로 천황과 맥아더 및 미국 사이의 협력 관계는 단순한 밀월이
아니었으며, 항상 평온하게 전개되지도 않았다. GHQ는 메이지절(明
治節, 11월 3일)을 새 헌법 공포일로 삼았고 1948년 12월 23일, 즉 황태
자(아키히토 전 천황) 탄생일이라는, 황실에서 특히 경사스러운 날을 택
해 A급 전범들을 처형했다. 그날 쇼와 천황은 측근에게 "그만두고 싶
다"는 말을 흘렸다고 한다.[21]

이와 같은 '날짜 정치日付のポリティクス'를 통해 GHQ는 '어느 쪽이 주
인인지'를 몇 번이고 상기시켰는데, 자신들의 의사를 강요했던 사건
들 중 가장 중요하고 두드러진 것을 꼽으라면 단연 쇼와 천황의 퇴위

를 허용치 않았던 일을 들 수 있을 것이다.

패전의 책임을 지고 퇴위해야 한다는 주장은 천황제에 비판적이었던 나라 안팎의 세력뿐 아니라 미카사노미야三笠宮와 같은 황족의 일원이나 전전과 전쟁 도중까지 가장 가까운 측근이었던 기도 고이치木戸幸一의 입에서도 나왔다. 기도는 샌프란시스코 강화조약의 발효로 전후 처리에 일정한 전망이 섰을 때가 적당하다고 쇼와 천황에게 직접 제안했고, 천황 자신도 몇 번이나 진지하게 퇴위를 실행하려 했다.

그러나 이는 결국 미국의 의사로 실행되지 못했다. 왜 맥아더가 퇴위를 강경하게 막았는지는 지금도 불분명한 점이 많지만, 퇴위가 '평화주의자인 천황에게는 전쟁 책임이 일절 없다'는 이야기에 해를 끼칠지도 모른다고 판단했거나 일본인들에게 '미국이 천황을 그만두게 했다'는 인상을 심을 수 있다고 우려했던 것으로 추정된다.

메이지 천황의 '말의 무늬' 발언

어쨌거나 쇼와 천황은 퇴위하지 않았고, 나중에는 퇴위를 검토했다는 사실 자체가 말소됐다.[22] 그리고 1975년에는 미국을 방문한 뒤 기자회견 자리에서 전쟁 책임에 대한 질문을 받고 그 유명한 말을 하게 된다.

> 그런 말의 무늬에 대해서는, 나는 그런 문학 방면으로 별로 연구하지 않아서 잘 모르기 때문에, 그런 문제에 대해서는 답을 드릴 수가 없습니다.[23]

이 발언에 대해 많은 이가 놀라고 분개했는데, 소박하게 읽으면 너무나 무책임한 데다 윤리적 불감증을 느끼게 한 발언이었다.

하지만 사태의 본질 자체가 소박하지 않다는 사실을 명심해야 한다. 너무나도 무거운 전쟁 책임의 문제를 '말의 무늬'라고 한 데에는 일종의 과잉성이 느껴진다. 마치 '무슨 소릴 하는 거냐, 그런 게 있을 리 없지 않나'라고 말하는 것 같은. 왜냐하면 국체호지를 위해 미일이 합작해 만든 이야기는 '천황에게 전쟁 책임은 없다'는 정치적 결론으로 마무리됐기 때문이다. 전후 30년이 지나도록 쇼와 천황이 계속 천황일 수 있었던 것, 그런 자리에서 기자회견을 했던 것 자체가 이야기의 결과였다.

"국체가 호지됐다는 이야기를 여러분도 바랐기에 나는 그 이야기를 충실히 이행해왔다. 이 이야기 속 '게임 룰'에 따랐는데(이야기가 성립되도록 협력자로서 처신해왔는데), 갑자기 그것을 없었던 일로 하자는 것인가?" 역사적 사실에 비춰 천황의 속내를 추측한다면, 아마도 이런 생각을 했을 것이다.

그 때문에 천황은 전쟁 책임을 둘러싼 질문에 대답할 수가 없었다. "그런 문제에 대해서는 답을 드릴 수가 없습니다." 이 강한 어조의 말에는 천황 자신이 속속들이 알고 있던 국체호지의 허구성과 거기에 대해 모르는 척하는 자들을 향한 짜증이 배어나온다.

권위와 권력의 구조

카를 마르크스의 잠언에서 말하기를, "인간은 자기 자신의 역사를 만들지만, 자신이 선택한 상황 속에서 생각한 대로 역사를 만드는 것이 아니라 가까이 있는, 주어진 과거로부터 전해진 상황 속에서 그렇게 하는 것이다. 사멸한 모든 세대의 전통이 살아 있는 자들의 뇌수에 악몽처럼 덮쳐오는 것이다"[24](《루이 보나파르트의 브뤼메르 18일》).

맥아더의 일본 점령에 대한 일본인들의 반응은 이 잠언의 전형적인 예가 될지도 모르겠다. 총력전에서의 패배와 피점령, 점령군에 의한 혁명적 개혁이라는 사태는 일본 역사상 미증유의 것이었음은 물론 세계사 가운데서도 유례가 없는 사건이었다.

그러나 인간은 이 같은 새로운 사태를 '과거로부터 전해진 상황' 속에서 해석하고 그에 대처하려 한다. 그리고 인간이 그렇게 인식하고 행동하기 때문에 새로운 현실 또한 어느 면에서는 과거를 반복하게 된다.

일본인의 역사의식으로 본 맥아더가 정이대장군이었다면, 그것은 '불변의 권위＝천황(국체)' / '현실적 권력＝맥아더·GHQ(정체)'라는 전통적인 인식 도식으로 정리된다. 이 도식에서 맥아더가 천황에 대해 보여준 이해와 경의는 유일한 정통성의 원천으로서의 조정의 위계를 맥아더가 받아들였다는 것을 의미한다.

그리고 맥아더가 순식간에 '구세주'로서 일본 국민에게 받아들여졌던 것 또한 "사멸한 모든 세대의 전통이 살아 있는 자들의 뇌수에 악몽처럼 덮쳐오는" 것의 한 사례가 아니었을까.

에도 시대 때 그러했듯이, 현실적인 권력은 이따금 천황과 대등한, 때로는 천황을 능가하는 권위를 갖곤 한다. 맥아더는 도쿄에서 약 50

만 통으로 추정되는 편지를 일본 전국에서 받았는데, 그중 다수가 맥아더를 천황 이상의, 또는 천황을 대신하는 권위로 숭배하는 마음을 담고 있었다. [25]

심지어 맥아더가 해임되고 본국으로 귀환할 때(1951년) 맥아더 신사를 건립하려는 계획이 추진됐는데, 발기인 중에는 지치부노미야^{秩父宮} 부부(쇼와 천황의 남동생과 그 아내-역주), 다나카 고타로^{田中 耕太郎}(최고재판장), 가나모리 도쿠지로^{金森德次浪}(국립국회도서관장), 노무라 기치사부로^{野村吉三郎}(개전 당시 주미 대사), 혼다 지카오^{本田親男}(마이니치신문사 사장), 하세베 다다스^{長谷部忠}(아사히신문사 사장) 등 쟁쟁한 유력자들도 있었다. [26] 이것이 실현됐다면 도쇼구^{東照宮}(도쿄 북쪽 이바라키현 닛코시에 있는 대형 신사. 에도 막부 초대 쇼군 도쿠가와 이에야스^{德川家康}를 신격화해 모신다-역주)에 견줄 만한 것이 세워졌을까.

그 멤버 가운데 훗날 스나가와 사건에서 최고재판소장으로서 안보 국체를 법적으로 확립한 다나카 고타로나, 헌법 담당 국무대신으로 국회에서 "물은 흘러가도 강은 흘러가지 않는다"고 발언해 국체 불변을 강변한 가나모리 도쿠지로가 있는 것이 실로 흥미롭다. 친미 보수 지배층에 맥아더는 신성한 안보 국체의 수호신으로 현현했던 것이다.

사카구치 안고가 공격한 '천황 숭배자'의 이중의식

태평양전쟁에서 엄청난 사람들을 죽인 천황제가 패전에도 불구하고 재건되는 과정을 눈앞에서 보면서, 사카구치 안고^{坂口安吾}는 다음과 같이 거센 어조로 천황제를, 더 정확하게는 천황제를 만들고 유지하는 일본인들을 비판했다.

천황제라는 것이 일본 역사를 관통하는 하나의 제도이긴 했으나, 천황
에 대한 존경이라는 것은 늘 이용자의 도구에 지나지 않았으며, 정말로
실재實在한 선례는 없었다.

무엇 때문에 후지와라우지(藤原氏, 일본 씨족의 하나. 아스카飛鳥 시대 이래
1,200년 이상 일본 조정 정신廷臣의 주류를 장악했던 일본 역사상 최대 씨족-역주)
나 쇼군가에게 천황제가 필요했겠는가? 무엇 때문에 그들 자신이 최고
의 주권을 장악하지 않았는가? 그것은 그들이 스스로 주권을 쥐는 것
보다 천황제가 유리했기 때문이며, 그들 자신이 직접 천하를 호령하기
보다 천황제가 호령하게 하고 자신이 맨 앞에 서서 그 호령에 복종해
보이면 호령이 더욱 잘 먹힌다는 것을 알았기 때문이다. 천황의 호령은
천황 자신의 의지가 아닌 실은 그들의 호령이었다. 그들은 자신이 바라
는 것을 천황의 이름으로 행하고, 자신이 먼저 앞장서서 그 호령에 복
종해 보임으로써, 즉 스스로 천황에 복종하는 모범을 인민에게 보여줌
으로써 자신의 호령을 강요했다.

자기 스스로를 신이라 칭하고 절대적 존엄을 인민에게 요구하는 건 불
가능하다. 하지만 자신이 천황에게 머리를 조아림으로써 천황을 신격
화하고, 그것을 인민에게 강제하는 것은 가능하다. 그래서 그들은 천황
의 옹립을 자기들 마음대로 하면서 천황 앞에 머리를 조아렸고, 자신이
머리를 조아림으로써 천황의 존엄을 인민에게 강요했으며, 그 존엄을
이용해서 호령을 했다.

그것은 까마득한 역사 속의 후지와라우지나 무가武家만의 이야기가 아니다. 보라. 이 전쟁이 그렇지 않은가. (중략) 이 무슨 군부의 전단專斷 횡행이란 말인가. 게다가 그 군인들은 그처럼 천황을 업신여기고 근본적으로 천황을 모독하면서 맹목적으로 천황을 숭배하고 있는 것이다. 난센스! 아, 극도의 난센스. 그리고 이것이 일본 역사를 일관하는 천황제의 진실한 모습이며, 일본사의 거짓 없는 실체인 것이다.27

실로 이것은 "후지와라우지나 무가만의 이야기가 아니"었던 것이다. '후지와라우지와 무가'의 자리에 '맥아더'나 '미국'을 대입하면 미국이 기도했던 '천황을 통한 원활한 점령 통치'와 '천황제 민주주의'에 대한 설명이 된다.

미국은 안고가 천황제의 '수작질'이라 불렀던 것에 자발적으로 얽매이는 것이 자국의 국익 실현에 유리하다고 인식했기 때문에 그렇게 행동했다고 할 수 있다. 또 '천황'의 자리에 '미국', '맥아더'를 대입하면 이번에는 다나카 고타로나 가나모리 도쿠지로의 언동에 대한 설명이 된다. 안고는 '천황 숭배자'들이 지닌 이중의식을 공격했다. 말하자면 그들은 "근본적으로 천황을 모독하면서 맹목적으로 천황을 숭배하고 있다"는 것이다.

미국은 국체호지의 신화를 만드는 데 협력하면서(천황 숭배), 그것이 자신의 이익을 위한 것이라는 사실(천황 모독)을 은폐했다. 한편 민주주의자로 전향한 일본인들은 미국식 민주주의를 열렬히 지지하면서〔천황(미국) 숭배〕, 이미 살펴봤듯이 그 실체가 국민주권과는 동떨어진 것에 지나지 않는다는 사실을 직시하려 하지 않았다〔천황(미국) 모독〕.

그러나 이 두 가지 유형의 '천황 숭배 = 모독' 사이에는 커다란 차이가 있다고 해야 할 것이다. 그것은 이 이중의식 자체가 의식되고 있는가, 아닌가의 차이다. 안고는 말한다.

> 후지와라우지가 있던 옛날부터 가장 천황을 모독하는 자가 가장 천황을 숭배했다. 그들은 정말 골수부터 맹목적으로 숭배했고 동시에 천황을 농락했으며, 자신의 편익을 위한 도구로 삼고 한없이 모독했다. 현대에 이르기까지, 그리고 지금도 항상 국회의원들은 천황의 존엄을 입에 올리고 국민은 또한 대체로 그것을 지지하고 있다.[28]

전후 이른바 친미 보수 지배층은 여기서 이야기하는 '후지와라우지'의 후예들이다. 그들은 대미 종속 레짐 = 안보 국체를 천양무궁의 것으로 호지하려 하는데, 그것은 미국식 민주주의의 이념에 마음속 깊은 곳에서부터 복종하기 때문이 아니라 거기에 그들의 현실적 이익이 걸려 있기 때문이다. 예를 들면 빈번하게 문서를 은폐해 민주주의의 근간을 이루는 공개성의 원칙을 우롱하는 외무성이 태연하게 '가치 외교'라는 슬로건을 내거는, 속이 빤히 들여다보이는 짓거리에는 이런 분열에 대한 인식, 거기에 따르는 갈등을 찾아볼 수가 없다.

이와 대조적으로, 미국의 천황 숭배는 이미 살펴봤듯이 명백하게 전략적인 성격을 지닌 태도였다.

냉전의 종언 = 권위와 권력 분립의 종언

포스트 냉전 상황은 '천황과 미국'이 애매한 상태로 권위와 권력을 나눠 갖는 상태가 지속될 수 없게 만들었다.

애초에 시늉에 지나지 않았던, 일본인이 따르는 국체를 둘러싼 판타지에 대한 미국의 의리상의 어울림은 끝났다. 공산주의의 위협이 사라지면서 미국이 천황 내지 일본을 위해 '정이'할 동기가 없어졌고, 자애로운 군주로서 스스로 군림할 동기도 없어졌기 때문이다. 즉, 안보 국체는 현실적 기반을 상실했다.

그렇게 보면, 지금 우리 앞에는 권위와 권력 양쪽 모두를 겸비한 미국을 받아들일지―자민당 정권으로 대표되는 친미 보수 지배 세력의 생각에 따르면 '이 길밖에 없다!'는 듯하다―아니면 권위로서의 미국을 거부하고 현존하는 권력으로서 미국과 현실적인 교제를 시작할지 가르는 갈림길이 놓인 것이다.

제6장

이상의 시대, 그 어긋남

전후 레짐: 형성기 ③

1. 폐허·암시장에서 '전후 국체'의 확립으로

이상의 시대

앞 장에서는 '국체를 호지한 패전'과 점령, 강화조약의 발효, 미일 안보 체제의 성립과 관련된 정치 신학적 과정을 살펴봤다. 그런데 이 기간은 현저한 사회 혼란 속에서도 군국주의와 패전을 지나 '어떤 나라로 재출발할 것인가' 하는 질문이 전례 없는 열기 속에 제기된 시대이기도 했다. 마루야마 마사오의 〈초국가주의의 논리와 심리〉가 이와나미쇼텐岩波書店의 《세카이世界》 1946년 5월 호에 실렸을 때, 사람들은 폐허 가운데 줄을 서서 그것을 사보았다고 한다.

　혼란 속에서 어떤 '이상'을 세울 것인지에 대한 질문이 제기된 시대였던 만큼, 그 시대에는 주목해야 할 정치적 논쟁과 투쟁이 수없이 진행됐다. 또 그 시대의 논쟁·정치투쟁 '쟁점'의 원형은 시간을 뛰어넘어 현재에 이르기까지 계속 논란이 돼오고 있다.

점령기 GHQ 내부에서 벌어진 GS민정국와 G∥참모 제2부의 암투, 역코스와 레드 퍼지(red purge, 좌익 제거)·국철(國鐵, 일본국유철도) 3대 모략 사건, 그리고 공산당의 무장투쟁과 좌절 및 방향 전환 등으로 혼란스러웠던 시대에 전후 레짐의 기초 구조를 결정했던 중요한 경위에 대해서는 이 책에선 다루지 않겠다.

여기서 살펴보고자 하는 것은 가장 큰 틀인 '국가 형태'와 관련된 차원에서 벌어진 논쟁과 투쟁이다. 이것들은 이제까지 논의해온 '전후의 국체' 형성에 대한 안티테제로서, 그러나 때로는 그 형성을 보완하는 형태로 전개됐다.

개략적으로 살펴보자면, '전후의 국체'와 직접 관련된 논쟁은 다음과 같이 전개돼왔다. 그 효시는 1951년에 체결된 샌프란시스코 강화조약 및 미일 안보조약을 둘러싼 강화 논쟁에서 찾을 수 있다. 논쟁은 '전면 강화냐 부분강화냐'라는 형태로 격돌했다.

부분강화(部分講和, 일본과 미국 간의 강화. 단독강화라고도 한다. 이에 비해 일본이 소련 등 연합국 전체와 맺는 강화를 전면강화라고 한다-역주)를 통한 주권의 (형식적) 회복을 거쳐, 친미 보수 지배 세력은 헌법 개정과 재군비를 시작했다. 그러나 그 계획이 완전히 파탄 상태로 내몰린 뒤, 1960년 안보 투쟁을 맞게 된다. 이후 거대한 소란이 이어지지만, 끝내 조약의 개정을 저지하지는 못하고 기시 노부스케(岸信介, 아베 신조의 외조부-역주) 총리를 퇴진시키는 데 그치고 만다.

안보 투쟁은 어느 면에서는 전공투 운동으로 이어진다. 그리고 도쿄대 투쟁이나 아사마 산장 사건(浅間山莊事件, 1972년 2월 19일부터 28일에 걸쳐 나가노현 기타사쿠군 가루이자와초에 위치한 주식회사 가와이 악기의 휴양소 아사마 산장에서, 일본 신좌익조직인 연합적군이 벌인 유혈 인질 사건. 연합적군은 이 사건 직전에 내부 숙청 등의 명목으로 동료들에게 집단 린치를 가해 12명을 살해하고 조직 이탈자 2명을 죽이는 등의 대량 살상 사건을 일으켰다. 이런 일련의 사건으로 일본 신좌익은 사회적 지탄과 함께 몰락하게 된다-역주) 등의 격렬한 스펙터클이 전개됐으며, 이 같은 일본 사회의 진로에 대한 이의 제기 운동이 분쇄되거나 자기 붕괴를 일으켰을 때 많은 사람은 '시대의 종언'을 체감했다.

정치 논쟁―두 개의 원형

이들 논쟁·정치투쟁에서 쟁점의 중심축 가운데 하나가 '반미反美'였다. '전후의 국체'가 미국을 정점으로 해서 구축된 것이었던 만큼, 반대자들이 이를 내세운 것은 당연한 이치였다.

먼저 강화 논쟁의 경우, 1949년부터 1950년에 걸쳐 자유주의자에서 좌파까지 아우르는 광범한 학자들이 평화 문제 담화회나 평화 문제 간담회 등의 단체들을 조직하고 소련·중국을 포함한 모든 교전국과의 강화(전면강화론)를 주장하면서 외국 군대에 기지를 제공하는 것에 반대하는(즉, 미일 안보조약에 반대하는) 논진을 폈다. 그 중심인물 중 하나였던 도쿄대 총장 난바라 시게루南原繁를 총리인 요시다 시게루가 비판하면서 '곡학아세曲學阿世의 무리'라고 했던 이야기는 유명한데, 집권당 쪽은 전면강화론을 학자들의 공리공론이라며 일축했다.

그 논쟁에는 전후 정치 논쟁의 원형이 드러나 있다. 이때 반체제 쪽에서 '대미 종속 일변도에서 벗어나 일본의 독자적인 국제적 입지를 모색·추구해야 한다'고 주장하면 권력 쪽에서 이를 '말도 안 되는 탁상공론'이라며 문전박대하는 패턴이 형성됐는데, 그 패턴은 지금까지도 이어지고 있다.

전후 일본이 고를 수 있는 국제적 입장은 이론적으로 볼 때 세 가지였다. ① 대미 종속, ② 대소 종속, ③ 중립.

말할 것도 없이 실제로 택한 선택지는 ① 대미 종속이었다. 그리고 결과론적으로, ② 대소 종속을 택하거나 강요받은 국가들이 훗날 걸었던 고난의 길에 비춰보면 ②는 여러 의미에서 고려할 만한 선택지가 되지 못했다.

③ 중립이, 다시 말해 '대립하는 동서 어느 쪽 진영에도 가담하지 않고 독립불기(独立不羈, 독립하여 어떤 제약도 받지 않는다는 뜻-역주)를 관철한다'는 것이 윤리적으로 가장 좋은 입장이라는 것은 굳이 말할 필요가 없을 것이다. 따라서 비판적 지식인들 다수가 ③을 주장했다.

하지만 ③ 중립에도 난점은 있었다. 단적으로 이야기하면, 그것은 어찌어찌 피했던 본토 결전을 다시 한 번 실행에 옮긴다는 것을 의미했다. 미국은 많은 희생을 치르며 일본을 무너뜨렸고, 그 결과를 배경으로 자신들의 속국이 될 것을 일본에게 요구했다. 중립을 관철하자는 것은 그 요구에 저항하자는 것이고, 그것이 철저히 실행될 경우 1965년 9월 30일 인도네시아에서 벌어진 사건(1965년, 미국이 지원하는

'장군 평의회'가 좌파 인사인 수카르노 대통령을 축출할 것이라는 풍문이 나돌자 그해 9월 30일 수카르노를 지지하는 친공 쿠데타가 일어났다. 그러나 이는 수하르토가 이끄는 친미 군부 세력에 사흘 만에 진압됐고, 이후 수카르노가 실각하면서 수하르토의 친미 독재 체제가 수립됐다. 또한 이 일련의 과정에서 진행된 '빨갱이 사냥'으로 25만~50만 명이 학살당했다-역주)처럼 심상찮은 사태가 야기될 가능성을 부정할 수 없었다. 부분강화와 미일 안보조약 조인은 ③의 독립국이라는, 이치에 맞는 선택지를 버리고 미국의 비호 아래 부흥·발전이라는 열매를 따겠다는 걸 의미했다.

덧붙여 강화 논쟁에서는 또 하나의 패턴을 확인할 수 있다. 전쟁 위협이 항상 '미소 대립에 일본이 휘말리는' 형태로 제기됐다는 점이다. 즉, 일본 쪽에서 주체적으로 전쟁을 수행하는 사태는 애초에 거론조차 되지 않은 채, 미국과 소련 간 전쟁으로 일본에도 불똥이 튀어 중대한 피해가 나올 거라는 우려 속에서 대미 종속을 비판하는 목소리가 이어졌다. 이 패턴은 '미국과 소련'이라는 대립 형태가 오늘날 '미국과 북한' 또는 '미국과 이슬람 근본주의 테러 조직'이라는 형태로 변경돼 유지되고 있다.

이상과 같은 두 가지 패턴은 1960년 안보 투쟁에서 곧바로 반복된다. 그리고 강화 논쟁과 안보 투쟁 사이에 끼여 있는 것이 1950년대의 개헌 논쟁이다. 1950년에 경찰예비대가 창설되고 1952년에는 해상자위대의 전신이 될 해상경비대가 발족됐다.

그런 흐름 속에서 요시다로부터 정권을 이어받은 하토야마 이치로鳩山一郎는 원칙적인 재군비론자였다. '원칙적'이라는 것은 재군비를 야금야금 이뤄나가는 대신, 전면적으로 헌법 개정을 제기해서 추진해야 한다는 생각을 갖고 이를 실행하려 했다는 뜻이다.

그러나 1952년부터 1955년에 걸친 정국에서, 개헌과 재군비는 보수 세력 정당들의 의제로 여러 번 채택됐으나 하토야마가 정권을 잡고 있었음에도 끝내 실현되지 못했다. 단적인 이유는 보수 세력이 개헌이나 재군비 의욕을 드러내면 드러낼수록 재군비에 강경하게 반대하는 좌파 사회당이 더 많은 표를 얻었기 때문이다.

이후 미국의 내밀한 관여 아래 보수 합동이 이뤄져 자유민주당(자민당)이 결성되고, 자민당은 '현행 헌법의 자주적 개정'을 강령에 올리게 된다. 그리고 주지하다시피 자민당은 오늘에 이르기까지 예외적인 짧은 기간을 제외하면 항상 정권을 장악해왔다.

새삼 놀라운 것은, 그럼에도 아직도 개헌이 실현되지 않았다는 사실이다. 그 이유는 제도적이거나 기술적인 것 등 여러 가지가 있으나, 어쨌든 자민당은 거의 반석과 같은 지지를 받아왔음에도 개헌 시도를 오랜 세월 저지당했다. 여기에는 개헌을 당시黨是로 삼은 정당을 일관되게 지지하면서도 정작 개헌에 반대해온 일본 유권자들의 뒤틀린 의식이 있다고 해야 하지 않을까.

덧붙이자면, 이 패턴 역시 과거의 그 어떤 자민당 정권보다도 명확하게 개헌을 내건 아베 정권 아래서 유권자들이 보여준 투표 행위와 헌법 문제에 관한 자세를 통해 반복되고 있다.

1960년 안보 투쟁

전후의 대미 종속 레짐에 대한 가장 큰 내발적인 저항은 1960년의 안보 투쟁이었다. 거꾸로 이야기하면, 그 위기를 미일 지배층이 극복함으로써 전후 대미 종속 레짐이 확립됐다.

근대 전반의 제1기와 유사성이라는 관점에서 보자면, 1960년은 1889년의 대일본제국 헌법 발포 전후 상황에 견줄 수 있다. 다시 말해 레짐이 근본적인 불안정성을 극복하고 잠재해 있던 '다른 이상'의 실현 가능성을 무효화하기에 이르렀다는 뜻이다. 어느 경우가 됐건 확립된 것은 '국체'였다.

1960년의 안보 개정이 실행될 때까지만 해도, 미일 안보 체제가 반석과 같았다고 할 순 없었다. 기시의 전임자인 이시바시 단잔^{石橋湛山}은 명확하게 다원외교론자였으며, 취임 때(1956년 12월) 기자회견에서도 "미국이 하는 말을 예, 예 하며 듣고 있는 건 미일 양국을 위해서 좋지 않다", "미국과 제휴하겠지만 향미^{向美} 일변도가 되는 건 아니다"라고 말했다.[1] 총리 퇴임 뒤에도 기시의 안보조약 개정을 비판했으며 나중에는 기시의 후임자인 이케다 하야토^{池田勇人} 정권의 대미 자세까지 비판했다.

미일 안보조약을 미·일·중·소 4개국 안전보장체제로 발전시킴으로써 냉전을 종결하려 했던 것이 이시바시 단잔이 후일 제시한 비전이었는데, 만일 그가 당시 병으로 쓰러지지 않았다면 미일 안보 체제는 적어도 곧바로 반석이 되지는 못했을 것이다.

미국 입장에서 보면 이시바시 단잔과 같은 인물이 여당의 유력자로 존재한 것 자체가 큰 위험 요소였지만, 이는 그 시대가 전후 일본이 나아갈 방향성에 관해 여러 잠재적 가능성을 품고 있었다는 의미로 이해해야 할 것이다.

미국 입장에서는 기시 노부스케가 훨씬 더 바람직한 인물이었다는 건 두말할 필요도 없다. 기시 정권이 개정하고자 했던 안보조약의 내용을, 여기에 반대해 들고 일어섰던 군중은 잘 이해하지 못했다고들 이야기한다. 이 때문에 기시는 "점령 연장이나 다를 바 없는 불평등조약을 나는 대등한 것으로 바꾸려 했는데, 그들은 그것을 이해하려고도 하지 않았다"며 탄식했다. 즉, 그때 군중이 폭발시킨 분노는 조약 개정의 이런저런 구체적 내용에 대한 것이었다기보다, 기시 노부스케라는 전전과 전쟁 당시의 군국주의를 상기시키는 캐릭터와, 더욱이 그 인물이 미국과의 사이에서 매개자가 돼 대미 종속 체제를 강화하고 영구화하려 드는 게 아닌가 하는 의심이 불러온, 거의 생리적인 혐오감에서 기인한 것이었다.

그 직감은 옳았다. 오늘날 밝혀진 사정, 즉 핵무기 반입 사전 협의 문제로 대표되는 밀약의 존재에 비춰보면, 표면상의 대등화 따위는 이해할 가치도 없는 것이었고 오히려 군중의 적극적인 몰이해가 개정의 본질을 꿰뚫고 있었다.

기시에 대한 혐오, 안보조약 개정에 대한 혐오는 각기 '전전의 국체'와 '전후의 국체'에 대한 혐오였던 것이다.

'전후 국체'의 기묘한 안정

1960년 안보 투쟁이 국내 정치에 가져다준 결과는 다음과 같이 요약될 수 있다.

① 대중의 대규모 직접행동을 통한 정치 참가가 당시의 정권을 퇴진으로 몰아갔다.

② 그럼에도 자민당 지배는 흔들림이 없었다(이케다 하야토 총리의 등판과 '소득 증대 계획'에 의한 '정치의 계절에서 경제의 계절로'의 전환).

①을 중시하는 논자들은 1960년 안보 투쟁에서 '전후 민주주의의 정착', 국민의 승리를 읽어냈으며, 이것은 오랫동안 전후 정치사를 바라볼 때의 주류적인 입장이었다.

②를 중시하는 논자들은 거기에서 1945년 패전 이후 등장했던 혁명적 민주화 전망의 종언을 본다. 즉, 30만 명의 군중이 국회를 에워싼 사태는 혁명적 민주화 시대의 마지막 향연이었으며, 그 이후 정치적·공공적 이상의 추구로부터 경제적·개인적 이익의 추구로 국민 대중의 관심이 옮겨진다.

한마디로 말해서, 안보 투쟁의 결과를 ①은 '전후 민주주의의 전진'으로, ②는 '전후 민주주의의 한계'로 받아들인 것이다.

그러나 우리가 주목해온 '전후 국체'의 관점으로 보면, 가장 중대한 결과는 ①의 면과 ②의 면의 복합으로서 미일 안보 체제가 계속 강화되고 자민당 정권이 계속되었음에도 불구하고 '현행 헌법의 자주적 개정' 강령을 자민당은 장기간에 걸쳐 실현하지 못했다는 사실이다.

이 상반되는 양면성 위에서 '전후 국체'는 기묘한 안정을 확보했다고 할 수 있다.

이시바시 단잔으로 상징되는, 일본이 기존의 것과 근본적으로 다른 국제적 지위를 주체적으로 모색할 가능성이 제거됐다는 의미에서 '전후 국체'는 안정을 획득했다. 하지만 다른 한편으로 기시를 향한 국민의 대규모 분노 표출은, 개헌을 통해 전면적으로 재군비에 나서고자 했던 자민당 본래의 지향성을 장기간에 걸쳐 실현할 수 없게 만들었다. 이는 곧 미국이 미일 안보 체제를 토대로 일본의 국토를 군사 요새로서 안정적으로 사용하는 것은 가능했지만, 일본의 군사력을 미군의 보조 전력으로 활용하는 데에는 강한 제약이 지속적으로 가해졌다는 것을 의미한다.

동시에 그런 상태의 출현은 이른바 '요시다 독트린(친미 + 경무장)'이 진정한 의미에서 확립됐음을 뜻했다. 그것은 패전 이래 추구한 정치적 이상과는 다른 의미에서, 일종의 '이상'이 실현된 것이었다.

왜냐하면 이시바시 단잔이 모색한 것과 같은, 패전에도 불구하고 종속을 거부하고 독립을 추구하는 것의 위험 요소―그것은 앞서 이야기했듯 본토 결전을 다시 감행하는 위험 요소를 의미한다―를 회피하면서도 완전한 종속국이 되어 미국의 요구에 따라 동맹국으로서 피를 흘려야 하는 위험 또한 회피할 수 있기 때문이다.

주지하다시피 그 과실은 경제 발전이었고, 일본은 1968년에 자본주의 국가들 중에서 GNP^{국민총생산} 제2위의 자리를 획득한다. 이로써 '평화와 번영의 시대로서의 전후'가 성립됐다. '빈곤과 전쟁의 시대로서의 전전' 일본과는 대조적이라는 점에서 그것은 일종의 이상이었다.

전후 민주주의는 '시도해볼 만한' 가치가 있는 '허망'이었나

오늘날의 관점에서 소급적으로 돌아보면 1960년 안보 투쟁은 언론계의 세대교체도 불러일으켰다.

상징적인 이름으로 이야기하면, 그것은 마루야마 마사오에서 요시모토 다카아키吉本隆明로의 교대였다. 그 교대는 전후 계몽을 담당했던 세대, 즉 전전에 이미 충분한 정신적·지적 성숙을 이룩한 세대에 도전하는 형태로, 전쟁의 한복판을 정신 형성기로 삼아 통과할 수밖에 없었던 세대가 논단의 중심적인 역할을 수행하게 됐음을 의미했다.

전자의 세대에게 전후 민주주의는, 비록 그것이 '주어진' 성격을 갖고 있었다 할지라도 전후 일본의 기반이 되어줄 수 있는 그 무언가였다. 이는 저 '8월 혁명설'의 창안자가 마루야마 그 자신이었다는 사실로 상징된다. 다이쇼 데모크라시 시대를 적어도 분위기로나마 알고 있던 그 세대는 포츠담선언 제10항, "일본국 정부는 일본국 국민 사이의 민주주의적 경향의 부활 강화를 가로막는 모든 장애를 제거해야 한다"는 구절 속의 '민주주의적 경향의 부활 강화'를 감각적으로 이해할 수 있었다. 그에 비해 청소년 시대를 군국주의에 물들었던 일본에서 보낸 후자의 세대는 대체로 이를 실감하기 어려웠다.

그 차이가 '미국의 일본'이라는 '전후 국체'의 구조가 떠받쳐준 민주주의에 대한 감각·평가의 차이를 가져왔다. 마루야마 마사오에게 전후 민주주의는 설사 허망했다 하더라도 '시도해볼 만한' 가치가 있는 대상이었던 데에 비해, 요시모토 다카아키에게 그것은 내버려야 할 의제에 지나지 않았다.

사적 행복으로의 침잠과 공적인 것에 대한 니힐리즘

그 대립은 안보 투쟁의 평가를 둘러싸고 표면화했다. 요시모토 다카아키는 안보 투쟁이 전후 민주주의의 심화와 성과를 보여주었다는 앞선 세대의 주장을 조소하듯 비판하며 이렇게 말했다.

> 유사類似 시민이 안보 투쟁 속으로 떠밀려간 것에서 꼭 좋은 징후를 느낀 것은 아니에요. 그런 단지족(團地族, 서민 주택 지구에 거주하는 사람들-역주)이나 아파트족이 가족의 행복을 절대적으로 추구해요. 천하가 어떻게 뒤집히든 상관없다는 거죠. 나와 관계없으면 그만이라고 생각하며 사는 게 좋다. 이게 제 생각입니다.[2]

요시모토가 볼 때 전후 민주주의에 성과가 있다면, 그것은 전쟁 체험과 패전 직후의 혼란기 경험을 통해 '천하 국가·공적인 것'의 기만성을 일본인이 철저히 인식하고 국가에 의해서건 당에 의해서건 '공공의 이익'이라는 이름 아래 동원되는 것을 단호히 거부했다는 점이다. 말하자면 '공적인 것에 대한 니힐리즘'이 전후 민주주의의 성과인 것이다.

그런 감각은 전쟁 중에는 군국軍國의 청년으로서 싸우다 죽을 자신의 운명에 의문을 품어본 적도 없고, 패전 뒤에는 돌연 '민주주의자'로 처신하기 시작한 윗세대를 우러러본 경험에서 배양된 것이었으리라. 그리고 사적 행복으로의 침잠은 결국 기만에 찬 억압인 '공적인 것'에 동원되는 것보다 훨씬 성실하며, 그러한 감각을 당시의 일본인이 전후 민주주의의 성과로 익혀 가고 있었다는 요시모토의 시대 판정은 '정치의 계절에서 경제의 계절로'라는 안보 투쟁 이후 시대의 전환에 비춰보건대 '안보 투쟁＝전후 민주주의의 성과'라는 시각보다 더 정곡을 찌르는 것이다.

그러나 당시의 요시모토는 안보 투쟁을 실천할 때만큼은 생활보수주의와 정반대로 행동했다. 가장 과격하게 행동한 전학련(全學連, 1948년에 결성된 좌파 성향의 학생 연합-역주)의 주류파(분트 Bund, 결합, 연합, 결속, 제휴, 동맹 등을 의미하는 독일어-역주)와 공명해서 국회에 돌입하다 체포당하기도 했다. 이 같은 과격한 행위와 생활보수주의가 요시모토의 내면에서 서로 모순되지 않았던 것은 다음과 같은 논리에 따른 결과였다.

> 안보 투쟁에 참가하지 않고 가정의 행복을 추구했지만, 전학련 주류파의 과격한 행동을 직접적으로 지지하는 소리 없는 소리가 있었다고 생각해요.[3]

요시모토의 이런 인식이 어디까지 정확한 것인지는 알 수 없다. 주목해야 할 것은 여기서 요시모토가 일견 정반대로 보이는 전학련 주류파와 생활보수주의자(평화와 번영의 향유자) 사이에서 표상대행 表象代行

관계를 보고 있다는 점이다.

"천하가 어떻게 뒤집히든 상관없다. 나와 관계가 없으면 그만"이라고 생각하는 사람들이 안보 투쟁에서 취할 수 있는 행동이 있다면 그것은 전학련 주류파의 행동일 거라고 요시모토는 주장한다. 즉, 요시모토가 가담했던 전학련 주류파의 행동 동기 또한 '공적인 것에 대한 니힐리즘'이었다고 그는 사실상 요약정리를 하고 있는 것이다.[4]

이 요약정리는 1960년 안보 투쟁부터 1970년대 초두까지 있었던 신좌익 급진주의의 내적 논리를 선취先取한 것이었을지도 모르지만, 자폐성을 띠고 있다. 아무리 과격한 행동도 공공성에 도달하지 못한다는, 바꿔 말하면 충분한 정치적 의미를 지닐 수 없다는 것이 절반쯤 자각적으로 전제돼 있기 때문이다.

1960년 안보 투쟁 뒤 전공투 운동의 일부(대표적으로는 연합적군)가 경도해 있던 군사적인 것에 대한 판타지는, 사실상 주권을 자발적으로 포기해 정치적 이상이 증발된 '전후 국체' 내부에서 유일하게 가능(하다고 그들이 생각)했던 정치 의태(擬態, 흉내)가 아니었을까. 지배층이 1960년 안보 투쟁의 위기를 타개하고 '전후 국체' 구조가 굳어지면 굳어질수록 비판자들은 전후 민주주의와 그 평화주의를 추상적으로 부정할 수밖에 없었다.

2. 정치적 유토피아의 종언

미시마 유키오가 혐오한 '전후 국체'

'전후 국체'가 한층 더 허구성과 뒤틀림을 드러내는 가운데, '이상의 시대'는 그 종언을 고했다.

한층 더 허구성과 뒤틀림을 드러내던 것들의 대표라 할 만한 사례가 비핵 3원칙(1967년)과 오키나와 반환(1972년)이다.

비핵 3원칙은 어떠한 형태로도 일본국은 핵무기에 관여하지 않을 것이라는 선언인데, 미국은 그 이전에든 이후에든 일본에 핵무기를 반입할 수 있는 사실상의 프리핸드(freehand, 자유재량권)를 갖고 있었던 것으로 보이니, 그 내실은 완전히 빈 깡통에 지나지 않았다. 그리고 오키나와 반환(1972년 5월, 일본 패전 뒤 미국이 시정권=통치권을 갖고 있던 오키나와를 일본 영토로 되돌려준 것-역주)의 내실도 '핵 없는 본토처럼'이란 슬로건과는 완전히 동떨어진 것이었다.

그러나 표면적으로 비핵 3원칙(핵은 갖지도, 만들지도, 들이지도 않는다)은 '유일한 피폭국'으로서 세계에서 가장 철저한 반핵주의 자세를 취한 평화국가라는 외관을 획득하게 했고, 오키나와 반환은 패전으로 잃어버렸던 영토·국민의 최종적인 회복을 의미했다. 즉, 그 당시 전후 일본은 이데올로기의 수준(평화주의)과 공간의 수준(오키나와) 양면에서 재편된 아이덴티티를 확고히 다졌다.

그런 상황에 몹시 애가 탔던 인물들 가운데 하나가 미시마 유키오였다. 미시마는 스스로 목숨을 끊기 3개월 전에 다음과 같이 썼다.

나는 향후 일본에 큰 희망을 걸 수 없다. 이대로 간다면 '일본'은 없어지고 마는 것이 아닌가 하는 느낌이 나날이 깊어지고 있다. 일본은 없어지고 그 대신에 무기적無機的인, 텅 빈, 뉴트럴(neutral, 중립적)한, 중간색의, 부유한, 빈틈이 없는, 어느 경제적 대국이 극동의 일각에 남게 될 것이다. 그래도 좋다고 생각하는 사람들과 나는 말도 하기 싫어졌다.[5]

여기서 미시마가 마음속 깊이 혐오하고 있는 공허한 '경제적 대국'이야말로 '미국의 일본'으로서 '전후 국체'를 선택하면서 가능해진 열매였다. 미시마의 뇌리를 늘 떠나지 않았던 것은 그 수를 헤아릴 수 없는, 그와 같은 세대의 전사자들이었던 것이 분명해 보인다. '이런 것을 위해 그들은 죽었단 말인가?'라는 분노가 최종적으로는 작가를 궐기하게 했고 분사憤死하게 만들었다.

말할 것도 없이, 오늘날의 정세는 미시마가 비관했던 상황보다 더 악화됐다. 왜냐하면 이미 경제적 번영도 잃어가고 있기 때문이다.

우(右)로부터의 반역-미시마의 궐기와 자결

1970년 11월 25일, 미시마는 충격적인 사건을 일으킨다(통칭 미시마 사건, 이날 미시마 유키오는 자신의 사설 조직인 방패회 구성원 4명과 함께 이치가야현의 자위대 동부 방면 총감부를 방문해 기습적으로 총감을 인질로 잡고 자위대 장병들에게 연설을 하게 해줄 것을 요구했다. 이 요구가 받아들여지면서 미시마는 집합한 자위대원들 앞에서 헌법 개정과 자위대의 궐기를 주장하는 연설을 시작했지만, 장병들의 야유, 경찰차의 사이렌 소리, 헬리콥터의 소음 등의 방해로 요구했던 시간의 반도 채우지 못하고 발언을 마쳐야 했다. 이에 사태를 비관한 미시마는 할복자살한다-역주). 미시마의 궐기는 거대한 수수께끼로 계속 남아 있으며, 오늘날에도 해석을 둘러싼 논란은 연면히 이어지고 있다. 동기에 대해서도 의문을 품을 만한 점이 많은데, 그중 한 가지가 헌법 문제다.

미시마의 격문을 표층적으로 읽으면 '개헌을 호소하고 미시마는 분사했다'는 해석이 성립될 수 있다. 그러나 오늘날의 일본회의계 논자들의 개헌론처럼 '전후의 국체' 문제를 제대로 따지지도 않았던 헌법 담론 따위에 미시마 정도의 지성이 깊이 빠져들 수 있었을까.

미시마는 격문에서 "앞으로 2년 내에 자주성을 회복하지 못하면 좌파가 말하는 바와 같이 자위대는 영원히 미국의 용병 신세를 벗어나지 못할 것"[6]이라고 말했다. 기이하게도 미시마의 자결 2년 뒤에 일어난 사건이 오키나와 반환인데, 반환은 됐지만 여전히 거대한 미군 기지가 그곳에 남게 되면서 결국 미시마의 말은 자위대의 운명을 제대로 알아맞힌 셈이 됐다.

그리고 오늘날의 관점에서 볼 때 미시마의 격문에서 가장 불가해한 것은 궐기 전년도에 해당하는 1969년(쇼와 44년) 10월 21일이라는 날짜에 대한 매우 강한 집착이다.

그런데 지난 쇼와 44년 10월 21일에 무슨 일이 일어났던가? 총리의 미국 방문 전의 대단원이라고나 해야 할 그 시위는 압도적인 경찰력 아래 불발로 끝났다. 그 상황을 신주쿠에서 살펴보고 나는 '이것으로는 헌법이 바뀌지 않을 것'이라는 생각에 통한에 잠겼다. 그날 무슨 일이 벌어졌던가? 정부는 극좌 세력의 한계를 확인하고, 계엄령과도 같은 경찰 규제에 대한 일반 민중의 반응을 확인한 뒤, 굳이 '헌법 개정'이라는 불 속의 밤을 줍지 않고도 사태를 수습할 수 있다는 자신감을 얻었던 것이다. 치안 출동(소요 진압 등을 위한 자위대의 비상 출동-역주)은 불필요하게 됐다. 정부는 정체政體를 유지하는 일에서 헌법에 전혀 저촉되지 않는 경찰력만으로 타개책을 찾을 수 있다는 자신감을 얻었고, 나라의 근본 문제에 대해 모르는 체할 수 있다는 자신감을 얻었다. 이로써 좌파 세력에게는 헌법 호지라는 눈깔사탕을 물리면서 명분을 버리고 실질을 얻는 방책을 굳히고, 스스로 호헌을 표방함으로써 얻을 수 있는 이점을 확보한 것이다. (중략) 명기하라! 실은 이 쇼와 44년 10월 21일이라는 날은 자위대에게 비극의 날이었다. 창립 이래 20년에 걸쳐 헌법 개정을 갈구해온 자위대의 희망이 결정적으로 배반당하고, 헌법 개정은 정치적 프로그램에서 제외돼 서로 의회주의 정당임을 주장하는 자민당과 공산당이 비의회주의적 방법의 가능성을 속 시원하게 불식시킨 날이었다.[7]

10월 21일은 국제 반전反戰의 날인데, 전공투 운동이 활기를 띠고 베트남 반전운동도 고양되던 가운데 미시마는 이날 좌익 세력과 정부 사이에 1960년 안보 투쟁에 필적하는 대규모 쟁란이 일어나기를 기대했던 것으로 보인다. 그리고 1960년 안보 투쟁에서는 아슬아슬하게 불발됐던 자위대의 치안 출동이 이번에는 실현되기를 기대했다는 심리를, 격문을 글자 그대로 받아들이면 읽어낼 수 있다. 그러나 자위대가 치안 출동을 하는 것과 헌법 개정이 직접 연결돼야 할 필연성은 없다.

이런 불가해한 점들을 둘러싸고 영문학자 스즈키 고조鈴木宏三는 대담한, 그러나 치밀하게 구성된 가설을 제시했다. 그에 따르면, 미시마 유키오는 1969년 10월 21일에 자위대가 치안 출동을 하는 사태가 벌어질 경우 방패회의 멤버들을 이끌고 황거(皇居, 천황 거소)로 돌진해 쇼와 천황을 죽이고 싶다는 바람을 갖고 있었다는 것이다. 그 숙원이 깨졌기 때문에 1969년 10월 21일은 미시마에게 엄청난 실망을 안겨 주었고, 그가 자위대 주둔지인 이치가야로 돌입한 것은 그 계획의 대안으로 도출된 것이었다는 가설이다. [8]

물론 스즈키도 인정하고 있듯이 이 주장은 하나의 가설일 뿐이며 완전히 입증되긴 어렵다. 하지만 미시마의 《영령의 소리》에서 표출된 거센 천황 비판이 '천황이 신이어야 했을 때 신이 아니었다'는 명제로 요약될 수 있다면, '전후 국체'를 만들어낸 주역인 천황에게도 동일한 비판을 할 수 있을 것이다. 만일 미시마의 진짜 소망이 대역(大逆, 천황에 대한 반역)이었다면, 그것은 '의제의 종언'(요시모토 다카아키)이기는커녕 의제가 현실을 완전히 뒤덮으려 드는 상황 속에서 그야말로 온몸을 던져 의제의 핵심과 필사적으로 싸우는 행위였다.

좌(左)로부터의 반역

―연속 기업 폭파 사건과 천황 암살 미수 사건

미시마 유키오의 행동에 '우右로부터의 반역' 의도가 숨겨져 있었다면, 같은 시기에 일어나 그 시대의 종언을 고한 '좌로부터의 반역'이라 부를 만한 사건이 동아시아 반일 무장전선에 의한 연속 기업 폭파 사건과 천황 암살 미수 사건(무지개 작전)이었다.

이들 사건은 큰 피해를 냈음에도 불구하고 같은 시기의 좌익 과격파가 일으킨 다른 사건―연합적군 사건과 일본적군에 의한 해외 테러 활동―에 비해 오늘날 언급되는 경우가 극히 적다.

1974년 8월 30일의 미쓰비시三菱 중공업 본사(도쿄 마루노우치) 폭파를 시작으로 이듬해 5월 19일에 주요 멤버 다수가 일제히 체포될 때까지 미쓰이三井 물산, 데이진帝人, 다이세이大成 건설, 가시마鹿島 건설, 하자마구미間組, 오리엔탈 메탈 등 총 6개사의 본사나 관련 시설 등이 폭파 공격을 받았다.

특히 많은 희생을 낸 것은 미쓰비시 중공업 폭파 사건인데, 통행인을 포함해 총 8명이 사망했으며, 부상자는 350명을 넘었다. 이는 옴진리교의 독가스(사린가스) 테러 사건 이전까지만 해도 전후 일본 최대의 피해를 낸 테러 사건이었다.

이 사건에서 특징적인 부분은 범인 그룹의 이론과 실천이 철저했다는 점이다. 다수의 '보통 사람들'이 휘말렸던 미쓰비시 중공업 폭파 사건 때는 사회의 일반인들뿐 아니라 좌익 세력으로부터도 거센 비판이 쏟아졌는데, 그들은 다음과 같은 범행 성명을 내 반론을 폈다.

1974년 8월 30일, 미쓰비시 폭파=다이아몬드 작전을 결행한 것은 동아시아 반일 무장전선 '로(狼, 늑대)'다. 미쓰비시는 옛 식민지주의 시대부터 오늘날에 이르기까지 일관되게 일제日帝의 중추로 기능했으며, 상거래의 가면 뒤에서 송장의 고기死肉를 먹는 일제의 중심기둥이다. 이번 다이아몬드 작전은 미쓰비시를 필두로 한 일제의 침략 기업·식민주의자에 대한 공격이다. '로'의 폭탄에 폭사하거나 부상당한 인간은 '같은 노동자'도 '무관한 일반 시민'도 아니다. 그들은 일제 중추에 기생하면서 식민지주의에 참여하고, 식민지 인민의 피로 비대해진 식민주의자들이다. '로'는 일제의 중추 지구를 끊임없는 전장으로 만들 것이다. 전사를 두려워하지 않는 일제의 기생충 외에는 신속히 그 지구에서 철수하라. '로'는 일제 본국 내, 그리고 세계의 반일제 투쟁에 떨쳐 일어서고 있는 인민에 의거해 일제의 정치·경제의 중추부를 서서히 침식해서 파괴할 것이다. 또한 '신대동아공영권'을 향해 다시금 책동하는 제국주의자=식민주의자를 처형할 것이다. 마지막으로 미쓰비시를 필두로 한 일제의 침략 기업·식민주의자들에게 경고한다. 해외 활동을 전면 중지하라. 해외 자산을 정리하고, '발전도상국'에 있는 자산은 모두 포기하라. 이 경고에 따르는 것이 더 이상의 전사자를 늘리지 않는 유일한 길이다.[9]

그들의 주장은 대체로 다음과 같다. 대일본제국의 제국주의는 패전으로 타격을 받았지만 그 죄의 청산과 보상 의무를 모호하게 얼버무렸다. 그것은 미일 안보 체제의 비호 아래 부활했고, 과거에 있었던 식민지 제국의 판도 내에서 다시 그 인민과 자원을 착취하고 있다. 전후 일본의 경제적 발전은 바로 이 착취의 성과에 지나지 않는다.

미쓰비시 중공업이나 미쓰이 물산이 표적이 된 것은 그들 재벌 자본이 메이지유신 이래 일본판 군산복합체의 중핵을 차지하는 기업이고, 태평양전쟁을 불러일으켜 이익을 본 책임을 져야 함에도 불구하고 대부분 무사히 살아남았으며, 전후에도 또다시 일본 자본주의의 핵심적 기업 그룹을 형성하고 있기 때문이었다.

또한 표적 가운데 대형 건설사가 많았던 것은 그들 건설업체가 아시아로 다시 진출하고 있을 뿐 아니라 전시 중에 하나오카 사건(花岡事件, 1945년 6월 30일 일본 북부 아키타현 기타아키타군 하나오카초의 수로 변경 공사에 강제 투입된 중국인 포로들이 가혹한 노동과 기아를 견디지 못하고 봉기한 사건. 가시마 건설에 의해 투입된 중국인 포로 986명 가운데 생존한 800명이 봉기해 도주를 시도했는데, 7월 1일 헌병과 경찰, 현지 주민이 이들을 제압했고 그 과정에서 구타, 고문 등으로 419명이 사망했다-역주)을 일으킨 가시마 건설로 대표되듯 식민지 주민이나 포로들을 노예처럼 대하고 때로는 학살했음에도 그 책임을 회피해왔기 때문이다.

그리하여 전후 일본은 "세계 제국주의의 중추에 자리 잡은"[10] 제국주의 국가이며, 그 주민은 설사 소시민이라 해도 "일제 중추에 기생하면서 식민지주의에 참여하고, 식민지 인민의 피로 비대해진 식민주의자"이므로 폭탄에 살상당하더라도 무고한 희생자가 아니라는 것이다.

1960년 안보 투쟁 당시 가장 과격한 좌익 활동가와 가장 강고한 생활보수주의자의 심정은 밑바탕에서 서로 통한다고 주장했던 요시모토 다카아키의 견해와 '소시민=일제의 기생충'으로 등식화한 동아시아 반일 무장전선의 견해 사이에 존재하는 이 엄청난 차이에 놀라지 않을 수 없다. 패전 이래의 혁명적 민주주의 개혁 흐름이 결국 '의제'를 드러내는 데 그치는 것을 목격한 요시모토가 좌익 과격파의 니힐리즘과 생활보수주의자의 니힐리즘의 암묵적 동맹에 자신의 정치적 판돈을 걸었던 것에 반해, 동아시아 반일 무장전선 멤버에게 생활보수주의자는 단지 살해당해야 할 존재, 단적으로 말해 적이었다.

양자 사이에 가로놓인 것은 고도 경제성장이다. 1960년의 요시모토는 '공적인 것에 대한 니힐리즘'이 새로운 정치 공동성의 차원을 준비할 수 있지 않을까 하고 기대할 수 있었다. 설령 그것이 희망적 관측에 지나지 않았다고 하더라도. 이와 대조적으로 동아시아 반일 무장전선의 눈에 새로운 정치 공동성의 차원, 즉 '이상의 시대'를 떠받쳐온 유토피아적인 비전은 사라져 가는, 그저 피비린내 나는 이미지로 전락해버렸다. 그들에게 그것은 고도성장의 과실을 향유하던 일본의 일상생활(미시마가 증오한 물질적 유토피아)의 어두운 그림자로 비쳤으리라.

다만 나중에 무차별 테러를 긍정하는 논리를 철회한 이들은 미쓰비시 중공업 폭파 사건 이후의 테러에서는 일반인 희생자가 나오지 않게끔 폭파 작업을 벌였다. 애초에 미쓰비시 중공업 사건은 폭탄의 위력을 잘못 계산해 다수의 희생자가 나온 것으로, 그들이 원래 상정한 결과는 아니었다. 실은 그때 사용된 폭탄은 천황이 탄 열차를 철교 위에서 폭파시켜 그를 암살(=무지개 작전)하기 위해 준비된 것이었다. 이 암살 작전이 실패로 끝났기 때문에 그 대신 미쓰비시 중공업을 폭파

한 것이다.

그들에게 쇼와 천황은 예전 대일본제국 제국주의의 상징임과 동시에 전후에도 군림함으로써 재건된 일본 제국주의의 상징이었다. 그것을 살해하는 것은 "일제의 역사, 일제의 구조 총체에 대한 '뒤처리를 하는' 것"[11]으로 인식됐다.

이 같이 행운과 불운이 교차되면서 기업이 공격 대상이 됐던 것이다. 수없이 '반자본'을 강조한 전후의 좌익 가운데서도, 단적으로 말해 기업에 폭탄을 던진 자들은 없었다. 동아시아 반일 무장전선은 그 실천을 위한 싸움 방식도 동시대의 무투파武鬪派를 표방한 다른 극좌 당파들에 비해 훨씬 철저하고 또 직접적이었다.

그들이 발행한 소책자 《하라하라 도케이》(腹腹時計, 1974년 3월에 발행된 폭탄 제조법과 게릴라전술을 설명한 책 - 역주)에는 폭탄 등의 무기 제조에 관한 자세한 해설뿐 아니라 도시 게릴라 싸움을 위한 조직상의 기술론과 생활 태도, 인간관계상 주의할 점 등이 매우 구체적으로 기술돼 있는데 - 주변으로부터 완전한 '보통 시민'처럼 보이도록 생활하라고 지시하고 있다 - 공안 경찰 관계자도 그 유효성을 인정했다고 한다.

그 방법론은 연합적군 사건을 반면교사로 삼은 것이었다. 《하라하라 도케이》는 '좌익적 허세를 전부 버리라'고 하는데, 이는 '좌익적 허세'의 극치 같은 자멸에 빠졌던 연합적군을 향한 경멸이 담긴, '진짜 적에게까지 다가가라'는 명령이었다.

제2, 제3의 '로(늑대)'

앞에서도 이야기했듯 동아시아 반일 무장전선을 여론은 격렬히 지탄했다. 의회주의를 기초로 하는 구좌익(사회당·공산당)만이 아니라 신좌익 당파들도 여기에 가세했다. 동아시아 반일 무장전선은 이미 이런 상황까지 예견했던 듯하다. 《하라하라 도케이》는 '합법적 좌익과의 관계에 대하여', '직장에서, 학교에서, 거주지에서, 그들과의 관계는 원칙적으로 엄금한다. 그들의 압도적인 대다수는 철저히 질이 나쁘다. 입도 엉덩이도 너무 가벼우며, 절대로 신용할 수 없는 대표적인 부류이다', '그들과의 관계 속에서 조직의 확대, 강화 등을 생각하는 것은 완전한 환상이다'[12]라고 기술하고 있다. 이미 그 어떤 동지적 관계 가능성도 인정하지 않았던 것이다.

이처럼 그들은 세간의 이해를 얻지 못하는 상황을 진즉에 각오하고 있었겠지만, 예상대로 스즈키 구니오鈴木邦男의 말마따나 매스컴은 "'그들은 미치광이다', '인간이 아니다'는 등의 히스테릭한 규탄 캠페인 일색"[13]이었다.

하지만 스즈키에 따르면, 전혀 다른 반응도 있었다고 한다. 범인 체포 뒤 구원연락센터(공권력에 의해 체포된 사람들의 구명 및 인권 보호를 목표로 활동하는 좌익 성향의 인권 단체-역주)에는 이례적일 정도로 큰 후원금이나 물품이 전달됐다고 한다. 그러나 그런 상황은 보도되지 않았다. 그 이유를 스즈키는 다음과 같이 지적했다.

결국 '미치광이'로 만들어야 그들이 골똘히 생각한 배경도, 이론도 무시할 수 있었기 때문이다. (중략) 저 미시마 사건 때도, (일본적군의) 텔아비브 사건 때도 그랬다. 신문들은 우익 성향의 《산케이》부터 좌익 성향의 《아사히》까지 모두 같은 논조로 이번과 같은 '미치광이' 헤드라인을 써댔다. (중략) 그리고 오직 '로'의 구성원만을 그토록 규탄하는 것으로 정리하고 끝낼 작정이었겠지만, 문제는 아무것도 해결되지 않았다. 지금 이대로의 상황에서는 제2, 제3의 '로'가 다시 출현할 것이다.[14]

스즈키가 말한 "제2, 제3의 '로'"는 나오지 않았다. 그러나 동아시아 반일 무장전선이 과격한 방법으로 제기한 문제는 "아무것도 해결되지 않았"기 때문에 오늘날까지 형태를 달리해 우즈미비(埋火, 밟으면 폭발하는 장치로, 지뢰와 같은 것-역주)처럼 계속 연기를 내고 있다.

일본 제국주의의 '뒤처리를 한다'는 말은 동아시아 반일 무장전선이 즐겨 사용한 표현인데, '패전의 부인'을 토대로 '전후의 국체'가 형성되고 발전한 것은 바로 이 '뒤처리'를 하는 것에서 도피한 행위였다. 그런 의미에서 문제는 아무것도 해결되지 않았다.

그리고 "제2, 제3의 '로'"가 '형태를 바꿨다'는 말은 동아시아 반일 무장전선 때와 같이 일본인 스스로 고민한 끝에 도출한 자기비판만으로는 더 이상 문제를 해결할 수 없게 됐다는 뜻이다. 이제는 과거 전쟁의 미처리 문제를 피해 당사자들이 직접 추궁하고 있으니까. 하나오카 사건과 관련해 1995년 손해배상 청구 소송을 당한 가시마 건설이 2000년에 화해금 5억 엔을 지불한 것이 그 일단이며, 한일 간의 현안인 일본군 위안부 문제 역시 그 전형이다.

결국 그 당시 일본 사회는 동아시아 반일 무장전선이 벌인 행위의 동기를 단순한 광기로 몰아감으로써 과격한 방식으로 제기된 문제를 동시에 처리할 수 있었다. 그러나 '전후 국체(=영속 패전 레짐)'가 그 존립 기반을 서서히 잃어감에 따라 해결하지 못한 문제가 점차 그 실체를 드러내고 있다.

왜 '자립한 일본 제국'을 상정했을까

동아시아 반일 무장전선의 논리에는 좀 더 알아야 할 특징이 있다.

그들은 노동자계급까지 포함한 일본인의 책임(전쟁 책임과 전후 일본 제국주의에 가담하고 이익을 향유한 것)을 강조했는데, 이 논리는 1960년 안보 투쟁 이래 신좌익이 펼쳐온 주장의 연장선상에 있다. 1960년 안보 투쟁을 계기로 등장한 신좌익은 '반미 애국'이라는 표어, 즉 일본은 미국 제국주의에 지배당한 종속국이며, 그 멍에에서 벗어나야 한다는 기성 좌익(일본공산당)이 내건 표어에 대항하는 형태로, '일제 자립론'을 주창했다. 이는 전후 일본이 이미 자립한 제국주의 국가가 됐다고 보는 입장이다.

오늘날 기묘한 것은, 왜 이렇게까지 전후 일본의 '자립성'이 강조됐을까 하는 점이다. 지금 '전토全土 기지 방식'에 따라 잠재적으로 전 국토를 기지로 제공해야 하는 조약상의 의무를 떠안은 나라를 자립한 제국주의 국가라고 할 수 있는가?

1960년 안보 투쟁을 근저에서 추동한 동기가 점령자인 미국을 향한 반감이었다면, 이 자립성의 과도한 강조는 내셔널리즘의 무의식적인 발로였던 것으로도 보인다.

이미 '반미 애국' 슬로건을 공산당에 선취당한 상황에서, 신좌익은 공산당에 대한 반발로 생겨났기 때문에 '전후 일본의 제국주의는 이미 완전히 자립한 존재'라는 의제가 필요했다.

'이상의 시대'의 폐막

그런데 1960년 안보 투쟁으로부터 약 15년가량 지나면서 일제 자립론은 상대적으로 현실에 접근했다. 대전이 끝난 지 25년 이상 세월이 지나면서 일본과 서독을 비롯한 유럽 국가들의 경제는 눈부시게 발전했고, 미국과 그들 나라 간의 경제적 위계가 크게 바뀌는 가운데 베트남전쟁은 진흙탕이 돼가고 있었다. 요컨대 미국의 압도적인 패권이 흔들리고 있었다는 것인데, 1971년에 표출된 두 번의 닉슨 쇼크가 명백한 증거였다.

따라서 미시마 유키오의 죽음과 동아시아 반일 무장전선의 테러리즘은 정치적 유토피아를 추구하는 '이상의 시대'의 종언, 바꿔 말하면 '미국의 일본'인 현실에 대한 원칙적인 이의 제기가 끝났다는 의미였으며, 동시에 장차 오게 될 '미국 없는 일본' 시대로 가고 있다는 것을 각인시켰다.

우와 좌의 '두 차례 반역'은 '전후 국체'가 안정된 발전 궤도 위를 달리는 가운데 모두 단순한 광기로 치부됐다. 미시마의 입장에서 보자면, 그런 조국은 이미 살아갈 가치가 없는 것이었다. 왜냐하면 '미국의 일본'이 명백히 눈에 보이는 시대라면 거기에 대한 반역도 가능하겠지만, '미국 없는 일본'—물론 그것은 허구에 지나지 않는 것이지만—에서는 저항의 원리가 증발해버리기 때문이다.

출구가 없는, 완성된 의제의 한복판에서 미시마는 자신에게 칼을 꽂았다. 그것은 마치 허구적 존재가 된 조국의 존재 방식을 자기 자신에게 집약시키고—방패회의 결성부터 자결에 이르는 과정에서 미시마의 모습은 다른 말이 필요 없을 만큼 지극히 연극적이었다—이를 베어냄으로써 허구를 자신의 장腸에서 도려내려는 듯한 태도였다. 한편 동아시아 반일 무장전선은 복잡한 지배와 착취 관계인 현실을 '완전히 자립한 일본 제국주의', 즉 '미국 없는 일본'이라는 의제로 순수화시켰으며, 그럼으로써 자신들의 관념 속에서 그것을 '전면적으로 퇴치해야 할 것'으로 결론지었다.

국체론

제7장

국체의 불가시화에서
붕괴로

전전 레짐: 상대적 안정기~붕괴기

1. 전전·전후 '상대적 안정기'의 공통점

전전 레짐과 전후 레짐의 병행성

이 장에서는 '전전 레짐의 상대적 안정기'와 '붕괴기', 즉 '천황 없는 국민'에서 '국민의 천황'으로 가는 시대를 개관한다. 이 흐름은 '국체'의 희박화稀薄化에서 국체 원리의 반전反轉, 그리고 '국체'의 붕괴에 이르는 과정이다.

본론으로 들어가기 전에 '전전 레짐'과 '전후 레짐'의 상대적 안정기의 공통점을 확인해두고자 한다. 두 시기는 다음과 같은 네 가지 공통점을 찾아볼 수 있다.

① 국체의 불가시화不可視化와 존재 이유의 희박화

첫째, '국체의 형성기'가 지나고 천황제라 불리는 사회적·정치적 구조가 일종의 상대적 안정 단계에 도달하자 불가시적으로 바뀐 것이 그 시기의 공통된 특징이다. 왜냐하면 앞선 '형성기', 즉 '이상의 시대'에서 추구된 목표가 어떤 형태로든 달성됐다는 것은 '국체'를 그때까지 존재하게 한 이유가 옅어졌다는 의미이기 때문이다.

전전 레짐의 상대적 안정기에 이것은 천황제의 희박화로 나타났는데, 병약하고 존재감 없는 천황(다이쇼 천황)의 캐릭터가 그것을 상징한다.

전후 레짐의 상대적 안정기에도 이와 비슷하게 '국체'의 정점에 선 미국의 존재감 저하가 발생한 것을 지적할 수 있다. 1971년의 닉슨 쇼크(금−달러 태환 정지)로 극적으로 표면화한 미국의 경제적 쇠퇴와 표리를 이루듯 전후 일본 경제는 발전해갔다.

1973년 오일 쇼크로 일본의 고도 경제성장(성장률 연 10퍼센트 이상)은 종지부를 찍었지만, 1970년대에 유럽과 미국의 선진 자본주의 국가들이 나란히 저성장과 스태그플레이션으로 고통 받았던 것과 대조적으로 일본 경제는 비교적 높은 성장을 유지했다. 그 궁극적인 귀결이 거품경제의 호경기로 들끓은 일본계 자본이 미국의 상징적인 랜드마크나 기업을 잇따라 매수하는 광경이었다.

② 국제적 지위의 상승

두 번째 공통 특징은 양쪽 모두 일본의 국제적 지위가 눈에 띄게 높아진 시기라는 점이다.

전전 레짐의 경우 러일전쟁의 승리로 일본은 세계 유수의 식민지 제국이 됐고, 제1차 세계대전을 계기로 더욱 세력을 확대했다. 결국 1920년에 발족한 국제연맹에서 상임이사국 지위를 획득하게 된다.

전후 레짐의 경우 일본은 경제대국이 됐을 뿐 아니라 자유주의 진영의 아시아 최대 세력으로서 '냉전'의 승자가 됐다. 그것은 오랫동안 '국체의 적'이었던 공산주의에 대한 승리를 의미하는 일이기도 했다.

③ 국체의 자연화·자명화

이런 일본의 국제적 지위 상승이 첫 번째 특징으로 지적한 '국체의 불가시화'에 공헌했음은 의심의 여지가 없다. 그러나 세 번째의 공통점으로 당장 지적해야 할 점은 '국체의 불가시화'는 '국체의 청산 내지 무효화'를 의미하는 것이 아니라는 사실이다. 오히려 불가시화함으로써 국체는 한층 더 강화되고 사회적으로 깊숙이 침투했다.

그런 의미에서 불가시화는 자연화였다고도 할 수 있다. 의식되지 않을 정도로 '국체'가 자명해졌다는 이야기다. 다이쇼 데모크라시의 '주권의 소재를 묻지 않는 민주주의' 이론은 그것을 전형적으로 보여준다. 한편 전후 레짐의 경우 국체의 자명화는 '미국적인 것'으로 나타난다. 앞서 이야기했듯이 전후 일본으로 유입된 '미국적인 것'은 '폭력으로서의 미국'과 '문화로서의 미국'이라는 양면성을 띠고 있었는데, 그중 전자의 측면이 탈색되면서 그 시대의 정점에 도달한다.

'이상의 시대' 때 정치적 유토피아를 추구하는 움직임의 기반이 된 것 가운데 하나가 반미주의였고 그것은 대미 종속이라는 현실에 대한 반작용이었다. 한편 점령기 이래로 혁명을 표방해왔던 운동의 좌절은 '국체의 상대적 안정기'에 반미주의라는 이데올로기의 존재 가능성을 침식해갔다.

그와 동시에 고도 경제성장으로 국민의 물질적 생활이 날로 새로워지면서 소비사회의 아메리카니즘이 한층 심화됐다. 정치적으로든 문화적으로든 아메리카니즘 외에 다른 것은 존재하지 않는다는 관념이 세계관의 자명한 전제로 확립된 것도 바로 이 시대였다. 따라서 '이상의 시대' 말기의 정치 운동이 보여준 자멸적인 과격화는 거꾸로 이야기하면 그 외부 상실에 대한 절망을 내비치는 반응이었다.

④ 주체적인 선택의 포기와 국제적 지위의 쇠락을 불러온 간접적 원인

네 번째 공통점으로 들지 않을 수 없는 것이 두 번째 공통점의 이면에 있는, 훗날 차질을 유발하는 원인遠因이 이 시기에 발견된다는 사실이다. 바꿔 말하면 국제적 지위가 향상되고 영향력이 증대된 시기에 나아가야 할 방향성을 주체적이고 창조적으로 선택하는 데 실패했기 때문에 그 뒤 이어진 '국체의 붕괴기'가 매우 곤란한 시대가 됐다.

물론 이런 시각은 일이 다 끝나고서야 뒤늦게 떠오른 고찰에 토대를 두고 있다. 하지만 이러한 흐름은 '국체의 불가시화'나 '국체의 실효失效'가 아니라 '국체의 자명화' 때문이었다는 점을 지적해둬야겠다.

'국체'는 '언덕 위의 구름'—메이지 레짐에서는 독립의 유지와 '일등국'화, 전후 레짐에서는 패전으로부터의 재건과 선진국화—에 도달하기 위해 필요했다. 그런 목적들이 달성된 이상 국체는 어떤 의미에서

든 청산돼야만 했다. 하지만 국체의 불가시화는 실효와 유사하게 보였을지언정, 결국 국체를 '자연화'한 것에 지나지 않았다.

이것은 대내외 양면에서 정책의 방향을 정할 때 오류를 초래했고, 이어지는 '국체의 붕괴기'에 심각한 귀결을 야기하게 된다. 일본은 가장 큰 힘을 지녔던 시기에 그 힘을 어떻게 사용해야 하는지에 관한 상상력이 결여돼 있었으며, 따라서 무기력했다. 일본은 가장 풍요로울 수 있었던 시기에 너무 빈곤했는데, 바로 그 빈곤에 국체를 통한 국민 통합의 한계가 드러나 있었다.

2. 메이지 레짐의 동요와 좌절

'신민으로서의 국민'에서 '개인과 대중'으로

제3장에서 말한 대로 러일전쟁 종결 후부터 대역 사건에 이르는 시대는 바로 '전전 국체'의 '형성기'에서 '상대적 안정기'로의 전환기였다.

교과서적으로 말하자면, 메이지 시대의 유사(有司, 관리) 전제정치에서 다이쇼 데모크라시로의 전환을 준비하는 시기였다. 다이쇼 데모크라시 시대는 군부에 의해 타도될 때까지[1] '헌정의 상도常道'에 토대를 둔 정당 내각이 잘 정착된, 메이지 헌법 체제하에서 가장 안정된 민주 정치가 이뤄진 시기로 인식된다.

그러나 그 시대는 '안정적인 민주정치의 개막'과 거리가 먼, 불안감과 초조함으로 가득 차 있었다. 포츠머스 강화조약(러일전쟁 강화조약)에 대한 불만이 폭발한 히비야 공원 방화 사건(1905년) 이후 당대에 팽배했던 공기를 정치사상가 하시카와 분조橋川文三는 다음과 같이 묘사했다.

> 일본 국민이 거의 30년에 걸쳐서 신봉해온 국가 목표, 또는 인간 목표에 대해 처음으로 막연한 의혹을 품기 시작했다는 것이다.[2]

제3장에서도 언급했듯이, 노기 마레스케의 삶과 죽음을 통해 체현된 것과 같은 개인 인생과 국가의 명운이 완전히 일체화된 경지는 "아무래도 확실히 이해하기 어려운"(아쿠타가와 류노스케) 것이 됐다. 바꿔

말하면 메이지 레짐이 규정한 '신민으로서의 국민'이라는 카테고리 대신, '개인과 대중'이 일거에 역사 무대에 등장한 것이다.

권력을 가진 쪽에서 보기에 이러한 상황은 '사상 문제'로 볼 수 있었고, 그에 대한 대처로 국가 발전을 위해 천황을 중심으로 일치단결할 것을 국민에게 요구하는 보신조서戊申詔書가 발포됐다. 그러나 효과는 미미했다. 하시카와에 따르면, "이미 메이지 국가에 예전의 권위는 없어졌다. 유신 이래 배양·증식돼온 번벌 세력과 그 비호 아래 양성된 관료 세력에 조종당하는 일에 국민은 이미 싫증을 내고 있었기"³ 때문이다.

'국민의 천황'의 기원

국체의 '형성기'에서 '상대적 안정기'로 이행할 때 조성된 이 같은 상황에 대해 천황제 국가가 취한 추가적 수단은 메이지 레짐의 강권적 성격을 한층 더 강화하는 것뿐이었다.

단적으로 메이지 말기의 대역 사건을 들 수 있는데 이 사건을 주도적으로 날조한 야마가타 아리토모 등은 무정부주의자와 사회주의자가 모두 국체에 대한 불구대천의 적이 되리라 예측하고 선제적으로 이를 억압했다.

그 사건에 대한 여론의 반응에 천황제의 양면성이 짙게 드러나 있다. 역사가 이토 아키라伊藤晃는 기타 잇키가 주창한 '국민의 천황' 개념을 염두에 두면서 메이지 헌법 자체에도 "천황이 국민을 '천황의 국민화'로 이끄는" 벡터만이 아니라 "국민이 천황을 '국민의 천황화'로 이끄"는 벡터가 존재했다고 논한다.

> 대일본제국 헌법 발포 때 칙어는 다음과 같다. "생각건대 우리 조祖, 우리 종宗은 우리 신민 조상의 협력 보익(輔翼, 도움)으로 우리 제국을 조조(肇造, 처음으로 세움)함으로써 무궁하게 하셨다." 즉, 군민君民일체, 만민익찬(萬民翼贊, 온 백성이 나서서 천황을 도움)이 있었기에 비로소 만세일계라는 이야기다. 여기에서 국민이 위든 아래든 국가의 인정을 받은 일원이라는 관념이 생겼다고 본다면, 그 매개자인 천황은 바로 국민국가 형성의 정신적 '기축機軸'(이토 히로부미)에 해당한다. '국체'는 여기에서 국민사상이 되는 것이다.[4]

막번幕藩 체제에서는 신분제로써 '신분分際을 변별'하라는 명에 따라 분단되고 기껏해야 봉건 제후의 영민領民이라는, 공간적으로 협소한 공동체에 속한 구성원으로서의 아이덴티티밖에 가질 수 없었던 사람들이 근대 국민국가 형성으로 도비귀천(都鄙貴賤, 도시와 시골, 귀하고 천함)과 무관하게 '국가의 인정을 받은 일원(=천황 폐하의 적자인 신민)'으로 확대된 아이덴티티를 획득해가는 것이 메이지 시기 이래 일어난 일이었다.

　천황은 그 아이덴티티 형성의 매개자로서, 유신 이래 되풀이된 지방 행행(幸行, 천황의 외출, 순행) 등 천황이 대중 앞에 모습을 드러낸 이벤트는 그야말로 국민국가 형성을 위한 매개(미디어) 역할을 천황이 물리적으로 수행한 것이라 할 수 있다. 제3장에서 언급한 '어진'은 그런 '천황의 미디어화'를 사진이나 인쇄 같은 테크놀로지의 힘을 빌려 한층 더 발전시킨 결과물이었다.

이처럼 천황에 의해 승인된 공민(＝신민)의 익찬, 보익(翼贊,輔翼, 도와서 이끌어감-역주) 덕에 비로소 국체가 성립된 것이라면, 설사 그것이 몇 겹에 걸쳐 억눌려 있었다 할지라도 메이지 헌법 자체에 "국민이 천황을 '국민의 천황화'로 이끄는" 원리가 포함됐다고 할 수 있다. 나중에 살펴보겠지만, 이 원리의 윤리적 귀결을 누구보다 비타협적으로 추구한 사람이 기타 잇키였다.

메이지 국가 자신에 의한 좌절

이런 시각에서 봤을 때 대역 사건은 어떤 의미에서 '메이지 국가 자신에 의한 메이지 레짐의 좌절'로 다가온다.

왜냐하면, 공식 이데올로기에 따르면 일본 국민은 '천황의 적자'로서 적극적으로 국체를 익찬해야 할 신민임에도 불구하고, 그러기는커녕 대역 사건으로 반역의 욕망까지 품게 된 국민이 존재한다는 것이 분명히 드러났기 때문—게다가 그런 존재를 군이 날조하기까지 했기 때문—이다. 바꿔 말하면 공식 이데올로기와 현실이 괴리돼 있는 것을 국가가 자진해서 고백한 셈이다. 도쿠토미 로카가 고토쿠 슈스이를 옹호한 강연 '모반론謀叛論'을 언급하면서 이토 아키라는 다음과 같이 이야기한다.

로카는 메이지유신이 일본인에게 밝은 기분, 높은 의기를 주었다고 일관되게 생각한다. 또한 그것을 이끈 유신 지사들의 공적을 높이 찬양한다. 그리고 고토쿠 슈스이 등에 대해서는, 로카 자신과는 다른 입장일지언정, 유신의 지사들을 계승해서 자유평등의 신천지를 꿈꾸었다고 평가한다. 이런 메이지유신관에 입각해, 로카는 메이지 천황이 고토쿠와 같은 사회주의자들을 포용해주기를 바랐으며, 또 천황은 반드시 그렇게 하리라고 생각했다. 하지만 현실에서 고토쿠 등은 천황의 이름으로 사형 판결을 받았다. 왜 그렇게 돼버렸는가? 천황의 주변이 좋지 않기 때문이다. 천황 밑에서 권력을 쥐고 그것을 행사하는 무리들이 지사志士를 난신적자亂臣賊子로 취급해 압박한 결과 그들은 터무니없는 행동으로 내몰렸다. 결국 그것은 천황을 에워싸고 있는 무리들이 천황의 덕을 손상시킨 것이 아닌가. 이것이 로카가 강력하게 주장하고 싶었던 것이다.[5]

도쿠토미 로카의 주장은 '전전 국체' '형성기'의 후쿠자와 유키치의 《정축공론丁丑公論》(1877년, 공표는 1901년)을 계승하는 것으로도 볼 수 있다. 후쿠자와는 세이난 전쟁을 일으킨 사이고 다카모리에 대해, 비록 의견은 다르더라도 저항 정신을 변호해야 한다고 했다.

　당시의 여론은 압도적으로 사이고에게 비판적이었다. 그런 가운데 다른 이들의 눈을 피해 쓴 후쿠자와의 주장은 국체가 형성돼가는 과정에서, 뒤집어 보면, 여전히 국체가 안정을 얻지 못하고 여러 잠재적 가능성이 남아 있던 시기에, 다양한 가능성이 단 하나의 필연성으로 강압적으로 수렴됨으로써 사회가 숨 쉴 틈 없이 조여지는 것에 대한 경고였다.

혁명정권이 혁명의 요소를 없애버리면 그것은 자기 갱신의 기회를 잃고 반드시 부패·타락한다. 그런 논리를 통해 후쿠자와는 메이지 국가의 모반인이 된 사이고를 옹호해야 한다고 주장했던 것이다.

도쿠토미 로카의 논의가 지닌 통찰력

그로부터 30여 년이 지나서 나온 도쿠토미 로카의 주장에는 후대와 연결되는 두 가지 지점이 있다는 사실을 지적하고 싶다.

첫째, 국체는 반역자도 포용해야 한다고 문제를 제기했는데 이는 나중에 '전향자 대우'에서 그 나름의 방식으로 실현됐다.

치안유지법 아래 특고경찰과 사상검찰은 고문·학살이라는 거친 수단을 쓰는 동시에 온정으로 대접함으로써 '주의자'를 '개심'시키고 '선도'하는 방법을 고단수의 수법이라 보고 채용했다. 그것은 공산당 최고 간부인 사노 마나부佐野学와 나베야마 사다치카鍋山貞親의 전향 성명과 그에 따른 대량 전향이라는 형태로 '성과'를 올리게 된다.

둘째, 로카의 주장은 나중에 폭력(테러리즘, 쿠데타)으로 '국민의 천황'을 실현하려 했던 자들의 논리로 이어진다. 즉, '좋지 않은 천황의 주변'='군주 곁의 간신'을 토벌하면 '본래의 천황 정치'가 실현될 것이라는 논리다.

이 두 가지 점에서 로카의 주장은 예견적이었다. 그러나 어쨌든 고토쿠 슈스이는 천황의 포용을 받지 못했으며, 그에 따라 대역 사건 이전에는 그다지 확고하지 않았을 '천황제와의 대결'이라는 사상이 필연성을 지닌 것으로 굳어진다(고토쿠의 유서《기독 말살론》, 1911년).

한편 다이쇼 데모크라시의 발전은 '포옹'의 영역을 상대적으로 넓히며 발전한다. 그러나 세계 대공황 이후의 정세 악화에 따른 대중의 불만을 포섭할 수 없게 되자 '국민의 천황'을 실현하려는 움직임은 직접적 폭력에서 수단을 찾게 된다.

3. '국민의 천황'이라는 관념

쌀 소동과 아사히 헤이고의 야스다 젠지로 살해 사건

보신조서나 대역 사건에 따른 단속이 이뤄졌으나, 메이지 국가 체제라는 지배 구조의 동요는 진정되기는커녕 더 심해졌다. 그것을 가장 잘 보여주는 현상이 1913년의 다이쇼 정변이다. '벌족閥族 타파, 헌정 옹호'를 내건 대중운동이 제3차 가쓰라 다로桂太郎 내각을 총사직으로 몰아갔고, 그것을 계기로 군부대신 현역무관제(현역 군인만이 군부대신, 즉 육군대신과 해군대신에 임명될 수 있도록 한 제도. 이로 인해 정부 내각은 군의 강한 영향을 받을 수밖에 없었다 - 역주)는 완화됐다. 번벌 과두 세력이 천황의 권위를 에워싸면서 '천황의 국민'을 일방적인 피지배자로 취급하는 통치 구조는 피지배자들의 반발로 한계에 봉착해 있었다.

상황을 더욱 가속시킨 것이 제1차 세계대전이다. 러시아에서는 전시 중에 혁명이 발생해 제정帝政이 타도되고 사회주의 정권이 수립됐으며, 전쟁이 끝난 뒤에는 메이지 일본이 모델로 삼았던 독일을 비롯한 몇 개의 나라에서 군주제가 무너졌다. 이런 정세하에서 천황제 국가의 지배층은 군주제가 세계적으로 위기를 맞게 됐다고 느낄 수밖에 없었다. 명백히 '천황의 국민'이라는 국가와 국민의 관계성은 좋든 싫든 재편의 시기를 맞고 있었다.

다이쇼 정변이 일어난 지 5년 뒤, 이 위기는 한층 더 분명한 형태로 표출됐다. 러시아혁명에 대한 간섭전쟁, 즉 시베리아 출병으로 때마침 상승하고 있던 쌀값이 폭등하면서 쌀 소동이 벌어진 것이다. 전국에서 수십만에서 수백만의 사람들이 자연발생적으로 봉기한 이 사건은 당시 데라우치 마사타케寺內正毅 내각을 퇴진으로 몰아갔고, 최초의 본격적 정당 내각인 하라 다카시原敬 내각을 탄생시켰을 뿐 아니라 지배층에게도 거대한 충격을 안겨주었다. 쌀 소동은 무명의 분노한 대중이 국가권력과 폭리를 탐하는 자본에게 무슨 짓을 할 수 있는지 온몸으로 보여준 사건이었다.

그리고 그 시대를 가른 사건으로 종종 언급되는 것이 1921년에 일어난 아사히 헤이고朝日平吾의 야스다 젠지로安田善次郎 살해 사건이다.

그 사건은 표면적으로 볼 때, 되는 일이 없는 답답하고 울적한 31살의 청년이 부호에게 원한을 품고 증오를 폭발시켜 살해하고 자신도 자살한 사건에 지나지 않는다. 그러나 아사히의 유서가 공표되자 일본 사회는 단번에 들끓게 되는데, 하시카와 분조橋川文三는 이 사건이야말로 쇼와 초기 테러리즘의 선구자라고 봤다.

아사히 헤이고의 현대적이고 고풍스러운 권리 주장

아사히의 유서 〈죽음의 함성〉은 다음과 같은 구절로 시작된다.

> 일본 신민은 짐의 적자이니, 신민 중에 한 사람이라도 안심하고 살지 못하는 이가 있다면 이는 짐의 죄다……라는 것이 선제先帝 폐하의 말씀이다. 역대 천황 모두 이 크나큰 어심御心으로 나라를 통치하셨고 금상今上 폐하도 마찬가지로 이를 명심하여 지키시니, 일시동인一視同仁은 실로 우리 신국神國의 대정신이다.[6]

하지만 "허나 군주 주변의 간신이 폐하의 덕을 가리고 자신들의 권력을 신장시키기 위해 각 벌족들을 아울러 당을 만들며, 군자금을 얻기 위해 간악한 부자와 작당해 도둑질을 하려 든다. 간악한 부자는 이권을 차지하기 위해 거기에 응하니 그 결과는 이유 없는 차별이 되고, 위를 후대하고 아래를 박대하며上厚下薄, 가난한 자, 바른 자, 약한 자를 협박하고 괴롭히며 학대하기에 이른다"[7]는 현실이 눈앞에 있다.

아사히는 이어서 구체적인 이름을 들면서 원로 정치가, 정당, 재벌 등의 지배층을 모조리 매도한다. 특히 인상 깊은 것은 빈곤과 불평등을 고발하는 다음과 같은 구절이다.

> 과로와 불결과 영양불량 때문에 폐병에 걸리는 적자(赤子, 백성)가 있다. 남편이 죽고 사랑하는 아이를 키우기 위해 매음을 하는 적자가 있다. 전시에만 국가의 간성(干城, 방패와 성)이라는 부추김을 받다가, 부상으로 불구자가 돼 거지나 다름없는 약장수를 하는 적자가 있다. 아무리 더운 뙤약볕이나 비바람에도 좌우로 외치며 십자로에 꼼짝없이 서 있는 적자가 있다. 배고픔의 고통 때문에 작은 죄를 범하고 옥중에서 고뇌하는 적자가 있다. 이에 반해 큰 죄를 짓고도 법률을 좌우하며 면죄되는 고관이 있다. 고등관이나 귀족이나 고관이 병으로 죽으면 세 줄짜리 큰 기사로 표창되고, 국가 교통을 세우는 공사장에서 참사를 당한 철도 일꾼의 명예로운 죽음은 경칭조차 쓰지 않고 보도된다. 사회의 목탁(木鐸, 지도자)이라 자칭하는 신문 잡지는 대개 부자의 원조를 받기 때문에 진짜 목탁이 아니며, 우리 조상을 전사하게 만들고 전화戰火로 내몬 다이묘大名

는 화족(華族, 황실 귀족)의 반열에 올라 유타음일(遊惰淫逸, 빈들빈들 놀며 유흥, 음란에 탐닉함-역주)하고, 우리 형제들의 전사 덕에 장군이 된 관리는 자기 한 사람이 공을 세운 양 오만하게 충군애국을 팔아먹는다. 그러니 제발 생각하라. 그들 신新 화족은 우리의 피를 마시는 원수仇敵이며, 다이묘 화족은 우리 조상의 생명을 빼앗은 원수라는 것을.

우리는 인간임과 동시에 진정한 일본인이기를 희망한다. 진정한 일본인은 폐하의 적자이자 분신으로서 영예와 행복을 보유할 권리가 있다. 그럼에도 영예와 행복 없이 이름밖에 남지 않은 적자라 부추김을 받고, 간성이라 속임을 당한다. 그러하니 살아 있는 망자(亡者, 죽은 사람)라 할 수 있으며, 오히려 죽기를 바랄 수밖에 없다.[8]

아사히의 논리는 메이지 국가 논리의 일부를 한 방향으로 철저히 밀고 나간 것이었다. 즉, 일본인이라면 모두가 똑같은 '천황 폐하의 적자'이니, 현실에서도 그렇게 돼야 마땅하다는 주장이다.

이 논리는 군주와 인민의 관계를 친자親子 관계에 비유해서 본다는 점에서 고풍스럽고, '천황 폐하의 적자'라는 자격으로 인민의 '영예와 행복을 보유할 권리'를 주장한다는 점에서 현대적이다.

그리고 이 현대적인 논리를 천황제 국가는 드러내놓고 부정할 수 없다. 왜냐하면, 유신 이래 여러 국가 의례의 정비와 실행[역사가 다카시 후지타니가 말한 '천황의 패전트(pageant, 야외극, 가장행렬)']을 통해 전 국민이 다 함께 참여하는 '국민의 결합'이라는 관념·감각을 만들어낸 것이 바로 국가 자신이기 때문이다.

물론 다이쇼 시대의 현실은 '폐하의 적자들에게 평등한 권리가 있다'는 주장과는 너무 거리가 멀었다. 따라서 아사히는 '다이쇼 유신'을 부르짖으며 스스로 선구자가 되려 했다. 그리고 이를 실현하는 수단으로 "가장 시급한 방법은 간악한 부자를 정벌하는 것으로, 이는 결사의 각오로 암살하는 길뿐"[9]이라고 주장했다.

"묵묵히 그저 쑤시고刺, 찌르며衝, 자르고切, 태운다放"[10]는 유서 말미의 표현은 소름 끼친다. 아사히에게 자극을 받기라도 한 듯, 야스다 젠지로가 암살된 지 약 1개월 뒤에 총리 하라 다카시가 당시 18살 청년이던 나카오카 곤이치中岡艮一의 칼에 찔리는 사건이 일어난다.

익명의 인간에 의한 '민주적인 암살'

하시카와 분조는 아사히의 유서를 분석해서 이 암살 사건이 질적으로 새로운 것임을 지적했다.

> 〔1878년(메이지 11년)에 오쿠보 도시미치大久保利通를 암살한〕 시마다島田 등의 경우에는 "위로는 천황 폐하께 상주上奏하고 아래로는 3천여만의 인중人衆에게 보고한다"는 자세에 드러나듯 천황과 국민 일반의 매개자로서의 신분적 지위가 행동의 전제로 깔려 있다. 그런 의미에서 이야기하자면, 아사히는 어떤 신분도 대표하지 않는다. 사회적으로 이야기해서 그는 하층 중산계급 출신의 파멸형 인물이며, 사회적으로 아무런 지위도 확보할 수 없는 인간이다. (중략) 그는 도무지 인간답게 살아갈 수 없다. 말하자면 익명의 인간에 지나지 않았다.[11]

국체론

여기에 예시된 기오이자카의 변(紀尾井坂の変, 메이지유신에 불만을 품은 시마다 이치로 등의 무사가 유신의 주역이었던 오쿠보 도시미치를 살해한 사건-역주)의 실행자는 옛 무사 계급을 대표해 오쿠보를 베었다. 더 가까운 시대의 예를 들자면, 이토 히로부미 암살 사건(1909년)에서 안중근은 조선 민족을 대표해서 이토를 쳤다.

그런데 아사히 헤이고는 당시 일본 국내의 특정한 사회집단의 아이덴티티에 기대지도 않고 '진정한 일본인'이라는 추상적 입장을 철저하게 자각함으로써, 바꿔 말하면 쌀 소동 때 봉기한 무명의 분노한 대중과 같은 '익명의 인간'으로서 테러를 실행했다. 아사히의 흉포한 행위는 말하자면 '민주적인 암살'이었던 것이다.

하시카와는 메이지의 '이상의 시대' 종언 이후, 실존적 기갈을 뼈아프게 느끼며 번민하던 청년이 고뇌에서 해탈하고자 정치 테러를 감행하기에 이르는 흐름의 원형이 여기에 있다고 보는데, 이런 행태의 전형이 훗날 카리스마적 종교가였던 이노우에 닛쇼井上日召가 주도한 혈맹단 사건 및 5·15사건이다.

구노 오사무와 쓰루미 슌스케의 고전적 분석에 따르면, 아사히 헤이고의 유서에는 "외래 사상의 배격이나 직접적 테러 행동, 지사志士 의식이나 천황의 적자赤子관이라는 쇼와의 초국가주의적 특색이 모두 담겨 있으며, 아직 보이지 않는 것은 국내 개혁을 대외 국책과 엮는 본격적인 초국가주의의 주장뿐이다."[12]

'국민의 천황' 연출

여기서 가장 주의해야 할 요소는 '천황을 전통 심벌이기보다 변혁의 심벌로 보기 시작한 점'[13]이다.

공교롭게도 쌀 소동에서 야스다 젠지로 암살 사건에 이르는 시기에 다이쇼 천황의 병세가 악화돼 사실상의 양위에 해당하는 황태자의 섭정 취임(1921년)이 진행됐다. 최근 진행한 다이쇼 천황 연구에 따르면, 다이쇼 천황은 기존에 정설처럼 여겨진 태생적 정신박약은 아니었고, 병약하긴 했으나 즉위 이후의 스트레스가 증세 악화의 주요 원인이었던 것으로 추론된다.

다이쇼 천황은 자유분방한 성격 때문에 천황에 걸맞은 행동거지가 요구되는 상황을 견디지 못하고 "심신 모두 무리를 거듭한 끝에, 원래 튼실하지 못했던 건강을 잃었다."[14] 바꿔 말하면, 천황의 '타고난 신체'가 천황의 '정치적 신체'를 체현하는 무게를 감당하지 못했던 것이다.

이는 천황 자신이 국체의 체현자가 되는 신체에 거부반응을 보인 것이라고 할 수 있다. 이 같은 천황의 신체가 보여준 동요와 병행하듯 천황의 심벌(상징) 작용에도 전환이 일어나고 있었다.

그런 문맥에서 보면, 황태자의 섭정 취임에서는 단순한 자연인의 병환에 따른 불가피한 일 이상의 의미를 읽어낼 수 있을 것이다. 황태자, 훗날의 쇼와 천황에게는 국체의 총괄자가 될 수 없는 다이쇼 천황을 대신해 메이지 천황의 재래再來와 같은 역할을 해달라는 정치적 기대가 쏠리고 있었다.

다만 그렇다고 해서 군민 간의 관계를 메이지 시대의 '천황의 국민'

이라는 형태로 단순히 되돌리는 것은, 앞에서도 언급한 세계적인 군주제의 위기라는 흐름에 비춰보더라도 이미 불가능한 일이었다. 제1차 세계대전을 계기로 유럽 국가들에서 일어난 군주제의 몰락·폐지는 국민국가의 통합 장치였던 군주가 거꾸로 통합을 파괴하는 장본인으로 지목됐기 때문에 일어난 사태였다. 너무나 비참했던 총력전 경험은 군주 및 그 주변의 특권계급의 사적 이익을 위해 국민이 희생당했다는 인상을 광범위하게 조성했다.

그리하여 국토와 국민은 군주나 그 근친들의 소유물이 아니라 공적 존재라는 원리를 철저히 확립하기 위해, 아무리 군주의 권력이 형해화된 입헌군주제라 할지라도 군주의 존재 그 자체가 이 원리를 위험에 빠뜨린다는 지탄을 받게 된 것이다.

이런 흐름 속에서 지배 권력은 군주제를 국민 통합 장치로 재편성하기 위해 '국민의 천황'을 연출하는 쪽으로 방향을 틀 수밖에 없었다. 그 결과 '천황 행차'는 점점 더 많은 공을 들이는 형태로 발전되고 국체는 더욱 가시화되기에 이르렀다.

역사가인 하라 다케시原武史는 이렇게 말했다. "쇼와 초기는 메이지 초기 이래 천황의 타고난 신체가 가장 잘 드러난 시기였다. 그 시기에 여성이나 전국 수평사(水平社, 천민 해방운동 단체-역주) 회원, 재일 조선인 등 협의의 정치에서 소외당한 사람들의 직소直訴가 빈발했던 것이나, 천황과의 일체화를 지향하는 초국가주의 운동이 종종 테러나 쿠데타를 일으켰던 것은 물론 그런 변화와 깊이 관련돼 있다."[15]

그러나 '국민의 천황'이라는 군민 관계도 '국체에 저촉되지 않는 한에서'라는 제한을 받았다. 그것은 '국민의 천황' 또한 국체가 새로운 시대에 맞춰 변화된 형태였기 때문에 피할 수 없었던 모순이며, 이는 2·26사건으로 폭발하게 된다.

4. 천황제와 마르크스주의자

급진화하는 다이쇼 데모크라시와 치안유지법

앞에서 논해온, 나중에 초국가주의 계보로 이어지는 국체 관념의 변천과 병행하는 형태로 다이쇼 데모크라시는 급진화한다.

그 상징은 도쿄대 신인회新人會일 것이다. 1918년에 창립된 신인회는 초기에는 요시노 사쿠조의 민본주의를 받들었지만 노동운동에 관여하면서 급속히 마르크스주의로 빠져든다.

한편 다이쇼 시기에 대역 사건으로 한 차례 큰 타격을 입었던 무정부주의자·사회주의자들도 러시아혁명에 따른 사회주의 정권 수립이라는 순풍을 만나 왕성한 활동을 펼쳐나가기 시작했다. 그 기간의 우여곡절에 대해서는 자세히 다루지 않겠으나, 그것이 국체의 지배층에게 준 위기감은 절대적이었다.

1922년에는 사카이 도시히코堺利彦·야마카와 히토시山川均·아라하타 간손荒畑寒村 등 고참 사회주의자들이 지하활동 조직을 결성한다. 이것이 바로 일본공산당으로, 탄생 배경에는 1919년 소비에트연방의 뒷받침 속에 창설된 코민테른(제3인터내셔널)이 있었다. 이제 더 이상 사회주의는 한 줌의 급진적인 지식인들만이 주창하는, 확고한 사회적 기반조차 갖지 못한 운동이 아니었다.

그리고 사회주의 운동에, 본래라면 천황제 국가의 중핵을 맡아야 할 존재인 도쿄대 법학부의 젊은이들이 우르르 몸을 던져 가담한다. 그것이 국가의 지배층을 얼마나 공포에 떨게 만들었을지는, 후대의 상상력으로는 도저히 가늠할 수 없다. 1925년 남성 보통선거 실현과 함께 진행된 치안유지법 제정은 그 공포의 표현이었다.

실로 1925년을 기해 다이쇼 데모크라시는 비록 남성으로 한정되긴 했지만 보통선거가 실현됐다는 점에서 절정에 도달한 동시에, 치안유지법에 의해 종언을 고했다고 할 수 있다. '국체를 변혁하거나 사유재산 제도를 부인하는 것을 목적으로 해서 결사를 조직하거나 그것을 알면서 거기에 가입한 자'를 처벌하도록 한 치안유지법은 고토쿠 슈스이가 만년에 확신했던, 사회주의자는 국체와 불구대천의 적으로 대결할 수밖에 없다는 예견像見을 국가권력 스스로 증명해주는 내용을 담고 있었다.

코민테른과 국체

한편 코민테른에서 니콜라이 부하린이 쓴 1922년의 일본공산당 당강령 초안에는 '군주제의 폐지'가 포함돼 있었다. 일본의 사회주의자·공산주의자들에게 천황제와의 대결은 코민테른에서 내린 테제(투쟁 지령)와도 얽히며 골치 아픈 문제가 됐다.

대역 사건에서 간신히 살아남은 세대에 속하는 사카이 도시히코 등은 일단 1922년 테제인 '군주제 폐지'를 과제로 삼는 것은 너무 위험하다고 판단하고 이를 받아들이지 않았다.

그 이듬해 있었던 검거와 관동 대지진으로 1924년에 일시 해산된 일본공산당은 1926년에 재건된다. 그때 이론적 지주가 된 것이 혜성처럼 나타난 후쿠모토 가즈오福本和夫의 후쿠모토이즘이었다. 1924년에 독일에서 공부하고 돌아온 후쿠모토는 일본의 기존 마르크스 해석자나 사회주의 이론가들을 '속학(俗學)주의', '절충주의', '기회주의' 등등의 딱지를 붙여 매도했다.

특히 정치전술론상의 주요 적으로 간주된 이가 고참 사회주의자로서 강력한 영향력을 지니고 있던 야마카와 히토시였는데, 야마카와의 조직론에 따르면 공산당은 무산자 계급 중에서 가장 선진적인 분자를 중핵으로 해서 뒤처진 대중의 의식을 끌어올려야 했다. 이 야마카와 이론을 후쿠모토는 부정하고 전위당인 공산당은 일단 대중으로부터 분리돼 '계급의식'을 순수화시킨 뒤에 대중과 결합해야만 한다는 '분리-결합'론을 제창해 지지를 받았다.

그러나 1927년에 코민테른에서 새로운 테제가 내려왔는데, 여기에서 후쿠모토이즘은 섹트주의(독선)이자 '레닌주의의 만화(漫畵, 웃음거리)'[16]라는 혹평을 받았다. 결국 후쿠모토 가즈오는 당 지도부에서 쫓겨난다. 한편 만주 침략을 거치며 국제 정세가 긴박해지는 가운데, 1932년에 다시 새로운 테제가 발령된다. 바로 천황제 타도를 당의 제1 임무로 삼으라는 지시였다.

이 기간에 흐름은 한층 복잡하게 얽혔다. 왜냐하면 1931년에도 코민테른은 '일본공산당 정치 테제 초안'을 작성해 일본에 전달했는데, 거기에서는 천황제 타도를 전면에 내세우지 않았기 때문이다.

그리고 1931년의 테제 초안과 1932년 테제의 가장 큰 차이는 전자에서는 메이지유신을 '부르주아 민주주의 혁명'이라고 규정했던 것과 달리, 후자에서는 천황제가 부르주아 계급의 지배 장치임과 동시에 지주계급에도 의지함으로써 절대주의적 지배를 실현하고 있다고 규정했다는 점이다.

그 차이가 지닌 의미는 컸다. 왜냐하면 어느 쪽 테제를 취하느냐에 따라 현상 인식과 혁명의 과제가 크게 달라졌기 때문이다.

1932년 테제의 관점에 따르면, 메이지유신은 시민혁명적 성격이 완전히 결여됐거나 무시할 수 있을 만큼 조금밖에 포함되지 않은 운동이었고, 그것으로 절대왕정을 실현했다. 따라서 일본 공산주의자들이 먼저 수행해야 할 과제는 절대왕정으로서의 천황제를 분쇄해 시민혁명을 완수하는 것이었다.

이에 반해 1931년 테제 초안의 관점에 따르면, 메이지유신 이후의 일본은 그럭저럭 근대적 원리에 따라 지배되는 체제라고 볼 수 있었고, 장차 도래할 혁명은 프롤레타리아혁명이 되는 셈이다.

이처럼 중대한 견해의 변화가 단기간에 이뤄진 배경에는 소련 내부에서의 권력투쟁, 즉 일본의 실정實情과는 아무런 관련도 없는 사정이 있었다는 점을 지적하지만, 어쨌든 일본공산당은 1932년 테제를 받아들이게 된다.

후쿠모토이즘 이래 공산당은 서양에서 직수입한 '최첨단 이론'과 코민테른의 지령에 따라 우왕좌왕하는 사대주의를 드러냈는데, 이는 공산당이 본래 맞서 싸웠어야 할 메이지 이후의 '국체'와 같은 표층적 근대성이라는 덫에 스스로 걸려든 것이었다.

일본 자본주의 논쟁 – 국체의 '기초'란 무엇인가

그런 혼란 속에서 고도의 학술적 논쟁이 벌어졌다.

1932년 테제를 받아들인 공산당 주류파는 그 테제의 큰 틀에 현상 인식을 맞춰야 한다는 정치적 요청을 고려해서 타도 대상인 천황제를 사회과학적으로 규정하려 했다. 그런 노력이 결집된 것이 이와나미쇼텐에서 간행된《일본 자본주의 발달사 강좌》로, 여기에 참여한 마르크스주의자들을 '강좌파講座派'라 부른다.

한편, 1932년 테제를 받아들이지 않은 마르크스주의자들이 '노농파勞農派'를 형성했는데, 양자 모두 탄압을 받는 1930년대 후반까지 이 두 집단을 중심으로 근대 일본 사회의 구조적 특징을 둘러싼 논쟁이 펼쳐진다(일본 자본주의 논쟁).

그 논쟁은 일본의 지식인들이 '국체'란 무엇인가에 대해, 즉 '국체'의 기초인 근대 일본의 사회구조의 특성을 객관적이고 전면적으로 파악하려 한 최초의 본격적인 시도였다.

아울러 이 논쟁은 '봉건 논쟁'이라는 별칭으로도 불린다. 왜냐하면, 식민지 제국을 구축할 만큼 고도로 발달된 자본제 사회로서의 일면을 갖고 있으면서도 또 한편으로는 원시종교 같은 천황 숭배나 지주-소작 관계에서 보이는, 봉건사회에서나 찾아볼 수 있는 경제 외적 강제와 유사한 관계성이 잔존하는 일본 자본주의의 특수성을 '봉건유제封建遺制'로 파악하려 했기 때문이다. 바꿔 말하면, 그것은 마르크스의《자본론》이 보여준, 영국을 전형으로 한 자본주의 발전 경로가 후발 자본주의국가에서는 현실적으로 어떻게 전개되는지 묻는 과정이었다.

'천황제 타도'의 논리

후쿠모토이즘의 일시적 패권에서 1932년 테제에 이르는 논쟁의 의미에 대해 정치학자인 우메모리 나오유키梅森直之는 뛰어난 분석을 내놓았다. 후쿠모토 가즈오가 언급한, 공산주의자가 일단 대중으로부터 분리한 뒤 먼저 획득해야 한다는 '계급의식'은 과연 무엇일까?

> 후쿠모토는 그 '계급의식'을 다음과 같이 설명한다. "무산자 계급은 유산자 사회 밑에 있고, 그 존재의 내적 필연에 의해 부정당한 계급이다. 그러나 그 부정을 또 필연적으로 거부하고 부정할 수밖에 없는 계급"이다. 그리고 무산자 계급의 그러한 사회적·역사적 특성 때문에 첫째로 "사물을 매개성으로", 둘째로 "사물을 그 생성을 통해", 셋째로 "전체성으로" 관찰할 수 있으며, 또 그럴 수밖에 없는 인식론상의 특질이 생긴다. 그런 인식을 통해 획득되는 무산자 계급의 세계관·역사관이 '계급의식'이다.[17]

후쿠모토는 이상하리만치 난삽한 용어로 주장을 전개했기 때문에 이해하기 어렵지만, 요점은 무산자 계급이 자기를 해방하기 위해서는 유산자 계급과 비화해적으로 적대하며 유산자 사회(= 자본제 사회)를 전면적으로 부정—즉, 혁명—할 수밖에 없는 입장에 있다는 것이다. 그런 입장을 자각하는 것이 '계급의식'이라고 할 수 있다.

그렇게 규정된 '계급의식'은 어떤 의미에서는 매우 관념적이어서(이는 후쿠모토이즘이 당시 지식층을 매료시킨 이유 가운데 하나였다), 무산자 계급이 갖고 있는 그대로의 의식은 물론 아니었다. 그러나 무산자 계급이 잠재적으로 가질 수 있는, 더 정확하게는 가져야만 될 의식을 우선 전위인 공산주의자들이 획득해야만 한다고 후쿠모토는 이야기하고 있다.

왜 그렇게 에둘러서 가야만 하는가. 우메모리는 이것이 "현실에서 무산자 계급을 통일하는 것이 불가능함을 강하게 의식했을 때 이념 차원에서라도 그 통일을 이룩하기 위해 불러낸 '대체물代補'이었다"[18]고 말한다. 비록 마르크스=엥겔스의 《공산당선언》은 너무나도 유명한 "만국의 노동자여, 단결하라!"라는 말로 요약되지만, 현실의 무산자 계급은 종사하는 노동의 산업 섹터, 숙련·비숙련 여부, 교육 수준, 젠더, 민족, 인종, 종주국과 식민지, 국제 분업 등등 수없이 많은 범주로 나뉘어져 각자의 이해가 천차만별이다.

따라서 실제로 무산자 계급이 자신들의 이해를 깨닫게 되더라도, 그 자체로는 각자 내지 한정된 집단이 상호 대립하며 제각각의 자기 이해를 주장하는 것으로 귀결될 수밖에 없다. 즉, 무산자 계급의 통일은 자본주의 제도 그 자체 내에서는 불가능하다.[19] 따라서 자본제 사회를 넘어선 의식(계급의식), 다시 말해 있는 그대로의 무산자 계급이 지닌 의식에서 분리된 의식을 공산주의자들이 선구적으로 획득함으로써 전위당이 무산자 계급을 제대로 통일하고 지도하는 입장에 설 수 있다고 후쿠모토는 주장했다.

후쿠모토이즘은 모스크바로부터 부정당했으나 "후쿠모토가 제기한 프롤레타리아와 농민의 분열을 어떻게 극복하면서 통일을 달성할 것인가라는 문제 자체는 미해결인 채로 남게 됐다."[20]

이 시점에서 나온 것이 1932년 테제다. 앞서 이야기했듯이 이 테제는 다음과 같이 절대군주제로서의 천황제 분쇄를 공산주의자가 지향해야 할 혁명의 제1 목표로 삼고 있다.

> 국내의 정치적 반동과 모든 봉건제 잔재의 중심축인 천황제적 국가기구는 현존하는 착취계급에 의한 독재의 공고한 등뼈를 이루고 있다. 그것의 분쇄는 일본에서의 주요한 혁명적 임무 중에서 가장 중요한 것으로 간주돼야 한다.[21]

이 1932년 테제를 통해 무산자 계급의 분열이라는 문제에 "일단 해답이 주어졌다"[22]고 우메모리는 말한다.

> '1932년 테제'에서 '천황제'는 '비정상적으로 강력한 봉건제의 요소들과 눈에 띄게 발전한 독점자본주의의 포합(抱合, 결합)'을 위한 열쇠로 설명되고 있다. 즉 '1932년 테제'는 후쿠모토이즘의 '계급의식'이라는 혁명주체의 '전체성'을 '천황제'라는 적대 대상의 '전체성'으로 대체代補한 것이다. 분열된 피착취 계급은 '주요한 혁명적 임무'의 대상이 된 '천황제'라는 전체화된 표상을 매개로 삼아 통일된 주체성을 회복할 수 있을 것으로 상정됐다.[23]

우메모리가 지적한 논리理路는 자크 라캉의 '거울상鏡像 단계론'을 연상시킨다. '거울상 단계'란 생후 6개월에서 1년 반의 단계를 가리키는데, 이 무렵의 유아는 자기의 신체를 제각각 나뉘어져 있는 것으로 느끼며, 거울에 비친 스스로의 모습을 보면서 자신의 신체적 통일감을 가지게 된다. 마찬가지로 그 자체로는 제각각의 이해 주장을 하는 자들이 될 수밖에 없는 무산자 계급은 "'천황제'라는 적대 대상의 '전체성'"에 자신의 '통일된 모습'을 비춰 봄으로써 혁명의 담당자로서의 집단적인 주체성을 획득할 수 있으리라 기대했던 것이다.

제2의 자연과 싸우는 고난과 의미

이러한 견해에는 현대에도 변함없는 '천황제와 싸우는' 일의 어려움이 전면적으로 표출돼 있다. 왜냐하면 후쿠모토가 말한 '계급의식'이 있는 그대로의 무산자 계급에는 존재하지 않는 것처럼 천황제 또한 실재實在하지 않기 때문이다. 피착취자 개개인의 눈앞에 펼쳐진 실재하는 세계에는 기껏해야 소작료를 악랄하게 거둬들이는 지주나 고압적인 고용주 따위가 있을 뿐이어서, 이들의 시선으로 보면 천황은 '너무나도 고상하고, 왠지 고마운 존재'일 뿐이었다.

혁명이란 개개인의 피착취자들이 자신들의 처지를 상대적으로 개선하는 데 만족하지 않고, 적대성의 근원을 찾아내서 그것을 끊어내는 것이다. 따라서 혁명을 부르짖는 마르크스주의가 요구한 것은 실로 그 실재성 차원에 있는 일상적인 시선을 버리고 일본 사회에 내재한 적대성의 근원을 파악하는 것이며, 그 파악을 통해 파생적인 개별적 적대성·착취 구조를 평가할 수 있으리라 여겨졌다. 그때 적대성의 근원으로서, 즉 착취의 구조 전체를 만들어내는 존재로서 마르크스주의가 지목한 것이 천황제였다.

그러나 지배기구의 총체인 천황제는 바로 일본 사회에 내재하는 적대성의 부인否認을 이데올로기의 핵심으로 삼고 있었다. 《국체의 본의本義》(1937년, 문부성 편)에서 선언하듯 대일본제국은 만세일계의 가장家長과 그 적자(백성)가 화목하게 지내는 '영원한 가족'으로 간주됐다(가족국가관). 즉 그것은 지배임을 부인하는 지배였던 것이다.

또 이미 논해왔듯이, 천황제는 편재(遍在, 두루 퍼져 있음-역주)하기 때문에 불가시화된 시스템으로 세심하게 구성된 탓에 압도적 다수의 일본인들에게 거의 '제2의 자연'이 돼 있었다. 이와 같은 인식이 깊게 침투할 수 있었던 이유가 전근대 봉건 시대의 도덕이 강고하게 남았기 때문인지, 아니면 일반 대중에게 강요한 지배계급의 윤리관(무사도에서의 충忠) 덕분이었는지, 그렇지 않으면 노기 마레스케의 죽음과 관련해 언급한 대로 천황의 존재가 혁명으로 분열된 사회의 조정자로서 기능했기 때문인지, 이 책에서는 결론을 내릴 수 없다.

하지만 그 어느 것이 됐든, 똑같은 구조가 현대의 대미 종속 문제에도 적용됐다는 것을 지적하지 않을 수 없다. 어떤 의미에서 대미 종속은 실재하지 않는다. 왜냐하면 그것은 여러 현실에 대한 추상抽象 앞에서만 모습을 드러내기 때문이다. 일상적인 시선으로 보면 현대 일본이 안고 있는 여러 문제는 모두 제각기 다른 외양을 띠고 있으며, 제각각 개별적인 대처·개선이 요구될 뿐이다. 이 같은 시선을 지닌 자에게 대미 종속 문제를 소리 높여 이야기하는 자는 '이상한 음모론자'로

비칠 것이고, 반대로 대미 종속 문제를 여러 문제를 관통하는 모순의 핵심으로 보는 자에게 일상적인 시선의 차원에 머무는 자들은 '잠이 덜 깨 어리둥절한 가련한 무리'로 보일 것이다.

내 주장이 어느 진영에 속하는 것인지는 굳이 말할 필요가 없을 것이다. 다만 대미 종속 문제를 무언가 구체적인 조직이나 개인으로 환원하는 시각은 자칫하면 음모론에 빠지기 쉽다. 따라서 '적대성의 근원', '모순의 핵심'이라는 관념을 견지하면서 그것을 지배·종속 구조의 모든 영역에 편재하는 것으로 파악하는 일이 중요하다. 거기에서 새로운 집단적 주체성이 생겨날 수 있다.

국체의 포옹을 받은 전향자

'제2의 자연'이 된 천황제를 상대로 정면에서 싸움을 건 전전 공산당의 전술 판단은 결과적으로 철저한 실패로 끝났다. 그 이유는 첫째로, 치안유지법에 의한 가혹한 탄압을 정통으로 받았다. 둘째로, 대중에 대한 침투력이 전혀 없었다. 그 결과 셋째, 옥중의 지도자 사노 마나부와 나베야마 사다치카가 1933년에 전향 성명을 발표함으로써 이 싸움은 바깥에서부터 무너졌을 뿐만 아니라 안에서도 무너졌다.

오늘날에 이르기까지 악평을 받은 다음의 '성명'을 다시 읽어보면 내용이 비통하다. 사노·나베야마는 코민테른의 독선을 통렬히 비판하면서 1932년 테제에 들어 있는 천황제와의 정면 대결 내용을 혹평한다.

우리는 일본공산당이 코민테른의 지시에 따라 외관만 혁명적일 뿐 실질적으로는 유해한 군주제 폐지의 슬로건을 내건 것은 근본적인 오류였음을 인정한다. 이는 군주를 자신의 방패로 삼는 부르주아 및 지주를 기쁘게 한 동시에, 대중을 거리낌 없이 당으로부터 떼어놓았다.[24]

그리고 다음과 같이 말할 때, 사노·나베야마는 공식적인 국체 이데올로기 앞에 굴복하고 말았다.

일본 황실의 연면한 역사적 존속은 과거 일본 민족이 지나온 독립불기의 순조로운 발전, 세계에서 유례를 찾기 힘든 발전이 구체적인 형태로 드러난 것이며, 황실을 민족적 통일의 중심이라 느끼는 사회적 감정이 노동자 대중의 마음 깊숙이에 있다는 것을 의미한다. 우리는 이 실감實感을 있는 그대로 파악할 필요가 있다.[25]

전후에 요시모토 다카아키가 《전향론》에서 논했듯이, 그들은 자각적으로 거리를 뒀던 '대중의 실감'으로 회귀했다. 공식 이데올로기가 대중의 실감을 만들어내고, 대중의 실감이 공식 이데올로기를 떠받치는 국체의 순환 구조에서 이탈해 그것을 절단하는 것—이는 당연히 고립을 각오할 수밖에 없는 일이었다—이야말로 코뮤니스트(공산주의자)의 본분이었겠지만, 스스로 이 순환 구조에 휩쓸려 들어가 국체의 포옹을 받기에 이르렀다. 사노·나베야마의 전향이 '일시적 전술적 후퇴' 또는 '어쩔 수 없는 의태(擬態, 시늉)'였다는 변명이 먹혀들 여지가 없는 것은, 그들이 '민족적 통일'을 이야기함으로써 사회 내재적인 적대성이라는 인식을 팽개쳐버렸기 때문이다.

　당 최고지도부의 태도 변경은 당연히 영향이 커서, 옥중의 당원들은 차례차례 그 뒤를 따랐다. 이를 통해 대역 사건 이래의 '국체 대 사회주의'의 대결은 국체의 승리로 일단락됐다.

왜 코뮤니스트들은 국체에 졌는가

경제학자 아오키 고헤이青木孝平는 일본 자본주의 논쟁의 국가론·천황제론을 총괄해 다음과 같이 말했다.

> (강좌파와 노농파) 어느 쪽이든 대중의 반자본주의적 원한과 군부의 의사(疑似, 유사, 가짜) 혁명적 에너지에 떠받들린 천황제 파시즘 고유의 권력구조는 전혀 해명하지 못했다고 할 수밖에 없다.[26]

일본의 천황제를 서양사의 절대주의 왕정과 동일시하고 정면에서 타도를 외쳤던 강좌파는 어떻게 '절대주의'가 외형적인 초계급성을 견지하며 국민의 지지를 얻었는지 해명할 수 없었다. 한편 노농파는 메이지유신을 서양사의 시민혁명과 사실상 동일시함으로써 국체의 특수성을 고찰 대상에서 빼버렸다. 그 결과 다가올 천황제 파시즘을 해명할 때 두 파가 모두 무력했다고 아오키는 결론지었다.

　앞서 살펴봤듯이 천황제 파시즘＝쇼와의 초국가주의는 '천황제하의 적자'라는 것 외에 모든 속성을 박탈당한, 즉 원자화된 고독한 '익명의 인간'이 '천황과의 일체화'라는 관념을 지렛대로 삼아 격렬한 행동에 이르는 현상을 야기했다.

　이에 대해 아사히 헤이고는 자신과 마찬가지로 고독한 인간이 고독하게 봉기할 것으로 예상했지만, 이윽고 그것은 2·26사건이라는 '통일'된 형태로 발현됐다. 메이지 레짐을 통해 마련된 통일성(=국체)을 파괴하겠다고 결의함으로써 통일성을 창조한다는 우회적인 논리에 토대를 둔 코뮤니즘(공산주의)은 실패했다. 이때 초국가주의 운동은 이미 준비돼 있던 통일성에 전면적으로 의지함으로써 변혁을 지향하는 운동의 형태로 출현했다. 하지만 그것은 그 실행자들이 예기치 못했던 형태로 적대성을 띠게 된다.

5. 기타 잇키와 '국민의 천황'

기타 잇키의 메이지유신관과 천황제론

천황제＝절대주의라는 강좌파의 도식과 메이지유신＝시민혁명이라는 노농파의 도식이 대립하기 훨씬 이전에, 매우 철저한 방식으로 노농파적인 메이지유신을 파악한 인물이 있다. 기타 잇키다.

기타 잇키의 이론과 실천은, 구노 오사무와 쓰루미 슌스케의 말을 빌리면, "이토 히로부미가 만든 헌법을 독파함으로써 이토의 헌법, 즉 천황의 국민, 천황의 일본으로부터 거꾸로 국민의 천황, 국민의 일본이라는 결론을 도출해내고 이 결론을 새로운 통합의 원리로 삼으려 한"[27] 것이었다. 놀라운 점은 기타가 이 이론의 골격을 대저《국체론 및 순정 사회주의》를 통해 완전히 확립한 시기가 1906년, 기타가 겨우 23세 때의 일이라는 사실이다.

기타는 '만세일계'를 찬양하는 이른바 국체론을 통렬히 비판하면서, 이들 국체론이 이야기하는 천황은 "국가의 본질 및 법리에 대한 무지와, 신토神道적 미신과 노예도덕과 전도轉倒된 허망의 역사 해석으로 날조한 토인土人 부락의 토우土偶"[28]라고 단언한다.

이는 기타가 허버트 스펜서(Herbert Spencer, 1820~1903)의 사회진화론에 의거해, 일본의 국체는 군주가 국가를 마치 물건처럼 소유하는 중세의 '가장家長 국가' 시대에서 메이지유신을 거쳐 이미 '공민 국가'의 단계로 진화했다고 봤기 때문이다.

'공민 국가'란 곧 근대국가이며, 국가 자체의 독립자존을 위해 군주도 국민도 그 일원으로서 행동하는 국가다. 기타는 사회진화론에 빗대어 "군주도 국가의 일원으로 포함됨으로써 법률상의 인격이 됨은 말할 것도 없다. 따라서 군주가 중세와 같이 국가 바깥에서 국가를 소유하는 가장이 아니라 국가의 일원으로서 기관이 되는 것은 명백하다"[29]라고 말한다. 여기에서 알 수 있듯이 기타는 철저한 천황기관설론자였다.

기타가 보기에 일본의 국체는 메이지유신에 의한 봉건제의 폐지에서 대일본제국 헌법 제정에 이르는 과정을 거치면서 분명한 '공민 국가'가 됐는데, 그럼에도 만세일계라는 표어로 마치 일본의 국토와 국민이 천황의 소유물인 것처럼 주장하는 국체론은 인류의 발전사에 역행하는 '복고적 혁명주의'였다.

이런 기타의 메이지유신과 사회진화론은 정치적으로 급진적인 함의를 지닌다. 그에 따르면 국가가 '공민 국가'적 상태를 만들고 그것이 한층 더 고도화됐을 때 빈곤이 박멸되고 사회적 평등이 실현되며, 범죄가 없어진다. 나아가 기타는 그렇게 해서 해방된 인간이 개성을 전면적으로 발달시켜 진선미를 키우면 마침내 "인류人類는 소멸하고 '신류神類'의 세상이 된다"[30]는, 희대의 기발한 사상가 샤를 푸리에 (Charles Fourier, 1772~1837)를 떠올리게 하는 장대한 비전을 설파했다.

기타는 발전의 큰길 위에서 벌어진 획기적인 사건이라는 의미에서 메이지유신을 높이 평가했다. 그리고 동시에 이와 같은 폭발적인 발전 궤도로 사회가 나가고 있는데도 번벌 권력은 정치를 농단하고, 재벌은 사리만 탐하면서 사회 발전을 정체시키며, 어용학자(=국체론자)

는 시계를 거꾸로 돌리는 이데올로기를 설파함으로써 자기 보신에 급급해하는 현상에 대해 기타는 분기탱천해 분노를 폭발시켰다.

이러한 유신관이 급진적인 이유는 유토피아주의적 이념에 고무된 기타가 메이지유신을 단순한 시민혁명이 아닌 인류가 신으로 발전하기 위한 현재진행형의 혁명으로 보고, 그것을 다시 활성화하려 했기 때문이다. 그리고 기타의 발상은 대일본제국 헌법이 잉태하고 있던 하나의 가능성이었다.

《국체론 및 순정 사회주의》에 대한 반향

《국체론 및 순정 사회주의》는 발간 5일 만에 발매금지 처분을 받았지만, 가와카미 하지메河上肇와 후쿠다 도쿠조福田徳三 등이 깊은 관심을 보였다. 자유당의 노장 이타가키 다이스케坂垣退助는 "선생이 너무 늦게 세상에 오셨다. 이 저술이 20년만 빨랐다면 우리 자유당의 운동은 다른 방향으로 나아갔을 것이다"라고 말했다고 한다.

확실히 자유민권운동을 짊어졌던 이들(자유당)이 의회에서 이토 히로부미의 농간에 놀아나 체제 내의 이권업자로 전락했던 원인 중 하나는 유럽의 천부인권 사상을 직역한 것 외엔 확고한 이데올로기를 갖지 못했기 때문에 '인민의 권리 확립'이라는 비전을 가질 수 없었던 데에 있다.

이런 높은 평가에도 불구하고, 아니 오히려 그 때문에 기타는 요주의 인물이 됐고, 사회주의자들과 교류했다는 이유로 대역 사건 때도 체포당했다(나중에 석방).

초국가주의 운동의 바이블

체포 전후로 기타 잇키는 중국혁명동맹회에 가담했으며, 석방 뒤에는 중국으로 건너가 신해혁명에 투신한다. 하지만 1913년에 맹우 쑹자오런宋敎仁이 암살당하고, 1915년에 제1차 세계대전의 혼란 속에서 일본이 중국에 21개조를 들이대자 중국 민중이 5·4운동을 일으킨다. 기타는 일본과 중국 사이에 끼여 고뇌하면서 1919년 상하이에서《국가개조안 원리대강(이하 대강)》을 집필하고 그 이듬해에 귀국한다.

《대강》은 앞부분에서 '국민의 천황'이라는 제목의 장을 설정해, 천황 대권으로 3년간 헌법을 정지하고 사유재산 제한, 토지제도 개혁, 자본의 합리화, 노동자에 대한 권리 부여, 인권 확충, 남녀 동등 권리 부여, 식민지 제도, 국방 등 각 분야에서 사회주의적 대개혁을 하자고 주장했다.

귀국 이후 기타는 오카와 슈메이大川周明 등과 함께 국가 개조 운동을 하면서 여러 음모에 관여했다. 1923년에《일본개조법안 대강》으로 제목을 바꿔 출판한《대강》은 초국가주의 운동의 바이블이 됐는데, 특히 육군 황도파皇道派 청년 장교들에게 인기를 끌었다.

그 결과 1936년에 2·26사건이 발생했다. 기타 잇키는 명백히 민간인이었고 쿠데타와는 아무런 구체적인 관련이 없었지만 체포돼 군법회의에 넘겨졌고, 그 이듬해에 처형당했다.

2·26사건의 '이념'

앞서 지적했듯이 일본의 쇼와 시대 파시즘은 독일 및 이탈리아의 그것과는 그 내실에서 상당한 차이가 있다. 가장 중요한 차이는 명확한 파시즘 혁명과 같은 것 없이, 기존의 국체 이데올로기가 그대로 강화되어 초국가주의로 전개됐다는 점이다. 이 때문에 쇼와 시대의 파시즘은 "말하자면 조금씩 진행된 초국가주의화"[31]였다는 평가를 종종 받는다. 그러나 '국체' 관념의 사회적 기능은 지금까지 봐왔던 대로 일종의 변증법적이라고도 할 수 있는 전개·변형을 거쳐왔다. 그 최종 형태인 '국민의 천황'을 실현시키려(고 실행자들은 의도했)던 시도 중에 최대 규모로 터진 것이 2·26사건이었다. 그 심정을 청년 장교였던 오쿠라 에이이치大蔵栄一는 나중에 다음과 같이 술회했다.

천황이 연회장에 나타났을 때 참석자들 전원이 최고 예우로 맞이했다. 연회장은 물을 끼얹은 듯 조용했다. 내가 최고 경례를 하면서 문득 생각한 것은 천황을 눈앞에서 맞이하면서 왜 만세를 부르지 않는 것일까, 이럴 때야말로 우레와 같은 박수와 하늘에 울려 퍼지는 만세 소리를 내야 하는 것 아닌가…… 천황이 없을 때는 흔히 만세 삼창을 하지만, 막상 눈앞에서 맞이하고 보니 그저 황공하게 엎드려 있기만 했다. 어딘가 잘못됐다. 천황을 구름 위에 떠받들고, 구름 아래에서 제멋대로 행동하는 현상이 오늘날 일본에서 벌어지고 있었다. 이것은 요운(妖雲, 불길한 징조가 느껴지는 구름-역주)이다. 이 요운을 하루라도 빨리 열어젖히고 진짜 일본의 모습을 드러내야 한다는 생각이 들었다. (중략) 우리는 도쿄의 회합 석상에서 좋은 대화를 나눈 적이 있다.

"요운을 걷어낸 새벽엔 천황께서 니주바시(二重橋, 천황이 지내는 황궁 앞에

놓인 다리들의 통칭 -역주) 앞에 나오시게 해서 국민과 함께 천황을 헹가래 치지 않겠는가?"

이는 우리 청년 장교들 사이의 솔직한 기분이었다.[32]

그들이 말하는 '요운'이란 이른바 '군주 곁의 간신', 천황이 본래 하려 던 덕정德政을 사리사욕 때문에 방해하고 있는 중신·정당 정치가·재 벌·군벌 등이다. 그들의 쓸데없는 짓을 제거하기만 하면 천황과 국민 은 진정성으로 바로 연결돼, 천황의 주도하에 농촌 구제를 비롯한 사 회적 모순을 해결할 수 있으리라 여겼던 것이다. '최고 경례'와 '만세' 를 대비시킨(전자는 말없이 몸을 숙이는 것이고 후자는 서서 환호하는 것이다- 역주) 오쿠라의 비전은, 메이지의 '천황의 국민'형 레짐의 천황이 군민 위계의 정점을 차지하는 매개항으로서 국민을 통합하는 존재였던 것 과 달리, '국민의 천황'을 지향하는 운동에서의 천황이 원의 중심에 서 서 군민이 상호 수평적으로 통합하는 상태를 조성해주는 존재라는 이 미지를 선명하게 전달했다.

그것은 대일본제국의 '천황의 존재를 통합 원리로 삼는다'는 원칙, 더 적나라하게 말하자면 '천황만이 통치의 정통성을 가질 수 있다'는 국체의 규정을 침해하지 않는 형태로—이 규정과 정면 대결한 코뮤니 스트들은 좌절을 겪었다—통합의 원리를 실질적으로 변경하려는 시 도였다. 세계 대공황 이후 극도로 피폐해진 농촌에서 소집된 병사들 을 바로 접할 수 있었던 청년 장교들이 그런 변경 없이는 일본 사회가 파멸할 것이라고 외곬으로 생각할 정도로 사회의 내적 모순은 실제로 악화돼 있었다.

그러나 천황의 반응은 그들에게 너무나도 가혹한 것이었다. 쿠데타에 대해 가장 비타협적으로 결연한 태도를 취한 것은 쇼와 천황 자신이었다.

> "짐의 팔다리인 노신老臣들을 살육했다. 그런 흉포한 장교들은 그 어떤 이유에서든 도저히 용서할 수 없다."
>
> "짐이 몸소 근위 사단을 이끌고 그들의 진압에 나서겠다."
>
> "자살하겠다면 마음대로 해도 좋다. 그런 자들에게 칙사라니 당치도 않다."[33]

쇼와 천황이 그 긴 생애에서 이때만큼 심하게 분노를 드러낸 적은 아마 없을 것이다.

이소베 아사이치의 국체

청년 장교 중에서 기타 잇키의 이론을 가장 강력하게 신봉했던 것으로 보이는 이소베 아사이치磯部浅一는 천황이 자신들에게 공감은커녕 격노했다는 것을 알고, 《옥중 수기》에 천황을 향한 거친 저주의 말을 길게 써 내려갔다.

다만 거기에는 일견 기묘한 모순이 있다. 이미 살펴봤듯이 기타 잇키는 명백히 천황기관설론자로, 《대강》에서도 천황을 "현대 민주국가의 총대표로서 국가를 대표하는 자"로 소개하며, "유신 혁명 이래 일본은 천황을 정치적 중심으로 삼는 근대적 민주국가가 됐다"[34]고 명언했다.

이소베는 "내 소신은 《일본개조'방안(법안)' 대강》을 한 점 한 획도 수정하는 일 없이 완전하게 실현하는 것이다/ 방안은 절대 진리다. 나는 어느 누구도 그것을 평하고, 그것을 기각할 수 없게 하겠다"[35]고 쓰는 한편, 다음과 같은 매우 인상적인 말도 써놓았다. 이것은 천황에 대한 신앙이 강했던 만큼 배신당한 분노가 컸다는 걸 보여주는 듯하다.

> 1. 천황 폐하, 폐하의 측근은 국민을 억누르는 간신배漢奸로 가득합니다. 정신 차리지 않으면 일본에 큰일 납니다. 당장이라도 큰일 날 겁니다. 2. 메이지 폐하도 고타이신궁(皇大神宮, 이세 신궁의 내궁) 님도 무엇을 하고 계신 겁니까. 천황 폐하를 왜 도와드리지 않습니까. 3. 일본의 신들은 모두 잠자고 계신 겁니까. 일본의 큰일을 내버려둘 정도로 게으름뱅이라면 일본의 신이 아닌 것입니다. 이소베 히시카이(菱海, 이소베의 호)는 그런 시시한 게으름뱅이 신과는 연을 끊겠습니다. 그런 시시한 신이라면 일본의 천지에서 쫓아내버리겠습니다. 히시카이가 하는 말을 가슴에 잘 새겨두는 게 좋을 것입니다. 어디 두고 보자, 어디 두고 보자.[36]

이소베 아사이치의 광기 넘치는 텍스트는 나중에 미시마 유키오마저 매료시킨다. 미시마의 말에 따르면, 이소베가 '가장 충량한 천황의 신하'에서 '국체에 대한 반역자'로 변한 것은 국체 개념 자체에 내포된 이

중성 때문이었다.

그 이중성이란 다름 아닌, 이 책에서 논해온 메이지 헌법의 '천황기관설 국체'와 '천황주권설 국체'다. 전자는 국가를 기구적 측면에서 바라볼 때 드러나는 것이고, 후자는 미시마의 말을 빌리면 '도의道義 국가로서의 의제'[37]다.

구노 오사무와 쓰루미 슌스케는 전자를 대일본제국 엘리트를 겨냥한 '밀교密敎', 후자를 대중을 향한 '현교顯敎'라고 불렀다. 메이지 헌법 레짐은 그 이중성의 절묘한 균형 위에 서 있었는데, 세계 대공황과 대외 위기 등의 사회적 모순이 심화되는 가운데 현교(천황주권설 국체)가 밀교(천황기관설 국체)를 찍어 누르는 사태가 벌어진다. 통수권 간범(干犯, 침범) 문제(1930년 하마구치 내각이 런던 해군 군축조약을 체결하자 '천황의 통수권을 무시하고 임의로 조약을 맺었다'고 비난받은 사건-역주)부터 천황기관설 사건, 국체명징(國體明徵, 천황도 국가의 한 기관일 뿐이라는 천황기관설을 '불경'한 것으로 몰아붙이면서 절대적인 천황 주권을 주장-역주) 성명에 이르는 흐름은 그러한 과정을 잘 보여준다.

그 결과 다시 신성화된 국체는 '도의'의 이름으로(대동아공영권, 팔굉일우) 무모하기 짝이 없는 전쟁을 결행해서 파멸하게 된다.

'국민의 천황'이 좌절하고 '천황의 국민'으로 회귀

기타 잇키의 《국체론 및 순정 사회주의》는 그것과는 정반대인 '밀교의 현교 정벌'[38] 시도 그 자체였다. 따라서 기타=이소베에게 천황 신앙이 '근대적 민주국가 일본의 완성'이라는 대의보다 나을 리 없다.

그러나 미시마는 천황이 '변혁의 심벌'일 수 있는 것은 당연히 '국가 기관으로서의 천황'으로 등장할 때가 아닌 '도의 국가'의 수령으로 등장할 때라고 봤다. 그 순간에 비로소 '천황 신앙 자체가 영원한 현실부정否定'[39]일 수 있으며, 그 가까운 기원은 막부 말기의 존왕양이, 왕실을 받들고 오랑캐를 물리친다는 이데올로기에 있다는 것이다.

정리하자면 기타＝이소베가 껴안았던 논리적 난제는 기관설적 천황(국민의 천황)을 실현하기 위해서는 '신성해서 침범할 수 없는' 천황을 떠받들어야 한다는 모순이었다.

그 모순은,《일본개조법안 대강》의 앞부분에 쓰인 '국민의 천황'이라는 제목의 장에서, '국민의 천황'이 해야 할 일로 헌법 정지·신성한 대권에 의한 독재를 들었다는 점에서 적나라하게 드러난다.

목숨을 건 이소베 등의 행동은 물론 '도의'에 의해 그 동기를 부여받았다. 그리고 그 동기의 조달처는 바로 '천황 신앙'이라는 '토인 부락'의 이데올로기였으며, 청년 장교들은 천황에 대한 '연모'의 정을 연료삼아 천황 자신이 스스로 국체를 변혁해주기를 기대하고 행동을 취한 것이다.

여기에서 기타＝이소베는 '근대적 민주국가 일본'을 실현한다는 '도의'와 천황이 천양무궁으로 통치하는 나라라는 '도의'를, 그러니까 실제로는 서로 다른 두 개의 도의를 강제로 결합시켰다. 후자의 도의는 당연히 내용적으로는 무無이며, 실질적으로는 천황과의 거리가 도의의 소재를 결정하게 된다. 체현하는 도의가 실질적으로 뛰어나기 때문에 천황을 얻는 것이 아니라 '옥(玉, 일본 장기에서 체스의 '킹'에 해당하는

말. 여기에서는 천황의 신병을 의미-역주)을 쥐고 있다'는 사실 자체가 도의
의 궁극적 근거가 되는 것이다.

이렇게 놓고 본다면 이소베 등은 손수 천황의 신병을 확보해야 했
으나, 그럴 각오가 된 청년 장교는 흔치 않았다. 따라서 그들은 천황
이 자발적으로 '니주바시 앞에' 나오기를 기대했다. 그러나 거기에 대
한 반응은 천황의 단호한 거절뿐이었다.

결과적으로 군부는 2·26사건을 철저히 이용했다. 쿠데타 발발 당
시 육군 수뇌부의 우유부단한 태도에는 청년 장교들의 봉기를 기화로
군부의 영향력을 강화하겠다는 의도가 노골적으로 깔려 있었고, 실제
로 이후의 역사는 그렇게 전개됐다.

그리하여 '국민의 천황'을 실현하려는 시도가 좌절된 뒤에 일어난
일은 '천황의 국민'으로의 회귀였으며, 여기에서 일본 국민은 역사상
의 어떤 시대보다도 (인격이 아닌) '물격物格'(기타 잇키, 《국체론 및 순정 사
회주의》)으로 취급당했다.

2·26사건은 기타 잇키의 사상이라는 매개를 통해서 보면 다이쇼
데모크라시의 한 귀결점이었으나, 그것이 내세운 '도의'가 전면적으로
거부당했을 때는 고색창연한 '천황의 국민' 이데올로기로 회귀할 수밖
에 없었다.

쇼와 천황은 무엇 때문에 격노했나

2·26사건 때 쇼와 천황은 도대체 무엇에 격노한 것일까? 천황은 이
사건을 가리키며 "일본도 러시아처럼 됐군요"[40]라고 측근에게 말한

것으로 전해지는데, 이는 본질을 꿰뚫는 언사였다.

'충의'를 말하는 청년 장교 가운데 일부는 그들의 내면에 확립된 '도의'를 천황의 의사보다 우선해야 한다는 것을, 적어도 무의식적으로 인식하고 있었기 때문이다. 천황한테서 멀리 떨어진 곳에서, 천황과 관련이 없는 장소에서 '도의'가 수립되는 것이야말로 '반反국체'의 본질이 아니었을까. 거꾸로 이야기하면 "짐의 팔다리인 노신들을 살육했다"는 말에 명료하게 드러나듯이, 천황에게 자신의 측근을 해치는 것은 그 이유 여하를 불문하고 절대로 용서할 수 없는 일이었다.

따라서 '천황과 거리가 가까운 것'이 국체의 '도의'의 원천인 것이다. 청년 장교들은 자신들이야말로 가장 훌륭하게 '국체의 본의'를 체현하는 자라고 주관적으로 규정했지만, 실제로는 그 원리에 정면으로 적대했던 것이다. 그 때문에 국체의 체현자인 쇼와 천황은 결연히 진압을 명했다. 그의 명령엔 우유부단이라고는 찾아볼 수 없었다.

그러나 2·26사건은 국민이, 때에 따라서는 '충의'의 이름으로 천황과 관련이 없는 곳에서 '도의'를 세우고, 거기에 기초해서 행동할 수 있다는, 바꿔 말하면 주체성을 가질 수 있다는 것을 보여주었다.

천황이 몹시 혐오하면서 피하려 했던 것이 바로 그런 사태가 아니었을까.《쇼와 천황 독백록》에서는 다음과 같은 말로 결론을 맺었다.

(미국과 영국을 상대로) 전쟁을 시작할 당시 일본의 장래 전망이 이와 같았다는 이유로 내가 개전 결정에 '비토(veto, 거부)'를 했다고 가정하자. 그랬다면 국내에는 반드시 큰 내란이 일어났을 것이고 내가 신뢰하는

주변 사람들은 살해당했을 것이며 내 생명도 보장할 수 없었으리라. 어찌됐건 결국 광포한 전쟁이 벌어져 이번 전쟁의 몇 배나 되는 비참한 일이 벌어졌을 것이고, 결국 종전도 할 수 없게 돼 일본은 망했을 것이다.[41]

이 구절은 미국과 영국에 대한 전쟁이 불가피했으며, 자신의 권위로도 그것을 멈추는 게 불가능했다는 변명인데, 천황의 그런 우려에는 2·26사건의 경험이 드러나 보인다.

군사적으로 패배가 확정된 뒤에도 항복을 미루는 바람에 큰 희생자가 나온 상황에서 역시 천황은 비슷한 걱정을 했을 것이다. 아직 전쟁을 지속할 능력이 남아 있는 단계에서 이를 종결시키려 했다면 천황은 '감금' 당해 한층 더 광적인 방식으로 전쟁이 이어지지 않았을까, 라는 이야기다.

거부권 발동이 더 나쁜 결과를 초래했을 게 틀림없다는 추론은 맞을지도 모르겠다. 그것은 현명한 인식이었을 수도 있다.

하지만 만일 그 추론이 옳았다면, 도대체 이 천황의 제국은 어떤 나라였다는 것인가? 일본은 천황만이 도의를 지니고 있고, 살아 있는 천황 외에는 그 어디에서도 도의를 기대할 수 없는, 그런 허망한 나라였다는 것을 천황 자신이 증명하고 있는 건 아닐까?

이 같은 전면적인 도의의 퇴폐는 천황과의 '가까움'을 통해서만 정통성의 원천을 인정하고, 천황으로부터 떨어져서 확립된 도의는 전혀 인정하지 못하는 '국체'가 만들어낸 것이었다.

패전 뒤에 다자이 오사무太宰治는 이렇게 썼다. "도조(도조 히데키)의 배후에 뭔가가 있는 게 아닌가 생각했더니 별다른 게 없었다. 텅텅 비어 있었다. 괴담과 비슷하다."[42] 그 텅 빈 곳은 메워지기를 기다리고 있었다. '푸른 눈의 대군'이―이미 살펴봤듯 글자 그대로 천황과의 거리를 좁힘으로써―그것을 수행했다.

제8장

國體

일본의 미국
―전후 국체의 종착점

전후 레짐: 상대적 안정기~붕괴기

1. 쇠퇴하는 미국, 위대해지는 미국

쇠퇴하는 미국과 헤게모니 유지의 수수께끼

세계체제론의 논객 가운데 한 명인 경제사가 조반니 아리기(Giovanni Arrighi, 1937~2009)는 《장기 20세기》에서 르네상스 시대 이래의 근대 자본주의 아래서 정치권력이 어떻게 자본과 결합하고 분리해왔는지, 또 양자 관계가 역사적으로 어떻게 전개돼왔는지를 추적했다. 더 구체적으로 보면, 군사 대국 스페인을 재정적으로 떠받쳐준 제노바, 네덜란드, 영국, 미국 순으로 헤게모니 국가가 바뀌어온 역사와 내적 논리를 파헤쳤다.

1980년대에 구상하고 1994년에 간행한 이 저작에서 아리기는 20세기 말 미국의 쇠퇴와 일본의 발흥에서 발견된 특징을 지적한다. 뒤에서 이야기하겠지만, 그 특징은 근대 자본주의 역사에 비춰볼 때 유례 없는 이상한 것이었다고 한다.

미국이 두 번의 세계대전을 통해 확립한 헤게모니는 1970년 전후로 명백히 흔들리기 시작했다. 그것은 세 개의 분야에서 발현됐다.

미국 체제의 위기 조짐은 1968년과 1973년 사이, 각자 독립돼 있지만 상호 긴밀하게 연관된 세 분야에서 확인됐다. 군사적으로 미군은 베트남에서 심각한 상태에 빠졌다. 재정적으로는 미국 연방준비제도이사회가 브레턴우즈에서 확립된 세계 자금의 생산과 규제 양식을 유지하는 것이 어려워지고, 점차 불가능해졌다.

이데올로기적으로는 미국 정부의 반공 십자군이 국내외적으로 정통성을 상실하기 시작했다. 위기는 급속히 악화됐다. 1973년까지 미국 정부는 모든 전선에서 철수했다.

그 후 1970년대에 미국의 헤게모니 전략은 기본적으로 세계 통치적 역할을 무시하는 쪽으로 바뀌었다. 미국 내의 지배자 집단은 이미 자신들이 세계를 통치할 수 없기 때문에 세계가 스스로 관리하기를 바라는 듯했다. 그 결과 아직 전후의 세계 질서로 남아 있던 것들까지 더욱 불안정해졌다. 이란혁명(1979년)과 주이란 미국 대사관 인질 사건의 위기(1980년)로 미국의 파워와 위신은 급속히 저하했다.[1]

이 책에서 논한 일본의 근대 후반 제1기(국체의 형성기)에서부터 제2기(국체의 상대적 안정기)로의 전환은 실로 아리기가 쓴 이 같은 흐름 속에서 발생했다.

베트남전쟁의 의미는 매우 크다. 그것은 미국의 군사적 위신에 상처를 주고 국가 재정을 압박해 복지국가 건설('위대한 사회Great Society' 구상)을 좌절시켰으며, 무엇보다 미국이 체현하고 수호한다고 자처해 온 정의와 자유에 대한 불신을 크게 불러일으켰다. 이런 흔들리는 정책 속에서 터져 나온 것이 이른바 '두 개의 닉슨 쇼크'였다.

이처럼 현시점에서 이미 40년 전부터 초강대국 미국의 지위가 분명히 흔들리기 시작했음에도 불구하고, 그 지위를 아직도 결정적으로는 잃지 않고 있는 것은 새삼 놀랄 만한 사실이다.

미국이 일본에게 준 것

이러한 미국의 헤게모니가 유지될 수 있었던 이유 중 하나가 다름 아닌 일본이었다. 구체적 과정은 뒤에서 이야기하겠지만, 이때 있었던 일 중 무엇보다 중대한 사건이 1971년에 돌연 드러난 미중 국교 정상화 교섭이라고 할 수 있다. 이는 미국이 '중국 봉쇄 정책'을 전환한다는 의미였기 때문이다.

대소련 전략에 더해 '중국 봉쇄 정책'이라는 대방침이 있었기에 전후 일본에 미국은 정치와 경제 양 방면에서 적극적으로 관대한 보호막을 펼쳤다. 아리기는 말한다.

1960년대에는 (중략) 미국은 이 나라들(일본과 그 옛 식민지)을 일본 중심의 지역적 무역 네트워크로 상호 통합하는 작업에 매진하기 시작했다.

그 목적을 달성하기 위해 미국 정부는 한국과 대만이 일본의 식민지주의라는 과거의 불행을 넘어서서 일본의 무역과 투자에 문호를 개방하도록 적극적으로 장려했다. 그렇게 해서 일본은 미국의 패권 아래 경제적 배후지를 아무런 비용도 지불하지 않고 획득했다. (일본이 확보한) 그 배후지는 20세기 전반기에 일본이 영토의 확대를 통해 획득하려 했고, 이를 위해 그토록 열심히 싸웠지만, 최종적으로 제2차 세계대전에서 참패해 잃어버린 것이었다.[2]

전후 일본에서 벌어진 일은 매우 역설적이었다고 아리기는 지적했다. 즉, 지난 전쟁에서 승리를 통해 획득 내지 방어하려 했던 것을 오히려 패배함으로써 획득했던 것이다. 미국이 전후 일본에게 준 것은 민주주의만이 아니었다.

그러나 공산 중국에 대한 '봉쇄 정책'을 미국이 취소한 것은 일본 경제가 번영하는 조건에 근본적인 전환이 이뤄질 것임을 예고하는 사건이었다.

미국의 반공주의 정책을 대략적으로 살펴보면, 1960년대에 심각해진 중소논쟁을 계기로 중국에 접근함으로써 중소 간의 이반을 촉진해 소련에 대한 압력을 높이고, 그 연장선상에서 1989년 이후의 소련 동유럽권의 붕괴를 이끌었다. 미중 국교 정상화는 그 프로세스의 시작을 알린 것이었다.

그런 과정이 진행됨에 따라 미국이 일본의 관대한 보호자 역할을 수행할 구체적 이유가 사라지게 된다.

'위대한 미국의 회복'

그리하여 미국의 1970년대는 쇠퇴 분위기가 농후한 암울한 시대가 됐는데, 오늘날 트럼프 정권의 '위대한 미국을 되찾자'는 슬로건도 그 연장선상에서 이해돼야 할 것이다.

도널드 트럼프가 뉴욕의 부동산업자로 두각을 나타낸 것이 레이건 정권 때(1980년대)였다는 사실은 어쩐지 시사적이다. 레이건 대통령이야말로 '위대한 미국을 되찾자'는 슬로건의 원조라고 할 수 있기 때문이다. 레이건은 1970년대를 지나며 그늘이 드리우기 시작한 '미국의 위대함'을 되찾아 주리라는 자국민의 기대를 한 몸에 받으며 리더십을 발휘했다.

그러나 그 내실은 매우 양면적이었다. 레이거노믹스로 불렸던 경제정책은 본래 이른바 '쌍둥이 적자(재정수지 적자와 무역수지 적자)'라는 위기에 대응하기 위한 것으로 구상됐어야 했다. 하지만 세금을 줄이면 사람들의 노동 의욕이 커져서 생산성이 올라가고, 미국 제조업의 국제 경쟁력도 회복되리라는 극도의 주의주의主意主義적인 정책은 의도를 벗어났다.

한편 금융 긴축 및 정권 초기에 채택된 '강한 달러(달러 강세)' 정책과 글래스-스티걸법(일반 제조업 또는 서비스업 회사가 은행을 소유하는 것을 금지하는 은산분리 원칙과 금융회사의 비금융회사 지배를 금지하는 원칙을 골자로 한 금산분리법-역주) 형해화로 대표되는 금융자본 규제 완화정책은 세계의 돈을 미국으로 끌어들여 카지노 자본주의화를 초래했다. 그리하여 결국 경제면에서 보자면, 제조업의 경쟁력 회복이 아니라 자본주의의 금융자본주의화가 '위대한 미국의 회복' 수단이 됐다.

레이건의 뒤를 이은 아버지 부시 정권은 1991년 걸프전쟁으로 미국의 군사력에 다시금 '세계의 경찰'이라는 칭호를 안겨주었다. 또한 소련을 붕괴로 몰아가 마침내 숙적인 공산주의를 멸망시켰다. 이를 통해 군사와 이데올로기 차원에서 '위대한 미국'을 달성했으나, 경제 침체로 빌 클린턴에게 대통령 자리를 빼앗겼다.

클린턴 정권 때는 정보 기술의 발전에 힘입어 금융자본주의의 고도화를 추진했다. 그 노선은 아들 부시 정권으로 계승됐으며, 2001년 9월 11일 동시다발 테러 사건 이후 미국은 '테러와의 전쟁'에 돌입한다. 네오콘파(Neo-conservatives, 신보수주의자들-역주)가 지배하고, 기독교 근본주의 세력이 지지한 아들 부시 정권의 '선제공격 독트린'과 이에 기초한 이라크 전쟁이 미국의 국제적 신뢰성을 현저하게 손상시키는 가운데 금융자본주의화는 모순을 드러냈고, 2008년 '리먼 쇼크'를 야기하기에 이른다.

그런 상황 속에서 등장한 버락 오바마 정권은 안팎으로 뜨거운 기대를 모았다. 유색인종 최초의 미국 대통령이자 정의감 넘치는 시원시원한 말솜씨를 자랑하는 이 정치가에게서 세계는 실로 '위대한 미국의 회복'을 보고자 했다. 그러나 오바마 정권 8년간 그 기대는 실망으로 바뀌었다. 경제적으로는 카지노 자본주의에 대한 규제를 하지 않았고, 군사적으로도 군산복합체와 본격적인 대결을 하지 않았으며, 드론 무기의 사용을 확대함으로써 테러와의 전쟁으로 부채질해온 격렬한 반미 감정에 더욱 기름을 끼얹었다.

이렇게 훑어보면서 알 수 있는 것은, 레이건 대통령 이래 40년 가까운 세월에 걸쳐 '위대한 미국을 되찾자'는 프로젝트가 계속 수행돼왔다는 사실이다. 바꿔 말하면 그 프로젝트가 실패를 거듭해왔다는 뜻이기도 하다. 그리고 트럼프 정권이 등장하면서 '위대한 미국의 회복'은 단순한 슬로건에 그치고, 대통령의 캐릭터와 맞물려 농담처럼 치부되기에 이르렀다.

하지만 트럼프가 철저하게 이 말만을 반복하는 전술을 통해 대통령 선거에서 승리한 것은 의미가 크다. 그것은 현재 미국인들 사이에 '미국의 위대함'이 사라져가고 있다는 통절한 의식이 퍼졌음을 말해주는 동시에, 그들이 '미국의 위대함'에 그들이 보이기 시작한 1970년대부터 50년 가까운 세월이 지나도록 여전히 이 관념을 버리지 못했다는 사실을 말해준다.

왜 미국에서 일본으로 헤게모니 교대가 이뤄지지 않았는가

문제는 그 과정이 일본 '전후의 국체'에 어떻게 작용해왔는가, 또 거꾸로 일본의 존재가 그 과정에 어떻게 작용해왔는가, 하는 것이다.

월러스틴을 필두로 한 세계체제론자들은 한때 미국의 쇠퇴와 일본 경제의 상승으로 세계 자본주의 역사에서 헤게모니 국가 교대가 미국에서 일본으로 넘어가는 형태로 일어날 수 있다고 지적했다. 그러나 이 같은 일은 현실에서 일어나지 않았으며, 그런 주장을 한 학자들도 오늘날에는 그러한 견해를 사실상 완전히 접었다.

'잃어버린 20년'을 통과한 지금에 와선 어떻게 그런 가능성을 이야기할 수 있었는지, 묘한 느낌을 금할 수 없다. 하지만 그런 상황이 한 때나마 존재했던 것도 분명한 사실이다. 그렇다면 왜 헤게모니 국가 교대가 일어나지 않았을 뿐 아니라 일본의 대미 종속이 지금 한층 더 강고해졌을까.

《재팬 애즈 넘버원》(Ezra Vogel)이라는 말까지 들을 만큼 일본의 경제적 위치가 절정을 맞이하고, 일본에서 미국으로 자본 이동이 왕성하게 이뤄졌던 1980년대에 관해서 아리기는 다음과 같이 썼다.

> 일본에서 미국으로 자본이 흘러들어가는 것은 (중략) 이례적인 일은 아니었다. 오히려 두 번의 세계대전 중에 쇠퇴기의 자본주의 대국(영국)에 발흥기의 자본주의 대국(미국)이 경제 지원을 해준 것과 유사하다. 1980년대의 미소 대립과는 달리 영독 대립은 물론 '뜨거운' 전쟁이었지 '차가운' 전쟁은 아니었다. 그러나 어느 대립이나 경제 지원 요구가 존재했으며, 승자를 '지원'함으로써 이익을 기대했다는 점에서는 같다.
>
> 제1차, 제2차 세계대전 중 이루어진 영국에 대한 미국의 경제 지원과 제2차 냉전기의 일본의 대미 금융 지원의 가장 큰 차이는 결과에 있다. 미국은 막대한 이익을 얻었지만 일본은 그렇게 되지 않았다.[3]

두 번의 세계대전을 통해 일어난 영국에서 미국으로의 헤게모니 국가 교대기에는 "미국의 금융자본이 마지막까지 붕괴하던 영국 세계시장 시스템을 지키려고 했음"[4]에도 불구하고, 미국에서 일어난 조직화 혁신의 산물인 '수직통합·관료주의적 경영·다단위 구성형多單位 構成型 기업체'[5]가 세계 시장에서 패권을 장악하고 막대한 이익을 올렸다.

이와 대조적으로 미국에서 일본으로의 헤게모니 교대가 일어나지 않은 가장 큰 이유를 아리기는 1985년 9월의 플라자 합의 이후 달러 가치 절하에서 찾았다. 레이건 정권은 재정이 악화되는 가운데 감세와 군비 확장을 꾀했는데 일본은 거기에 대량의 미국 국채를 구입함으로써 자금을 댄 것이다. 그런데 '강한 달러' 정책이 폐기되면서 달러 가치가 하락했다. 플라자 합의 당시 1달러 = 240엔이던 환율은 1987년 2월에는 1달러=140엔대에 도달했다. 즉, 환율 변동으로 미국의 차입금이 탕감된 것이다. [6]

경제적 패전

아리기는 또한 일본의 자본이 미국에 진출했을 때 마주해야 했던 문화적·정치적 어려움에 대해 언급했다. 미쓰비시 지사의 록펠러 센터 매수나 소니의 컬럼비아 영화사 매수, 마쓰시타 전기산업의 MCA Music Corporation of America 매수는 미국 여론의 격분을 샀는데, 그것은 문화적 장벽(더 단적으로 말하면 인종차별)이었다.

여기에 정치적 장벽도 있었다. "미국 정부는 국내에서 고용을 창출하고 국제수지 적자를 메워주는 공장, 생산 설비에 대한 일본의 투자를 환영"하면서도 "바로 그 일본 자본이 수익성이 좋고 전략적으로 중요한 산업을 차지하는 것에는 강하게 반대했다."[7]

그리하여 이러한 자본수출은 현지 생산의 확대를 통한 대미 수출

감소라는 희생을 감수한 부문을 빼고는 대체로 실패로 끝났다. 아리기는 이렇게 결론지었다.

> 요컨대 현재의 금융 확대기의 미일 관계에서 정말 이상한 것은 일본의 자본이 1980년대 초에 미국으로 향했다는 점이 아니라, 미소 간의 냉전 최종 단계에서 미국을 경제적으로 도와주었음에도 일본의 자본은 거의 이익을 얻지 못했다는 점이다.[8]

이러한 일련의 과정은 일본에서 《머니 패전》(깃카와 모토다다 吉川元忠의 저서 제목)으로 1990년대 말 대중의 주목을 받았다. 깃카와의 저작은 화제를 불러 널리 읽혔으나, 친미적인 주류파 이코노미스트들은 이를 무시하거나 '난폭한 이론·극단적인 주장'이라며 비난했다.

아리기와 같은 중립적인 제3자가 보면 '정말 이상한' 것으로 보일 수밖에 없는 사태가 일본에서는 이상한 것으로 받아들여지지 않는 데에 '국체의 비밀'이 있다.

'일본의 미국'이라는 도착〔倒錯〕

이상한 것은 일본의 자본이 이익을 추구하지 않았다는 것만이 아니다. 일본의 정치와 경제는 이익을 올리는 데 실패한 것에서 그치지 않았다. 이들은 전후 일본의 정치경제적 이익을 떠받쳐준 구조를 자진해서 파괴했다.

그 구조란 물론 동서 냉전 구조였다. 레이건 정권의 냉전 재가동 정책은 소련을 다시금 군비 확장 경쟁으로 몰아가 붕괴를 유도했는데, 이때 미국의 재정적인 뒷받침을 해준 나라가 다름 아닌 일본이었다. 공산권과의 대결이라는 큰 틀의 구조가 있었기에 미국은 일본을 비호해야 했고, 일본 역시 그 구조 아래서 대미 종속을 통해 이익을 얻을 수 있었다. 하지만 바로 이 구조를 파괴하는 일에 일본은 적극적으로 가담함으로써 '공산주의를 최종적으로 타파한 위대한 미국'을 실현할 수 있게 한 것이다.

즉, '위대한 미국의 회복'이라는 관념을 40년 가까운 세월에 걸쳐 미국이 마음대로 갖고 놀 수 있게 만든 요인—적어도 그 일부—은 일본의 자기희생적 헌신이었다.

우리는 여기서 '국체의 변증법'을 찾아볼 수 있다. '전전의 국체'는 '천황의 국민'에서 '천황 없는 국민'을 거쳐 '국민의 천황'이라는 관념에 이르렀는데, 마찬가지로 '전후의 국체'는 '미국의 일본'에서 '미국 없는 일본'을 거쳐 '일본의 미국'에 이르렀다. 다시 말해 '일본의 도움으로 계속 위대한 미국'을 만들어낸 것이다.

'전전의 국체'가 '국민의 천황'이라는 관념에 의해 떠받쳐짐으로써 자기모순에 빠져 붕괴한 것처럼, '일본의 미국'도 또한 자기모순을 심화시켜왔다.

국체론

2. 점점 더 이상해지는 대미 종속

수탈 공세로서의 세계화

일본의 거품경제를 배경으로 한 대미 자본 진출과 미국에서 발생한 '일본 때리기'를 거쳐, 일본은 알다시피 거품 붕괴 이후 언덕길에서 굴러떨어지듯이 정치·경제면에서 '잃어버린 20년(그것은 30년이 돼가고 있다)'으로 돌입하게 된다.

그러는 가운데 1989년에 미일 구조 협의가 시작됐고, 미국은 '일본 시장의 비관세 장벽에 의한 폐쇄성'을 비판하며 그것을 시정하라고 압박한다. 미일 구조 협의는 나중에 미일 포괄경제협의로 이름을 바꾸었고, 다시 연례 개혁 요망서가 된다. 2009년에 성립된 하토야마 유키오 정권이 이를 일단 폐지했지만, 간 나오토菅直人 정권으로 교체되자마자 바로 미일 경제조화대화經濟調和對話라는 틀이 만들어져 TPP로까지 연결된다.

이들은 모두 '세계화에 대한 대응·추진'이라는 이름 아래 미국에 본거지를 둔 많은 글로벌 기업이 일본 시장에 참여할 수 있는 통로를 만드는 것이었다. '시장 참여'라면 평온하게 들리겠지만 그 실태는 그리 단순한 것이 아니다.

TPP 교섭 과정에서 분명해졌듯이, 미일 구조 협의에서 발명된 '비관세 장벽'이란 개념은 점점 비대해져 '글로벌 기업이 확대·전개할 때 장애가 될 수 있는 모든 사상事象'을 의미하게 됐다. 즉, 국민 생활의 안정이나 안전에 기여하기 위한 규제나 제도 모두가 논리상 이 '장벽'

카테고리에 들어갈 수 있는 것이다. 그 연장선상에서 오늘날 우려되는 것이, 예컨대 일본의 전 국민 보험 제도에 대한 공격이다. 월스트리트의 금융자본 입장에서 볼 때 보편적인 공적 건강보험은 '참여 장벽'이며 제거해야 할 대상이 된다.

이런 동향은 신자유주의적 세계화의 일환이며, 미일 간에서만 벌어지는 현상은 물론 아니다. 비대해진 자본 권력이 사람들의 직접적 생활에 관여하는 모든 영역에서 인정사정없이 이윤을 뽑아가려는 경향은 전 세계에서 관찰할 수 있다.

그러나 일본의 경우 유독 눈에 띄는 것이 그러한 동향에 대한 비판의 소리가 너무 작다는 사실이다. 예를 들어 대형 신문 미디어를 살펴봐도 TPP를 미국 또는 글로벌 기업의 새로운 수탈 공세로 다루는 논조는 거의 찾아볼 수 없었다. 오히려 미국발 '비관세 장벽에 대한 비판'을 '일본 사회의 폐쇄성'이라는 애매한 개념으로 옹호하는 논조가 1990년대 이후 급속히 힘을 얻게 된다.

그리고 결국 '아미티지-나이' 보고서 같은 공공연한 내정간섭이 큰 위화감 없이 적용되는 상황이 2000년대 이후 일상적으로 펼쳐졌다.

대미 종속의 역설적 고조

한마디로 이야기하면 '이상한 예속'이다. 다시 아리기를 참조하면, 이런 상황에 이르기 전에 다음과 같은 단계가 있었다.

친미적인 자민당 정권 아래서조차 일본은 미국의 명령에 따르는 이유를 찾는 것이 점점 어려워졌다. 현실에서 미국의 명령에 따랐을 때에도, 1987년 이후의 미일 관계 실태를 보면 일본의 투자가 점점 미국에서 아시아로 방향을 틀었음을 알 수 있다. 일본의 자본은 미국에서 막대한 손실을 입은 뒤에야 미국의 기술과 문화를 획득하겠다는 소용없는 시도나, 점점 더 무책임해지는 미국의 군사적 케인즈주의에 제공하는 자금으로는 최대의 이익을 얻을 수 없다는 것을 깨달았다. 그 반대로 최대의 이익을 올리기 위해서는 아시아의 노동 자원을 더 철저히, 더 폭넓게 활용할 필요가 있었다.[9]

아리기가 말한 대로 1990년대는 일본 경제에 가장 중요한 지역이 미국에서 아시아로 이동한 시대였다. 1990년대 초반에 무역에서도 수출·수입처로서 최대의 점유율을 차지하는 상대가 미국에서 아시아로 바뀌었다.

그것은 앞서 논한 대로 일본의 자본이 이윤을 계속 내면서 필연적으로 촉진한 변화였다. 그렇다면 1990년대부터 널리 회자돼온 '버즈워드(buzzword, 특정 기간이나 분야에서 아주 인기 있던 용어-역주)'로서의 세계화는 하부구조적으로 보면 일본 경제의 아시아와의 관계 심화 및 대미 의존성 경감, 다시 말해 적어도 경제적 차원에서는 탈미입아脫美入亞 경향의 필연성을 의미했다. 하지만 아리기도 예측하지 못했던 놀라운 일은 이 같은 우여곡절을 거치면서도 결국 자민당을 중심으로 한 일본 정치권력은 '미국의 명령에 따를 이유를 찾아내는' 데 광분했고, 거기에 성공해왔다는 사실이다.

서구의 여러 유력한 국가들이 비판한 이라크 전쟁에 대한 찬동과 지원으로 대표되듯 일본의 정치적 대미 종속은 그것을 필연화한 경제적 하부구조가 없어진 뒤에도, 역설적이게도 오히려 강화됐다.

탈 대미 종속을 지향한 하토야마 유키오 민주당 정권의 성립은 그 과정에서 일어난 예외적인 사례였으나, 결과적으로 보면 그것은 대미 종속을 전례 없이 노골적으로 강화하는 거센 반동을 불러일으키게 된다.

군사적 종속

왜 이런 이상한 사태가 일어나는가? 자주 거론되는 표준적인 답은 군사적 종속 때문이라는 것이다. 즉, 경제 분야에서 전후 일본은 일시적 또는 부분적으로 미국을 능가해 위협을 느끼게 할 정도로 힘이 커졌으나, 미일 안보 체제에 토대를 둔 대미 의존이 너무 심각해 경제적 성공이 대미 자립을 의미할 수는 없었다는 뜻이다.

이런 종류의 해설은 근거로 삼을 만한 역사적 사실을 풍부하게 갖고 있다. 일본의 전후 부흥과 발전은 그 자체가 미국의 의도에 따른 것이다. 미국은 전후 세계 여러 나라의 대일 배상 청구를 억제했고, 한국전쟁 특수로 일본이 재건의 발판을 마련토록 했으며, 자국의 시장을 개방했고, 무엇보다 평화 헌법으로 군사력 보유와 행사를 규제당하는 일본에 주일 미군이라는 세계 최강의 군사력과 '핵우산'을 제공함으로써 일본이 경무장·경제 우선이라는 국책 노선(요시다 독트린)을 채택할 수 있게 해주었다.

또 앞서 살펴본 아리기의 말처럼, 일본의 자본이 아시아권을 시장으로, 나중에는 노동력의 원천으로 활용할 수 있게 된 배경에도 아시아의 광대한 영역을 자국의 세력 아래 둔 미국의 군사력이 있었다. 말하자면 '미국의 구역'에서 일본의 자본이 비즈니스를 할 수 있었다는 이야기다.

특출한 군사력이 미국의 헤게모니를, 쇠퇴에도 불구하고 유지할 수 있게 한 요인이라는 점은 현실의 한 단면이다. 예컨대 미국이 침략적 성격이 강한 이라크 전쟁을 굳이 감행한 가장 큰 이유는 이라크 후세인 대통령이 2000년 11월에 이라크 석유 거래를 달러가 아니라 유로 베이스로 변경한 데에 있다는 설이 유력하다.

닉슨 쇼크 이후 금이 뒷받침할 수 없는 통화가 된 미국 달러가 기축통화로서의 지위를 유지하고 있는 배경에는, 금융의 글로벌화를 추진함으로써 세계의 자본을 미국으로 유입시키는 전략과 더불어 달러가 아니고는 구입할 수 없는 전략 상품이 다수 존재한다는 사실이 깔려 있는데, 그 맨 앞자리를 차지한 것이 석유다. 즉, 달러의 지위는 사실상 제도화된 상품본위제에 의해 지탱되고 있는 셈이다.

이라크와 같은 중요한 산유국이 석유 거래 통화를 달러가 아닌 다른 것으로 바꾸는 행위는 이 제도에 대한 도전을 의미하며, 달러의 기축통화로서의 지위를 위협한다. 미국 관민의 부채가 계속 늘어나고 있는 가운데 미국 달러의 가치가 붕괴하는 것은 아닌가 하는 우려는 이미 오래전부터 떠돌았다. 그런 걱정을 불식시키기 위해 미국은 이라크 전쟁을 결행해서 후세인 정권을 무너뜨린 것으로 보인다.

이런 시각이 옳다면, 미국의 거대한 군사력은 늘 재정 상황을 압박하는 불씨임과 동시에 미국이 헤게모니 국가로서의 지위를 유지하게 해주는 궁극적 요인이다.

3. 예속과 부인

노예의 낙원

그러나 헤게모니 국가는 군사적으로도 최강국이라는 일반적인 원칙에 따라, 현재 일본이 이제까지 답습해온 대미 종속 노선을 더욱 열렬히 추구해야 하는 이유가 될 수는 없다.

단적으로 말하면, 일본의 대미 종속 문제의 핵심은 미일 안보조약도 아니고 국토를 차지한 대규모의 미군 기지도 아니다.

독일을 보면 알 수 있다. 독일도 미국과 군사동맹(NATO)을 맺고 일본과 마찬가지로 패전국으로서 대규모의 미군 기지를 수용하고 있지만 일본과 같은 비굴한 대미 자세를 취하진 않는다.

전후의 미일 간 국력 격차 또한 문제의 본질은 아니다. 필리핀을 보면 알 수 있다. 필리핀은 처음엔 미군 기지를 내쫓았다가, 대중국 관계가 악화되자 다시 미국의 군사력을 이용하려 하고 있다. 미국은 강하고 풍요로우나 우리나라는 약하고 가난하기 때문에 종속될 수밖에 없다는 언사는 허튼 소리에 지나지 않는다.

일본이 거대한 미군 기지를 수용하고 있는 이유도 역사적으로 엎치락뒤치락 해왔다. 최초에는 '패전의 결과'였지만 얼마 뒤 '동서 대립기의 일본 방위'로 그 이유가 바뀌었고, 일본을 향한 직접적인 위협을 막는다는 변명이 설득력을 잃어가자 '자유세계의 방위'로 다시 그 이유를 바꿨다. 그리고는 공산권이 소멸하자 "'세계의 경찰'로서 '정의'로운 경찰 행위를 위해서"라고 둘러댔는데, 이 '정의'도 의심스러워지자 '중국의 위협', '폭주하는 북한의 위협'에 대한 억지력을 그 이유로 대기에 이르렀다. 이런 엎치락뒤치락은 이 모든 것이 진짜 이유가 아니라는 사실을 말해준다.

즉, 대미 종속 현상을 합리화하려는 이런 언설들은 단 하나의 진실한 결론에 도달하는 것을 막기 위한 쓸데없는 잡담일 뿐이다. 그리고 그 단 하나의 결론이란 실로 단순하다. 일본은 독립국이 아니며, 독립국이고자 하는 의지조차 갖고 있지 않은데, 심지어 이러한 현실을 부인하고 있다는 사실이다.

니체나 루쉰이 신랄하게 말한 것처럼, 진짜 노예란 노예 상태를 더없이 훌륭한 것이라 생각하면서 자신이 노예임을 부인하는 노예다. 그리고 그런 노예가 완벽한 노예인 이유는, 제아무리 부인해도 노예는 노예에 지나지 않는다는 불쾌한 사실을 떠올리게 하는 자유인을 비난하고 비방하며 중상한다는 점에 있다. 진짜 노예는 스스로 가련한 존재로 계속 남아 있을 뿐만 아니라 그 비참한 신세를 타자에게도 강요한다.

이런 비루한 심리 상태가 '전후 국체'의 붕괴기로 봐야 할 제2차 아베 정권이 장기화하는 가운데 전염병처럼 번지고 있다는 현실은 심각하다고밖에 할 수 없다.

'어리석은 우익'의 대두

자민당 소속 국회의원인 야마다 히로시山田宏는 2018년 1월 16일 자신의 트위터 계정에 다음과 같이 썼다.

오키나와현 나고시 시장 선거가 시작된다. 오나가 다케시翁長雄志 지사의 '올 오키나와'라는 이름의 친중親中 반미反美 반일反日 세력과 함께하는 현직(이나미네 스스무稲嶺進 시장)은 나고 시정을 완전히 정체시켜버렸다. 오키나와를 반일 그룹으로부터 되찾는 중요한 선거.

논평을 위해 거론하는 것조차 불쾌하지만, 유명·무명의 인간들에 의한 이런 종류의 발언들이 너무 일상적으로 범람하는 바람에 우리는 거기에 익숙해져버렸다. 게다가 이는 여당 국회의원이나 되는 사람의 발언이다. 이런 우둔하고 졸렬하며 비루한 품성을 드러내는 발언을 하는 정치가와 정치 세력이 정식 절차를 통해 권력을 차지하고 오늘날에도 지지를 받고 있다는 비참한 사실에 다시금 놀라지 않을 수 없다.

1980년대에 나카소네 야스히로中曽根康弘 정권의 브레인 역을 맡았던 정치학자 고야마 겐이치香山健一는 당시 다음과 같이 말했다.

좌익이 강해서 우리나라에도 사회주의 정권이 수립될 위험이 현실적으로 존재했고, 또 주변의 국제 환경에서도 냉전과 아시아 공산주의의 발흥, 침투가 진행된 중대한 시기에 우리나라의 집권당이던 자유민주당이 전전 보수와 전후 보수의 대연합, 리버럴과 우익적 세력들의 연합이라는 형태로 가까스로 다수파를 형성해야 했던 시기도 있었던 것이 정치의 현실이긴 합니다. 하지만 중·참의원 동시선거로 드러난 민의는 자유민주당이 좌우 양익을 잘라내고 새로운 건전한 국민적 다수파를 형성하고 있다는 것을 명확하게 보여주고 있습니다. 노동조합 안의 자민당 지지율도 급상승하고 있습니다. 이런 것을 고려한다면 일본 사회의 일부에 존재하는 우익 세력, 이들은 첫째로 전쟁과 침략에 대한 깊은 반성이 없고, 둘째로 일본의 국체, 정신문화 전통에 대해 완전히 잘못된, 왜곡된 고정관념에 사로잡혀 있으며, 셋째로 국제적 시야도 역사에 대한 책임감도 결여돼 있습니다. 이와 같은 어리석은 우익의 존재와 겹쳐지게 되는 것은 정말 어이없는 일이라 생각합니다.[10]

이 인용구는 전후 스스로를 온건하고 이성적인 세력으로 표방했던 친미 보수파가 무엇을 놓쳐왔는지 적나라하게 이야기하고 있다.

먼저 전반부에서 고야마는 자신이 관여하고 있는 정치 세력이 구 파시스트 세력(전전 보수, 우익 세력들)과 손을 잡았다는 점을 솔직하게 인정했다. 그것은 격렬한 동서 대립, 공산주의 세력 확대라는 정세하에서 어쩔 수 없었던 긴급조치였노라고.

그러나 고야마는 시대가 바뀌었다면서 말을 이어나간다. 노동자계급에게 호소력을 가졌던 공산주의의 매력이 허울에 지나지 않았다는 사실은 분명해졌고, 착실하게 국민경제를 발전시켜온 자민당 정권을 노동자계급도 지지하고 있다고 말한다. 즉, 공산주의는 더 이상 위협이 될 수 없다. 따라서 현시점에서는 예전에 긴급조치로 손을 잡았던 구 파시스트와의 동맹을 깨야만 한다. 왜냐하면 그들은 너무나도 어리석고 열등하기 때문에.

이 같은 고야마의 인식이 표명된 지 10여 년이 지나 자민당은 '어리석은 우익'에 점거당하기에 이르렀다. 전후 일본이 받아들였다는 자유주의·민주주의·입헌주의라는 근대주의를 보편적 가치로 신봉하는 체제 내 보수(전후 보수)는 쫓겨나거나, 침묵하거나, '어리석은 우익'과 한패가 됐다. 그리하여 '자유민주당이 좌우 양익을 잘라내고 새로운 건전한 국민적 다수파를 형성하고 있다'는 고야마의 진단은 온전히 희망적 관측에 지나지 않게 됐다.

왜 이런 비참한 결과가 초래됐는가? 그것은 합리적인 친미 보수가 '어리석은 우익'을 끝내 숙청하지 못했기 때문이며, 이는 '전후 보수'가 자신들을 '전전 보수'로부터 격리시켜야 할 결정적인 차이를 자각할 수 없었다는 사실을 의미한다. 이러한 무자각 상태는 '전전 보수'와 '전후 보수' 사이에 명확한 차이가 있다는 고야마의 시각과 달리, 오히려 양자가 이음매 없이 매끄럽게 연결돼 있음을 시사한다.

그리고 그 연결의 핵심은 지금까지 논해왔던 '국체호지'다. '전전 보수'는 '전전의 국체'를 무비판적으로 긍정(=국체는 완전하다는 관념적 국체호지)했다. 한편, '전후 보수'는 대미 종속 노선을 합리적이고 현실적인 유일한 선택이라 믿으면서도, 그것이 실은 '국체의 재편성'으로 선택된 것이고 이는 '전후 국체'로 이어졌다(=미국을 매개로 한 국체호지)는 사실의 의미를 생각하지 않았다.

고야마와 같이 합리적 친미 보수파의 입장에서 '전후 보수'가 구 파시스트 세력과 손을 잡았다는 사실을 정면으로 비판한 자들조차 그 의미의 중대성을 꿰뚫어보지 못했다. 오늘날에도 '친미 노선의 합리성'을 이야기하는 논자들 사이에서 비슷한 상황이 이어지고 있다.

새로운 '황도'

근대 전반에 '천황 없는 국민'의 상태가 잠시 찾아온 것과 마찬가지로 전후 경제성장이 그 정점에 도달했을 때 '미국 없는 일본'이 출현했고, 그 뒤에 '국민의 천황(전전)', '일본의 미국(전후)'이라는 '불가능의 시대'가 찾아왔다.

앞서 인용한 오늘날의 '전전 보수'인 야마다 히로시의 인식에는 이런 부조리가 선명하게 나타나 있다. 그가 보기에는 나고시 헤노코의 새 기지 건설에 반대하는 오나가 다케시 오키나와현 지사를 비롯한 '올 오키나와'가 '친중'이고 '반미'이며 '반일'인 것 같다. 현대의 자칭 '보수파'의 눈에 띄는 특징은 친미 보수 정권이 내세운 지침에 비판적인 태도를 '반일'이자 동시에 '반미'라고 낙인찍는 데에 있다. 여기서 '반일＝반미', 거꾸로 말하면, '애국＝친미'라는 도식이 거의 자동적으로 적용된다.

이런 언동은 현대의 극우가 시위에서 종종 일장기와 함께 성조기를 자랑스레 내세우는 행위와 궤를 같이 한다. 현대 일본에서 천황은 곧 미국이라는 사실을 이토록 웅변적으로 말해주는 사상은 없으리라. 다시 말해 친미 보수 정권과 다른 사고방식이나 의견을 지니는 것은 모조리 '반국체적'이고, 성조기에 대한 충성을 과시하는 것은 '황도皇道'인 것이다.

이것은 기괴하게 보일지언정 매우 논리적인 귀결이다. 왜냐하면 '어리석은 우익'의 입장에서 국체는 상처 없이 완전하게 호지돼야 하며, 동시에 현실적으로 볼 때 국체호지는 미국의 매개 없이는 불가능한 것이었기 때문에, 양자를 양립시키려면 미국 자신이 천황 그 자체로 군림해주기를 바라는 수밖에 없기 때문이다.

발광하는 노예들

또 다른 특징은, '반일＝반미'의 도식에 항상 '친중'이라는 꼬리표도 따라온다는 점이다. 오키나와 기지 건설 반대 운동 참가자가 중국으로부터 일당을 받았다는 것과 같은 망상이 그 전형이다.

여기에는 '노예의 사고'가 알기 쉽게 드러나 있다. 이 완전한 노예의 사고회로로는 인간이 자유로운 사고와 의사에 따라 친미 보수 정권을 비판하고 행동할 수 있다는 현실을 이해할 수 없다. 따라서 그런 현실을 자신이 갖고 있는 잣대에 맞춰 이해하려는 것이다. 그렇게 이른 결과가 '저놈들은 중국에게 돈을 받고 있을 거야(안 그럴 리가 없어)'라는 판단이다.

따라서 그들에게는 새삼스레 자신이 가짜 뉴스를 유포하고 있다는 의식도 없는 것이다. 그들의 망상은 자신의 노예적 세계관에 맞춰 세계를 해석했을 때의 '현실' 그 자체일 테니까.

물론 여기에는 인종주의도 얽혀 있다. 샌프란시스코 강화조약과 미일 안보조약을 총지휘하는 역할을 맡았던, 나중에 미국 국무장관이 된 존 포스터 덜레스는 전후 대일 지배의 요점을 '메이지유신 이래 형성돼온 미국과 유럽을 향한 일본인의 콤플렉스(열등감)와 아시아 민족들에 대한 인종주의를 이용하는 것'으로 봤다. 즉, 미국과 유럽의 반열에 들고 싶다는 콤플렉스, 아시아에서 오직 자신들만이 근대인이라는 차별 감정을 잘만 활용하면 일본인은 미국에 종속되는 한편 아시아에서 계속 고립될 것이라고 딜레스는 내다봤던 것이다.[11]

이 콤플렉스와 인종주의의 심리는 '미국을 따라잡고 추월하라'라는 구호에 집약된 경제 발전, 그리고 아시아에서 미국의 가장 중요한 파트너이자 특출하게 풍요로운 나라가 됨으로써(패전에도 불구하고 전전과 같이 계속 아시아 유일의 일등국이 됨으로써) 보상을 받았다.

따라서 결국 미국이 전후 일본인에게 준 정치적 이데올로기의 핵심은 자유주의도 민주주의도 아닌, '다른 아시아인들을 차별할 권리'였을 뿐이다.

그리고 현재 '미국과 유럽의 반열에 든다'는 소원은 일본 자본이 대미 진출을 기도했던 거품경제 호황기에 미국의 인종주의 현실 앞에서 좌절당했으며, 자국의 경제적 쇠퇴와 중국을 비롯한 아시아 국가들의 대두로 '아시아 유일의 일등국'이라는 관념 또한 무참할 정도로 근거 없는 것이 돼버렸다. 그 결과가 앞서 살펴본 일종의 집단적 발광이다. 발광하는 노예라는 게 얼마나 역겨운 존재인지 일본인은 날마다 증명하고 있다.

2012년 말에 시작된 제2차 아베 신조 정권의 시대는 '전후 국체' 붕괴기에 실로 어울리는 광경이 펼쳐진 기간이었다. 중요한 것은 아베 정권이 사라진다고 해서 사회와 개인의 열화가 자동적으로 멈추는 것은 아니라는 사실이다.

아베 정권은 앞뒤 생각없이 잘난 척하는 우익 이데올로기와 연고주의에 의한 추태를 계속 드러내왔는데, 이들이 오랜 시간 집권하고 있다는 현실을 생각하면 그 원인을 '일부 이상한 사람들' 탓으로 돌리기는 도저히 불가능하다. 여론조사에 따르면, 아베 정권 지지자들의 최대 지지 이유는 '달리 적임자가 떠오르지 않기 때문'이라는 것인데, 정말 맞는 말이다. 현재의 표준적인 일본인은 콤플렉스와 인종주의에 절은 '가축인家畜人 야푸('노예로 봉사하는 마조히스트'라는 뜻의 일본식 조어-역주)' 누마 쇼조沼正三라는 전후 일본인의 아이덴티티를 더는 유지할 수 없다는 것을 어렴풋이 예감하면서도, 그것을 대신할 아이덴티티가 '떠오르지 않기' 때문에 거울에 비친 비참한 자신의 모습인 아베 정권에게 소극적인 지지를 보내는 것이다. 이 수렁과 같은 무기력에서 벗어나는 일에 비하면 아베 정권이 계속될지 말지 여부는 사소한 문제다.

4. 두 개의 아이덴티티

개헌 논쟁의 맹점

이런 정신 상태가 만연한 가운데 친미 보수 세력이 주도하는 개헌이 구체적인 정치과정에 들어가게 된다. 개헌파와 호헌파의 논쟁 역시 한층 더 시끄러워질 것이다.

그러나 이 책에서 논한 바에 따르면, '개헌이냐 호헌이냐'는 문제 설정은 유사 문제에 지나지 않는다. 제5장에서 논했듯 최고 법규여야 할 일본국 헌법의 위쪽에 미일 안보조약과 거기에 부수된 미일 지위 협정 및 그와 관련된 각종 밀약이 있다. 그런 구조를 방치한 채로는 헌법을 바꾸든 유지하든 본질적인 차이가 없다.

물론 헌법 9조라는 존재 덕분에 일본이 베트남전쟁과 같은 불의한 전쟁에 참전하지 않을 수 있었고, 이라크전쟁에서도 부대를 파견했을 지언정 이른바 전투 행위에는 참가하지 않았던 것을 매우 다행스럽게 생각한다. 또 일본회의와 같은 지극히 어리석고 열등한 우익 세력이 주도하는 개헌 사태는 악몽 그 자체라고 확신한다.

그러나 다른 한편으로, 호헌파의 '9조를 지켜라'라는 주장에 속 편하게 목소리를 보탤 수 없다는 생각도 든다.

물론 호헌파에도 다양한 입장이 있어서 이 슬로건으로 모든 호헌파를 대표하는 것은 폭력적인 단순화일 것이다. 하지만 그럼에도 개헌 문제가 정치과정에 들어가면 9조를 '바꾼다'와 '바꿀 수 없다'는 형태로 논쟁이 전개될 가능성이 높다.

'9조를 지켜라(그로써 평화를 지켜라)'는 슬로건에 내가 좀처럼 동조할 수 없는 이유는, 미일 안보 체제의 현실이 9조의 존재를 아득히 뛰어넘고 있다는 사실 때문이다.

누구나 알고 있듯이 일본은 미일 안보조약을 근거로 광대한 국토를 미국의 군사기지로 제공하면서, 그 주둔 경비의 약 75퍼센트(2002년 데이터)를 부담하고 있다.[12] 이 부담률은 다른 미군 주둔국과 비교해서 단연 1위로, 독일의 배가 넘는다. 이렇게 좋은 조건으로 제공받은 대규모의 군사시설 없이는 미국의 군사적 세계 전략을 도저히 수행할 수 없다.

평화운동가 우메바야시 히로미치梅林宏道는 1995~1996년에 미일 간에 이뤄진 '안보 재정의'에 대해 먼저 미국 쪽의 인식을 다음과 같이 정리했다.

> 즉 미일 안보 체제는 체결 당시에 의도했던 대소對蘇 방위 체제는 이미 아니고, 미군의 전 지구적(초지역적)인 전개를 떠받치는 체제라는 것이 미국의 인식이 됐다고 공공연히 말할 수 있게 된 것이다.[13]

본래 이 시기는 동서 대립의 종결에 따라 미일 안보 체제에 대한 근본적인 재검토나 주일 미군 기지의 대폭 축소 등을 강한 설득력으로 전망할 수 있는 타이밍이었다. 그러나 미국과 일본 정부는 그럴 의도를 전혀 갖고 있지 않았다. 미국 쪽의 '인식'에 대해 일본 정부 쪽은 다음과 같이 대응했다고 한다.

1995년 4월 방위청이 준비한 문서는 '우리나라의 안전에 대한 직접적 위협이 눈에 띄는 형태로 다가오고 있지 않다'는 상황 인식을 나타내면서, 미일 안보 체제에 대한 새로운 역할을 '세계의 안정 유지에 관한 미국의 활동을 일본이 지원하기 위한 불가결한 체제'로 규정했다.[14]

요컨대 일본에 대한 위협이 존재하지 않더라도 미군은 주둔을 계속한다는 것이다. '주일 미군은 일본을 지켜주기 위해 주둔하고 있다'는 일본인의 '막연한 상식'이 다름 아닌 일본 정부에 의해 부정된 것이다.

또 이 시기는 오키나와에서 미 해병대원들에 의한 집단 성폭행 사건(1995년 9월)이 일어나 현지의 기지 반대 운동이 격화되고, 당시 오키나와현 지사였던 오타 마사히데太田昌秀가 토지 강제 사용을 위한 대리 서명을 거절한, 미일 안보 체제의 부정적 측면이 폭발적으로 드러난 시기이기도 했다.

오키나와의 격렬한 분노에 미국은 오키나와 기지 전반을 유지할 수 있을지 걱정해야 할 상황에 직면했다. 그러나 '안보 재정의'는 미국의 당초 의도를 기본적으로 실현시켜주는 형태로 하시모토-클린턴의 '미일 안보 공동선언─21세기를 향한 동맹(1996년 4월)'으로 정리됐다.

그리고 '세계의 안정 유지에 관한 미국의 활동'은 이 공동선언을 하고 5년이 지난 뒤에 9·11 동시다발 테러가 발생함에 따라 '테러와의 전쟁'이라는 형태를 띠게 된다. 주지하듯이 이 전쟁은 전혀 끝을 볼 수 없는 상황으로 전개됐고, '안정 유지'는커녕 불안정의 연쇄를 초래했다. 그런 와중에 1996년의 '안보 재정의'가 제시한 방향성에 따라 미일 군사협력, 더 단적으로 이야기하면, 군사력의 일체화가 진행돼 2014년에는 집단적 자위권 행사를 허용하는 각의 결정이 내려졌다.

대국적으로 보면 이 각의 결정에 토대를 둔 새 안보법제가 위헌인지 아닌지, 입헌주의를 침해하는지 아닌지 따위의 논쟁은 빙산의 일각에 지나지 않음을 부정할 수 없을 것이다.

미군의 글로벌한 전쟁 수행, 그로 인한 격심한 비탄과 증오의 환기라는 점에서, 일본이 집단적 자위권 행사를 인정하든 않든 우리는 이미 충분히 미군의 공범이다. 즉, 헌법 9조는 실질적으로 우리를 평화주의자일 수 없게 만들고 있다.

모순이 있는 곳―헌법 9조와 미일 안보 체제

또한 헌법론 차원에서 말한다면, 근본적인 모순은 헌법의 조문과 자위대의 존재 사이가 아니라 헌법과 미일 안보 체제 사이에 있다. 전자의 모순은 후자의 파생물에 지나지 않는다.

그리고 물론 이 같은 상황은 최근에 생긴 것이 아니다. 점령 통치 시대에 시작된 한국전쟁을 제쳐놓더라도 베트남전쟁에서 나타난 근본적인 모순은 현재와 같았다. 이 구조에 대한 반발이 당시는 베트남 반전운동으로 불타올랐는데, 그럼에도 베트남전쟁을 지지했던 자민당 정권은 상대적 다수의 국민으로부터 계속 지지를 받았으며 동시에 '전후 헌법은 국민에게 널리 받아들여지고 있다'는 판단에서 당시黨是였던 헌법 개정을 뒤로 미뤘다.

즉, 전후 일본이 헌법 9조를 지닌 '평화국가'라는 사실과 미국이 벌이는 전쟁의 세계 최대 협력자라는 사실이 모순이라 인식되지 않은 채 기묘한 공존을 계속해온 것이다. 전 방위관료이자 퇴임 뒤 지금은 아베 정권의 집단적 자위권 행사 허용 결정을 비판하는 논진을 펴고 있는 야나기사와 교지柳澤協二는 다음과 같이 말했다.

현실의 일본의 아이덴티티는 유일한 피폭국이라는 사실이나, 두 번 다시 전쟁을 하지 않겠다는 의지를 부연(敷衍, 거듭 자세히 설명함-역주)하는 과정에서 '자위를 위해서라도 전쟁은 해서는 안 된다'라는 식의 발상으로 정착된 것이라고 생각합니다. 그러나 또 하나의 아이덴티티로서 내가 정부에 있을 때 추진했던 것은 뭔고 하니, 미국의 더 좋은 동맹국이라는 아이덴티티였습니다. 따라서 특히 냉전이 끝난 뒤 일본의 아이덴티티는 무엇인가라는 질문에 미국의 동맹국이라는 것 외에 딱히 내놓을 대답이 없었습니다. 결국 '미국이 하려는 것을 어떻게 도와줄 수 있을까', '많이 도와주는 쪽이 좋은 동맹국'이라는 것밖에 없었던 셈입니다.[15]

아마도 솔직한 이야기라고 해야 할 것이다. 두 개의 아이덴티티 사이의 모순은 너무도 명백하다. 왜냐하면, 동맹국 미국은 보통의 나라가 아니라 제2차 세계대전 뒤에도 거의 중단 없이 전쟁을 계속해온 나라이기 때문이다.

그 모순은 지금 동아시아의 정세가 유동화하고 있는 가운데 얼버무릴 수 없는 형태로 모습을 드러내고 있다. 만일 우리에게 '미국의 좋은 동맹국(정확하게 말하면 '주니어 파트너' 또는 '속국')'이라는 아이덴티티밖에 없다면 우리는 '미국 제국의 충량한 신민臣民'으로서 미국의 방패막이가 되는 운명을 기꺼이 감수해야 할 텐데, 아베 정권은 전후 어느 정권보다 노골적으로 그 방향으로 뱃머리를 돌렸다.

대두하는 중국의 위협을 강조하는 것은 '미일동맹 대 중국'이라는 도식을 만듦으로써 미국을 일본에 붙들어 매서 우리에게 남은 유일한 아이덴티티를 확보하기 위한 필사의 노력이며, 한반도 위기에 대한 트럼프 대통령의 용맹스러운 언사를 접하고 '100퍼센트 함께한다'―이건 희생을 받아들일 용의가 있다는 것과 동의어다―고 선언한 것은 바로 '오오키미(大君, 천황의 높임말-역주)의 방패막이가 되겠다'는 결의를 보여주는 것이다.

제9장

國體

국체의 환상과 그 힘

1. 국체의 환상적 관념

'국체'의 재정의

이상 우리는 빠른 걸음으로 두 차례에 걸친 '국체'의 형성·발전·붕괴의
역사를 더듬어왔다. 근대 전반만이 아닌, 전후의 역사를 국체 개념을
중심축으로 파악하는 것의 유효성뿐 아니라 오늘날까지도 현재진행
형인 영속 패전 레짐의 위기를 파악하는 데에도 이 개념이 없어서는
안 된다는 점을 입증하고자 노력했다.

그런데 전후에 천황제를 이야기할 때마다 거듭 언급돼온 유명한 말
이 있다. 중국문학자 다케우치 요시미竹内好의 "나무 한 그루, 풀 한 포
기에 천황제가 있다"[1]는 발언이다. 이 말은 '천황제적인 것'이 천황과
실제로 근접·접촉하고 있는 정치기구 상부의 통치 엘리트 속에서 발

생한 뒤 사회 전체로 일방적으로 퍼져나가는 것이 아니라, 일본 사회 도처에서 '천황제적인 것'이 만들어졌다는 지적이다. 저 천황제 파시즘이라는 이상한 통치 기구는 그것을 받아들이는 광범하고 비옥한 토양이 있었기에 성립될 수 있었다는 뜻이다.

이 지적은 일본 사회의 여러 조직이나 공동체에서 보스와 그 부하들이 자행하는 부조리한 지배가 눈에 띄는 현실에 비춰보건대, 정당하다. 그러나 '천황제적인 것'이 만일 공기처럼 편재하는, 즉 일본 사회의 존재 방식을 영구히 규정하는 것이라면, 그 지배에서 벗어나는 것을 우리는 체념할 수밖에 없을 것이다. 다시 말해 천황제에 관한 일견 '깊은' 논의는 극복이 불가능하다는 결론으로 종종 귀착된다.

그 때문에 이 책에서는 기본적으로 천황제 또는 국체를 근대 일본이 만들어낸 정치적·사회적 통치 기구의 구조로 한정해 파악하고자 했다. 나무 한 그루, 풀 한 포기의 흔들림에서 천황제의 흔적을 찾지는 못할지라도, 우리는 충분히 검증 가능할 정도로 가까이에서 역사적 기원을 살핌으로써 그 기능을 파악할 수 있으리라는 확신에 토대를 두었던 것이다.

이 책은 또한 천황제 기능의 근원을 궁중 제사로 대표되는 천황이 관장하는 의식에서 찾는다는 방법도 채택하지 않았다. 민속학이나 역사학을 통해 천황의 권위나 권력의 기원이 제도적으로 어떻게 확립되고 전개돼왔는지에 관해서는 이미 충분한 연구가 이뤄졌다. 고대 천황제의 권위나 권력의 기원이 제사왕祭祀王으로서의 지위에 있고, 그 기억이 대상제(大嘗祭, 천황이 즉위 의례를 행한 뒤에 처음 시행하는 수확제-역주)를 비롯한 오늘날의 궁중 제사로까지 전승된 것은 분명하다.

이로 인해, 예컨대 민속학자 아카사카 노리오赤坂憲雄는 천황제가 머지않아 쇠망의 길을 걸을 수밖에 없다고 결론지었다. 그는 이렇게 말했다. "우리가 살아가는 현재는 아마도, 천황제의 종교적이고 의례적인 구조를 떠받쳐온 물질적인 기반이 마침내 뿌리째 뽑혀나가고 있는 미증유의 시대일 것이다. 천황이라는 제도는 필연적으로 형해화될 것이다."[2]

'물질적인 기반'이 '상실'된다는 것은 근현대 일본이 농경 사회에서 공업 사회로, 나아가 포스트 공업화 사회로 바뀌어온 사실을 가리킨다. 천황이 지내는 궁중 제사의 기원이 농경 사회를 전제로 한 것이므로, 그 사회 기반이 뿌리째 바뀌어버리면 천황이 집행하는 종교적·의례적 실천은 일본인들에게 까닭을 알 수 없는 것이 돼버린다는 게 아카사카의 진단이다.

그러나 이 책에서 살펴본 것은 사회의 주요한 생산양식이 떠받쳐주지 않더라도 근대 일본에서 '천황제적인 것'은 충분히 기능할 수 있다는 사실이다. 왜냐하면, 적어도 우리에게 친근한 천황제란 고대적 의장(意匠, 디자인)을 갖춘 근대적 구축물이며, 천황이란 존재 자체 및 천황제라는 통치 구조가 좋고 나쁨과는 상관없이 근대화를 의도해서 만든 장치나 다름없기 때문이다. 바로 그렇기 때문에 전후에 아메리카니즘과 천황 사이에 대체 가능성이 생겨났고, 아메리카니즘은 우리를 둘러싼 물질적 생활에서 그야말로 '나무 한 그루, 풀 한 포기에' 깃든 것이 될 수 있었다.

역사가 야스마루 요시오安丸良夫는 《근대 천황상像의 형성》에서 '천황제＝근대적 구축물'이라는 시각에 기초해서 천황제의 기본 관념을 다음 네 가지로 정리한다.

① 만세일계의 황통＝천황 현인신과, 거기에 집약된 계통성 질서의 절대성·불변성
② 제정일치라는 신정적 이념
③ 천황과 일본국의 세계 지배 사명
④ 문명개화를 선두에 서서 추진하는 카리스마적 정치 지도자로서의 천황[3]

얼핏 봐도 알 수 있듯이 야스마루가 간결하게 정리한 것은 메이지 시대에 형성·확립된 전전의 천황제가 부여받은 특징들이다. 그런데 이런 특징들을 직접적으로 전후의 천황제에 적용하면 그 즉시 설득력이 약해진다. 왜냐하면, ①~④ 그 어느 기능도 오늘날의 천황제는 담당하고 있지 않기 때문이다.

주로 근대 천황제의 형성 과정을 다룬 《근대 천황상의 형성》은 끝부분에서 현대의 천황제 기능에 대해서도 언급한다. 거기에서는 천황이 관여하는 갖가지 의례와 국민의 일상생활 간의 괴리를 지적하면서, 천황제는 '어떤 것에 대해서도 해를 주지 않는 인축무해人畜無害의 골동품'[4]과 같은 것으로, 국민국가의 통합 원리로서 무력화될 가능성을 지적하고 있다.

그러나 그 한편으로, 바로 이 천황제가 일본을 통제하는 질서의 "기본적인 틀 전체 속에서 가장 권위적·터부적인 차원을 집약하고 대표하는 것으로, 지금도 질서의 요체로 기능하고 있다"[5]는 서술도 들어 있다.

솔직히 말해서 나로서는 이런 논지를 이해할 수 없다. 왜냐하면, 한편에서는 천황제가 이미 무력해졌다고 이야기하면서 또 한편에서는 그 정반대의 주장을 하고 있기 때문이다.

또한 여기에서 얘기하는 천황제는 무엇보다 국민국가의 통합 원리로서 기능한다고 서술돼 있는데, 사실 이 같은 기능은 근대 이후에도 군주제가 유지되고 있는 세계의 어느 나라에서든 공통된다. 하지만 야스마루의 주장에서는 천황제와 군주제 일반을 명료하게 구분하는 원리가 제시돼 있지 않아, 왜 유독 천황제가 비판 대상으로 문제시돼야 하는지 그 근거가 명확하지 않다.

만일 근대 국민국가가 국민을 균질화해서 통합하는 것 자체를 비판하고 싶은 것이라면, 통합 장치로서의 천황제 내지 군주제보다는 국민국가 일반을 가장 먼저 비판의 대상으로 삼는 것이 마땅할 것이다.

'전후의 국체'의 환상적 관념

전전의 천황제에 대해서는 간결하고도 요점이 분명한 특징을 부여하는 데 성공한 주장이 천황제의 현재를 다루기 시작하는 순간 심각한 혼란에 빠지는 이유는 무엇인가? 그것은 '전후 국체'는 미국이라는 요인을 빼고는 생각할 수 없기 때문이다.

거꾸로 말하면, 야스마루가 정리했던 천황제의 특징들은 '미국을 정점으로 하는 전후 국체'가 가진 특징이기도 하며, 단지 다른 의장(디자인)으로 번안돼 오늘날 사회적으로 기능하고 있다는 뜻이다. 따라서 이 같은 특징이 미국이라는 매개를 거쳐 변형된 모습이 오늘날 우리 눈앞에 펼쳐진 현실임을 이해한다면, '전후 국체'에 배태된 환상적 관점을 명료하게 비춰낼 수 있는 힘을 얻게 될 것이다.

즉, '① 만세일계의 황통=천황 현인신과, 거기에 집약된 계통성 질서의 절대성·불변성'에서 '만세일계 황통'이란 관념은 천황에 의한 지배 질서의 영원성(천양무궁)을 함의하는데, 오늘날 외교 무대에서 제법 진지하게 구가되고 있는 것이 미일동맹의 영원성(천양무궁)이다. 여기에서 미국 대통령은 신성 황제적 성격을 띠는데, 미국 대통령과 그 측근들에 대한 아베 정권의 대접 양식은 이를 전하는 미디어의 보도 자세와 함께 이 같은 관념을 뒷받침해준다.

또한 신성한 질서에 대한 환상적 관념은 동시에 매우 현실적(이익 지향적)인 것이기도 해서 정계·관료·재계·학계·언론에 두루 존재하는 미일 안보 마피아의 면면들은 얼마나 그 관념을 영구화하는 데 공헌하는지에 따라, 다시 말해 그 업적에 따라 '계통성 질서' 내에서의 지위를 부여받는다.

다음으로, '② 제정일치라는 신정적 이념'에서 '제정일치'라는 말은 사제가 정치권력을 보유하는 신정정치를 의미한다. 이 '사제=정치 지도자'는 원초적 형태의 종교에서는 오곡풍양(五穀豐穰, 풍년 농사)이나 풍어豐漁를 비는 '마쓰리고토(祭り事, 본래는 제사라는 의미지만 현대 일본어

에서는 정치를 가리키는 말로 쓰임-역주)' 무대에서 기도를 올리거나 신탁을 받는 주역으로 활동했다.

오늘날 사회에서는 '글로벌리스트'들로 구성된 경제 전문가(중앙은행 관계자, 경제학자, 애널리스트 등) 집단이 이와 유사한 기능을 수행하고 있다. 이들은 시장의 혜택이 어디로 갈지 그 행방을 점치는 신탁을 일반인에게 고하거나 늘 수상쩍은 복음을 설파함으로써 마르크스·엥겔스가 '이데올로그 최초의 형태'[6]라고 불렀던 사제·승려 계급과 유사한 사회적 기능을 수행하는데, 그들의 수령인 중앙은행 총재는 실제적인 권력을 겸비하고 있다. 뉴욕 다우 평균주가가 오르내리는 것에 일희일비하고, 최종적인 정책 결정자인 신성 황제(미국 대통령)의 경제사상을 열심히 손타쿠(忖度, 윗사람 뜻을 미리 알아서 수행하기-역주)하는 현대의 일상적인 광경은 제정일치의 현재적 형태로 볼 수 있다.

그리고 '③ 천황과 일본국의 세계 지배 사명'은 전전 국체의 '팔굉일우(八紘一宇, 세계만방이 모두 천황의 지배하에 있다는 이념-역주)' 이데올로기와 직결되는 것인데, 그 전후적 형태는 '팍스 아메리카나$^{Pax\ Americana}$'에서 찾을 수 있다. 후술하겠지만, 이 관념이야말로 오늘날 임박한 위험의 가장 큰 원인으로 우리 앞에 그 모습을 드러내고 있다.

이 책에서 강조해왔듯이 역사적으로 볼 때 일본은 미국의 동맹자로서 '냉전'을 수행하고 거기서 수익을 얻으면서 승자의 지위를 획득했다. 미국은 일본을 대신해 팔굉일우를 실현해주었으며, 일본은 그것을 도왔다. 이 승리는 소련·동유럽권의 붕괴와 공산 중국의 세계 자본주의 시장으로의 통합을 가져오며 공산주의의 최종적 패배를 의미했으나, 이는 동시에 일본이 냉전 구조로부터 이익을 얻을 수 있는 상황이 사라졌다는 것을 의미했다.

미국이 실책을 거듭하고 있는 중동 정세나 격변 중인 동아시아 정세에 비춰볼 때, 팍스 아메리카나를 추구하는 것이 일본에게 반드시 이익을 가져다준다고는 할 수 없다. 그럼에도 '팍스 아메리카나에 대한 협조' 이외의 선택지를 전혀 떠올릴 수 없다면 이는 팍스 아메리카나가 합리적 판단을 통해 추론된 바람직한 질서가 아니라 팔꿈일우로 받아들여지고 있다는 것을 의미할 것이다.

마지막으로, '④ 문명개화를 선두에 서서 추진하는 카리스마적 정치 지도자로서의 천황' 또한 전후의 아메리카니즘 유입에 비춰보면, 그 기능을 이해할 수 있다. 물론 물질적 생활·대중문화 등의 영역으로 아메리카니즘이 확대된 것은 제2차 세계대전 이후의 세계 도처에서 일반적으로 관찰할 수 있는 현상이다. '현대적인 것=미국적인 것'이라는 공식은 20세기 후반의 세계를 석권했다.

일본으로 유입된 아메리카니즘만의 특징은 네오 리버럴리즘(신자유주의)의 패권 획득 이후 드러난 것이라 생각된다. 즉, 전후 일본의 국민경제가 성숙되고, 일상적인 소비생활에서 미국이 '동경의 중심' 지위에서 내려간 뒤 '미국적인 것'은 '제도 개혁의 원리'와 같은 좀 더 추상적이고 때로는 잘 보이지 않는 차원에서 기능했다. 노동 관행의 개혁이나 사법제도 개혁, 대학 개혁 등 '글로벌화에 대한 대응'을 앞세운 1990년대 이후의 제도 개혁에서 지향해야 할 모델은 대개 미국이었다. 결국 '글로벌화에 대한 대응'은 '헤이세이의 문명개화 소동' 양상을 보이면서 그 선두에 선 존재로 미국이 인용돼왔다.

눈에 띄는 것은 그런 개혁들이 전반적으로 실패했음에도 중지되지 않았다는 점이다. 일례로 나와 개인적으로 가까운 현장인 대학을 들 수 있는데, '미국류의 공정한 경쟁'을 지향하는 경쟁적 연구 자금 획득 제도의 도입으로 연구 교육 환경이 황폐화됐으며 논문 생산도 저하됐다. 최근에 와서야 이 같은 현실에 대한 관심이 모아지고 있긴 하지만, 그럼에도 사태를 직시하는 이가 없다는 것은 놀라운 일이다. 그런 모습은 파멸적인 전쟁 상황을 계속해서 직시하지 않으려 했던 전시하의 일본을 방불케 한다. 마치 '일본은 신국神國이니까 질 리가 없다'는 명제가 '미국류美國流니까 잘못될 리가 없다'는 형태로 뒤바뀐 것과 같은 광경을 우리는 목격하고 있다. 거기에는 한 조각의 합리성도 없다.

2. 국체가 초래한 파멸

파멸은 어떻게 구체화하는가

그리하여 '전후 국체'의 환상적 관념은 강력한 힘을 발휘하며 사회를 파괴해왔다. 논리적으로 말해서, 그 끝에서 기다리고 있는 것은 파멸일 수밖에 없을 것이다. 그것이 어떠한 형태—예컨대 경제 위기와 거기에 대한 일본의 반응, 전쟁, 또는 그 양쪽—를 취할 것인지 예언할 수는 없지만, 여기에서는 북한의 미사일과 핵무기 개발로 점차 증대돼온 위기와 그에 대한 일본의 반응에 주목하고자 한다.

2004년에 타계한 경제학자 모리시마 미치오森嶋通夫는 1999년에 《왜 일본은 몰락하는가》라는 제목의 저작을 출간했다. 그 저작에서 모리시마는 2050년의 일본 상태를 예측하면서 교육 문제를 비롯해서 경제, 정치, 가치관 등의 영역에서 현대 일본 사회가 얼마나 데드록(deadlock, 정체, 막다른 골목-역주)에 빠져 있는지를 개관한 뒤 일본은 몰락한다고, 특히 정치적으로 무력하게 될 가능성이 높다고 주장했다.

모리시마의 예측이 실현될 것인지를 확인하기 위해 굳이 2050년까지 기다릴 필요는 없으리라. 모리시마는 자신의 책에서 우경화나 역사수정주의 세력의 확대에 대한 우려를 표명했지만, 그가 예측했던 수준보다 훨씬 극단적이고 빠른 형태로 악성 내셔널리즘(= 배외주의)이 이미 활개 치고 있다. 또 모리시마는 빈곤과 계급 격차의 발생을 그다지 크게 고려하지 않았지만, 현실에서는 그러한 현상이 명백하게 드러나고 있다. 요컨대 1999년의 시점에서 모리시마의 예측은 충분히 비관적이었지만, 그보다 더 비참한 현실이 이후 약 20년간 급속히 전개돼온 것이다.

왜 이 같은 참상에 빠진 것일까? 모리시마는 탁월한 비유를 써서 전후 일본의 경제 발전과 그 정체停滯를 설명한다.

나는 국민경제가 작은 엔진을 단 범선이라고 생각한다. 자력으로 움직일 수도 있지만 그럴 경우 속력이 미약하다. 그러나 바람이 부는 경우에는 고속으로 달려갈 수 있다. 고도성장 때에는 한국전쟁, 베트남전쟁 같은 바람이 불었다. 그런 바람이 불지 않는다면 배의 속도는 엔진의 출력만큼만 나올 것이다.

따라서 무풍 상태 때 배를 달리게 하기 위해서는 스스로 바람을 일으키거나, 바깥의 사람들에게 바람을 일으켜달라고 부탁하는 수밖에 없다. 일본인 중에서 바람을 일으키는 역할을 해줄 사람은 정치가들이다. 그러나 지금 일본에는 그런 역할을 할 수 있는 정치가가 없다. 일본의 정치꾼들에게는 바람을 일으키는 것이 자신들의 의무라는 의식이 전혀 없다.[7]

여기에서 모리시마는 고도 경제성장의 실현 요인을 '일본인의 근면성, 노력'으로 돌리는 주의주의적 견해를 넌지시 비판하고 있다. 운 좋게도 바깥에서 불어온 순풍이 그것을 가능케 해주었다고. 그리고 그 '행운'의 정체는 강 건너 불이나 다름없는 전쟁이었다.

1980년대의 거품경기는 바람이 멎은 가운데 투기 열풍에 새로운 바람의 역할을 맡겼다고 총괄할 수 있겠는데, 그것은 당연히 사그라 질 운명이었다. 제8장에서 살펴봤듯이 그 뒤 일본 경제는 무게중심을 아시아로 옮기지만, 2000년대 이후 마치 그것과 반비례하듯 정치와 이를 둘러싼 사회 분위기는 대미 추종 자세를 순수화시켜 오늘날에 이르렀다.

그런 상황 아래서 모리시마는 EU유럽연합를 모델로 한 '동북아시아 공동체' 창설을 호소하면서 이를 통해 형성될 광역 경제권 속에서 일본 경제는 성장의 수단을 찾아내야 한다고 설파했다. 이와 같은 지역 통합이 모리시마가 생각했던, 정치가가 불게 해줘야 할 바람이었다.

하지만 현실에서는 '동아시아 공동체' 구상을 내건 민주당 하토야마 유키오 정권이 좌절한 이후 미국이 주도하는 TPP 구상이 급속히 부상하자 정계·관료·재계·학계·언론의 주류파는 비판하는 목소리에 귀를 틀어막고, 자민당에 이르러서는 유권자를 속여 넘기기까지 하며 그 흐름에 뛰어들었다.

다른 한편에선 중국이 2013년에 '일대일로一帶一路' 구상을 제시하고 거기에 투자하기 위한 국제개발금융기관 AIIB아시아 인프라 투자은행의 창설을 호소했다. 미국의 동맹국들이 차례차례 AIIB 참가를 결정하는 가운데 미국과 보조를 맞춰 참가하지 않겠다고 한 나라가 있었으니, 주요국 중에선 유일한 나라, 바로 일본이었다.

그리고 2017년에 발족한 미국 트럼프 정권은 공약대로 미국의 TPP 참가를 취소하는데, 이 무렵 미국이 AIIB에 가입하기로 결단한 게 아니냐는 소문까지 떠돌았다. 그때 일본의 '정치가가 일으킨 바람'은 엄청난 금융완화를 축으로 한 아베노믹스였는데, 그것은 '물가 상승률 2퍼센트' 목표를 달성하지 못한 채 출구를 찾지 못하고 표류하고 있다.

이상의 흐름 속에서 일본이 해온 일은 미국의 안색을 살피면서 우왕좌왕한 것뿐이라고 해도 과언이 아니다. 바꿔 말하면 일본이 주체적으로 '바람을 일으킨' 적은 한 번도 없다. '일으키려고 한' 적조차 없다. 그리고 그것을 할 능력이 숙명적으로 결여돼 있는 것이라면, 우리는 바깥에서 불어오는 바람에 기댈 수밖에 없을 것이다. 무엇이 그것을 가져다줄 것인가? 모리시마는 다음과 같은 말도 했다.

> 지금 만일 아시아에서 전쟁이 일어나고, 미국이 팍스 아메리카나를 유지하기 위해 일본의 힘을 필요로 할 경우, 일본은 동원에 응해 대활약을 펼칠 것이다. 일본 경제는 전후─전전에도 어느 정도는 그랬지만─내내 전쟁과 더불어 번성한 경제다. 몰락하고 있을 경우에는 남의 눈치볼 것 없이 무작정 전쟁에 협력할 것이다.[8]

《왜 일본은 몰락하는가》에서 모리시마가 예언한 것 중 이토록 섬뜩하고 날카로운 것이 없다. 그 이유는, 이 같은 인식을 가지고 아베 정권의 미일 안보 체제 강화 협력과 2017년부터 2018년까지의 한반도 위기 고조에 대한 처신을 해석해보면 그 모든 흐름을 일목요연하게 이해할 수 있기 때문이다. 세계에서 유일하게 '북한에 더욱 압력을' 가하라고 주장한 이 정권은 요컨대 한반도 유사 사태가 발생하기를 기대했던 것이고, 그렇게 할 이유가 있었던 것이다.

자민당 정권의 본질이 '전후 국체'의 영속 패전 레짐을 수단 방법 가리지 않고 사수하는 것이라는 점에 비춰본다면, 전후 일본에 경제적 번영을 일찌감치 가져다준 요인인 전쟁에 동일한 레짐이 다시 의존하려 했다고 하더라도 전혀 놀랄 일이 아니다. 실제로 그런 사태의 발생에 대비해 미일의 군사적 협동은 해마다 착착 강화돼왔다.

영속 패전 레짐을 무한 연명시키고자 하는 세력의 입장에서 보자면 한반도 유사 사태 발생은 모든 현안을 해결해준다. 재일 미군 기지를 향한 공격은 일본 본토에 대한 공격이기도 해서 자위권을 발동할 수 있으므로 이때 동원된 일본군은 직접적 전투행위에서 군이 물러서 있을 필요가 없다(법률상 자위대는 일본 본토에 대한 공격을 받지 않는 한 직접 전투에 참가하지 않고 미군에 후방 지원만 하게 돼 있다-역주). 그것이 바로 미국이 오랜 세월에 걸쳐 일본이 해주기를 바라던 일이다. 그리고 그렇게 되면 유사 사태 때 자위대는 미군의 지휘 아래로 들어간다는 지휘권 밀약은 공공연한 것으로 바뀔 것이다. [9]

충돌에 이를 경우 그 뒤의 북한 체제가 어떻게 될 것인지는 여러 경우를 생각할 수 있겠으나, 어떤 경우든 대규모의 복구 수요가 한반도에서 발생할 것이다. 전쟁 자체에 의한 수요와 더불어 아베노믹스라는 가짜 처방전으로 위험을 증폭시킨 일본 자본주의를 그 수요가 구원해줄 수 있을 것이다. '헌법 9조와 자위대' 문제도 깨끗이 해소된다. 지금 당장 전쟁을 하고 있는 현실 속에서 종이에 쓰인 '전쟁 포기'는 의미를 잃게 될 테니까.

물론 그 '해결'은 최악의 경우 일본 본토가 핵공격을 당할 수도 있다는 위험을 감수해야만 얻을 수 있다. '북한의 반격은 완전히 봉쇄될 수 있다'는, 여당 정치가들이 품고 있는 낙관적 관측이 어떤 근거 위에 서 있는 것인지 나로선 잘 모르겠다. 하지만 영속 패전 레짐의 지배층 입장에서 볼 때 일본 국민 몇 명 정도가 희생되는 수준으로 끝날 수 있다면, 이를 호헌파의 책임으로 돌리면서 리버럴·좌파에 대한 마녀사냥을 시작할 계기로 활용하면 그만일 테니 큰 문제는 아닐 것이다.

긴장이 고조되는 가운데 '북한이 일본에게 위협적인 강경 노선으로 치달리는 것은 일본의 국토를 중심으로 극동 아시아 여기저기에 자리 잡은 미군들, 즉 북한 입장에서 보면 미국의 군사적 공갈이 존재하기 때문이다'라는 지극히 당연한 사실을 생각해내지 못하는 사람들(= 영속 패전 레짐 속에서 사고 정지 상태가 돼버린 대부분의 일본인들)이 막상 유사 사태가 발생했을 때 냉정한 사리 분별을 할 수 있을 리가 없다.

확실한 것은, 군사 충돌이 실제로 발생하면 일본으로서는 미국의 군사력 및 대부분의 장비를 미국제 무기로 조달받고 미군의 지휘를 받게 될 자위대에 의존할 수밖에 없다는 점이다. 그러나 애초에 그 같은 위기가 초래된 가장 큰 요인은 한국전쟁이 휴전 상태인 채 방치되고, 그것을 하나의 평계로 삼아 미국이 일본에 거대한 군대를 계속 주둔시켰으며, 그 때문에 북한이 자국의 존속을 위해 핵미사일 개발로 치달았다는 사실에 있다.

하지만 '미군이 있으니 걱정할 것 없다'는 일본인의 막연한 안도감, 국체의 품에 안겨 있다는 감각은 미군 주둔이 '위험 요소'의 근원이라는 사실을 직시하지 못하게 한다. '한국전쟁의 평화적 종결을 위해 일본 외교가 나서야 한다'는 소리가 정계 중심부에서 아직까지도 나오지 않고 있는 광경은 레짐 붕괴기의 퇴폐의 극치를 보여주고 있으며, 동시에 그것은 팍스 아메리카나라는 팔굉일우에 대한 일본인의 신앙을 드러내 보여주는 것이기도 하다.

그 신앙은 한반도의 긴장이 상대적으로 완화되더라도 흔들림이 없다. 미국의 쇠퇴와 중국의 대국화로 동아시아 정세가 총체적으로 불안정해질 가능성이 높고, 미국과 중국 사이에 끼어 있는 일본은 대처하기 어려운 상황으로 내몰리고 있다. 그럴 때 그 신앙이 매우 유해한 작용을 하리라는 것은 이번 위기에 일본 정부와 국민의 처신을 통해 증명됐다.

천황제 평화주의

이러한 처신은 '전후 국체'의 기원과 연관돼 있다. '천황제 민주주의'를 지적한 존 다워는 전후 일본의 국시가 된 평화주의의 시발점에 관해 날카롭게 다음과 같이 지적했다.

맥아더는 일본인에게 낡은 잔존물을 새로운 내셔널리즘으로 포장할 가능성을 부여했다. 맥아더가 늘 하던 방식대로, 일본인은 다른 나라들이 찬양하고 장차 서로 다투어 가지려 할 '평화와 민주주의'의 지침이 됨으로써 한 번 잃어버린 자국의 명성을 되찾을 수 있을지도 모른다고 이야기했을 때, 그는 일본인들의 국가적 긍지에 직접 호소했던 것이다. 그 나라는 지금도 모욕당하고 멸시받으며 무릎을 꿇고, 일시적이라고는 하나 국가의 주권조차 잃었다. 이 나라의 사람들에게 정복자는 말한다. 진정한 전향(轉向, 방향 수정-역주)이라는 고난을 견뎌내고, 또 그것을 **제도화함으로써** 그런 치욕을 일소하고 도덕적인 승리로 뒤집을 수 있다고.[10]

여기서 이야기하는 '낡은 잔존물'이란 천황제를 가리킨다. 즉, 천황을 '대원수'에서 '평화국가 신일본 건설의 선도자'로 변신시킴으로써 일본인의 천황 숭배 내셔널리즘의 알맹이를 군국주의에서 평화주의로 교체할 수 있다는 것이 맥아더의 비전이었다고 다워는 해석했다. 그 '제도화'는 물론 헌법 9조를 가리키는데, 오늘날에 이르기까지 9조는 변경되지 않고 있으므로 그 프로젝트는 상당히 잘 기능하고 있다고 할 수 있을 것이다.

그러나 그런 평가를 내릴 때 간과되는 것은 전후 민주주의가 '천황제 민주주의'라면, 그와 마찬가지로 전후 평화주의 역시 '천황제 평화주의'일 뿐이라는 점이다. 이것이 지닌 중대한 의미가 바로 지금 드러나고 있다. 본론에서 이야기했듯이 전후 70여 년을 지나면서 '국체'의 정점을 차지한 존재는 미국으로 바뀌었다. 따라서 오늘날 '천황제 평화주의'란 '미국의 평화주의' 또는 '미국류의 평화주의'나 다름없다.

미국의 평화주의!? 그런 것이 존재하는지 의아해하는 사람도 있겠지만 현대 세계에서는 모든 국가가 평화주의를 국시로 삼고 있고 전쟁은 유엔 헌장에 불법으로 규정돼 있다. 예외는 오직 침략자에 대한 자위행위로서의 전쟁뿐이다. 물론 당연하지만 이 이야기는 원칙 차원에 속하는 것이고, 유엔 발족 뒤에도 자위의 이름으로 침략적인 전쟁이 수없이 많이 자행돼왔다. 요컨대 국가는 표면적으로 늘 '평화주의'여서 국가가 이 말을 입에 올릴 때 실질적으로 그것은 안전보장정책의 전반적인 방향성을 의미한다. 그리고 미국이 실천해온 '평화주의'는 전 세계에 부대를 전개하면서 현실적·잠재적 적을 적극적으로 지목하고, 때로는 선제적으로 쳐부숨으로써 자국의 안전, 즉 '자국민의 평화'를 획득하겠다는 '평화주의'다.

그렇게 이해하면, 아베 정권이 내걸어온 '적극적 평화주의'의 실질을 정확하게 파악할 수 있다. 즉, 아베를 비롯한 이른바 개헌파의 주장에 따르면 헌법 9조를 근거로 한 전후 일본의 평화주의는 '소극적'인 평화주의이며, 이를 '적극적'인 평화주의로 발전시키지 않으면 안 된다. '소극적'이라는 것은 9조의 존재가 실질적으로 재군비를 해온 전후 일본으로 하여금 가능한 한 전쟁·분쟁으로부터 멀리 떨어져 있음으로써 자국의 안전을 확보한다는 방침을 채택하도록 해왔기 때문이다.

하지만 미일 안보 체제를 더욱 강화, 즉 미일 전력을 글자 그대로 일체화하려면 미일의 안전보장정책의 전반적 방향성(=평화주의)을 일치시켜야만 한다. 따라서 '적극적 평화주의'의 채용은 앞서 살펴본 '미국류의 평화주의' 사고방식에 일본의 안전보장정책 사고방식을 합친 것, 바꿔 말하면 '전쟁을 하지 않음으로써 확보하는 안전'에서 '전쟁을 함으로써 확보하는 안전'으로 180도의 방침 전환—물론 이 전환이 아직 완전히 끝난 것은 아니지만—을 함의하는 것이다. [11]

그리하여 '전후 국체' 말기인 현재 드러난 것은 '전후 일본의 평화주의'='적극적 평화주의'='미국의 군사전략과의 일체화(실질적으로는 자위대가 미군의 완전한 보조 전력이 되는 것, 나아가 일본 전토를 미국의 방패막이로 만드는 것)'라는 도식이다. 부조리 그 자체인 이런 삼위일체는, 그러나 3개항 모두가 '천황제 평화주의'라는 한 가지 점에서 수미일관하고 있다.

한반도의 긴장에 대한 일본 정부의 대처와 그에 대한 여론의 반응은 '전후 국체'의 신민인 오늘날의 일본인들이 떠받드는 '평화주의'의 내실을 백일하에 드러냈다. '평화주의'의 의미 변천은 '전후 국체'의 정점에 위치한 존재가 국화(천황)에서 성조기(미국)로 명시적으로 바뀌어가는 과정을 반영하고 있다. 향후 동아시아 정세 추이에 따라 '천황제 평화주의'를 청산하지 않는 한 우리는 살아남을 수 없을지도 모르며, 살아남을 가치도 찾을 수 없을지 모른다.

3. 다시 '말씀'에 대하여

역사의 전환과 '천황의 말씀'

이 책에서 살펴본 '전후 국체' 붕괴 과정에서의 위기라는 문맥은 제1
장에서 이야기한, 아키히토 전 천황의 이례적인 메시지, 즉 '말씀'이
발표된 문맥이기도 하다. 따라서 그 메시지를 보고 들었을 때 나는 충
격을 받았다.

그것이 나온 문맥과 거기에 포함된 의도를 차근차근 추적해본 결
과, '말씀'은 과거 이 나라의 역사에 몇 번인가 등장했던, 역사의 전환
기를 가르는 천황의 말이 될 수 있으리라는 생각이 들었다. 즉 '말씀'
은 멀리는 고다이고後醍醐 천황의 막부 타도 논지에서부터 가깝게는
고메이孝明 천황의 양이결행攘夷決行 명령(에도 막부가 천황의 허가 없이 서
양 세력과 통상조약을 맺자 이에 분개한 고메이 천황이 1863년에 서양 오랑캐를
물리치라고 명령한 일. 이로 인해 일본에 있던 공사관이 습격당하고 외국인들이
살해당했다-역주), 메이지 천황의 5개조 서약御誓文, 그리고 쇼와 천황의
옥음 방송 등의 계보로부터 이어진 것이다. 그런 말을 내 귀로 직접
들을 수 있으리라고는 그때까지 꿈에도 생각하지 못했다.

그러나 동시에 이미 이야기했다시피, 그때까지 내가 생각해온 바에
따르면 이 과감한 행위의 필연성은 명백했다. 부패하고 노후한 '전후
국체'가 국가와 사회 그리고 국민의 정신도 파탄으로 이끌고 있을 때,
본래대로라면 국체의 중심에 있을 것으로 관념화된 존재 = 천황이 그
흐름에 중단을 요구하는 행위를 취한 것이다.

그 사태가 역설적으로 보이는 것은, 눈앞에 펼쳐진 사건이 '천황의 천황제 비판'이기 때문이다. '상징'을 통한 국민 통합 작용이 거듭 언급됨으로써 우리는 스스로에게 묻지 않을 수 없게 됐다. '미국을 사실상의 천황으로 떠받드는 국체에서 일본인은 영적 일체성을 정말로 유지할 수 있는가?'라는 질문을. 만일 일본인의 대답이 '지금 이대로도 괜찮아'라면 그것은 천황의 기도가 쓸모없다는 선고와 다름없다. 우리가 그렇게 대답한다면 천황(그리고 상정될 지위 계승자들)은 그 지위와 직무를 수행할 의무를 자신에게 계속 부과할 수 있을까? 그것은 심히 의문스럽다.

'말씀'을 어떻게 받아들일까

그런데 이와 같은 '말씀'의 해석은 그 내용에서 정치적 의의를 읽어냄으로써 '천황의 정치 이용'으로 이어진다는 비판을 초래할 것으로 예상된다. 또는 천황의 발언에서 영성과 관련된 차원을 읽어내는 것은 '천황의 권위주의적인 신격화'로 이어진다는 비판도 예상할 수 있다.

내 나름대로 전개한 '말씀'의 해석이 현실 정치에 명백하게 관여한다는 의미에서 정치적이라는 점, 또 '말씀'이 지닌 일종의 영적 권위를 인정하고 있다는 점을 결코 부정하진 않겠다.

하지만 동시에 나는 '존황절대'나 '승조필근(承詔必謹, 천황의 조칙을 받들어 삼감-역주)'을 입에 올릴 생각은 조금도 없다. 왜냐하면, 이 책의 해석을 굳이 공표하는 가장 큰 동기는 아키히토 전 천황의 결단에 대한 인간으로서의 공감과 경의이기 때문이다.

공감이란 정치를 넘어선, 또는 정치 이전 차원의 것이며, 천황의 '나는 상징 천황이란 이러해야 하는 것이라 생각하고 실천해왔습니다. 여러분도 잘 생각해주시기 바랍니다'라는 호소에 응답하라고 나를 재촉하는 것이다. 응답해야만 한다고 느낀 것은, 앞에서도 이야기했듯이, '말씀'을 읽는 그 변함없이 온화한 모습에서 동시에 뜨거움이 배어 나오고 있었기 때문이다.

그것은 싸우는 인간의 뜨거움이다. '이 사람은 무엇인가와 싸우고 있고, 그 싸움에는 의로움이 있다.' 그렇게 확신했을 때 부조리와 싸우는 모든 사람에게 내가 품고 있는 경의 때문에라도 침묵한 채 지나칠 수 없다고 느꼈다. 그렇다면 내가 그 자리에 멈춰서서 할 수 있는 것은 그 '무엇인가'를 가능한 한 명확하게 제시하는 일이었다.

'말씀'이 역사 전환기를 가르는 분수령일 수 있다는 말은 그런 가능성이 있다는 것, 바꿔 말하면 잠재적으로 그렇다는 데 지나지 않는다. 그 잠재성·가능성을 현실로 바꿀 수 있는 것은 민중의 힘밖에 없다.

민주주의란, 그 힘의 발동에 주어진 이름이다.

주석 [註釋]

미주

제1장

1. 《마이니치신문〔每日新聞〕》(조간), 2017년 5월 21일.

2. 《산케이뉴스〔産経ニュース〕》(웹판), 2017년 5월 22일 18시 16분.

3. 야기 히데쓰구〔八木秀次〕, <헌법에 관한 두 폐하의 발언 공표에 대한 위화감〔憲法巡る両陛下ご発言公表への違和感〕>, 《정론〔正論〕》, 2014년 5월 호, 46~47쪽.

4. 시라이 사토시〔白井聡〕, 《전후의 묘비명〔戦後の墓碑銘〕》, 금요일, 2015년, 35~46쪽.

5. '영속 패전'이란 저자의 조어다. 일본의 전후 레짐의 핵심을 가리키는 이 말은, 이 나라의 특수한 대미 종속 구조를 해명하기 위한 개념이다. 그 원리는 아시아에서 미국의 가장 중요한 동맹자가 됨으로써 제2차 세계대전에서의 패배가 지닌 의미를 애매하게 만드는 것, 즉 '패전의 부인'이다. 패전을 계속 부인하기 위해서는 한없이 미국에 종속돼야 하며, 한없는 대미 종속을 계속하는 한 패전을 계속해서 부인할 수 있다. 그리하여 패배를 정면으로 인정하고 싶지 않기 때문에 계속해서 패배한다. 이 원리를 주축으로 삼아 친미 보수파가 그 지배층으로 자리 잡고 있는 체제가 '영속 패전 레짐〔永續敗戦レジーム〕'이다. 《영속 패전론-전후 일본의 핵심〔永続敗戦論-戦後日本の核心〕》, 고단샤〔講談社〕+α문고, 2016년, 61~77쪽을 참조할 것.

6. 모리 요헤이〔森暢平〕, <미디어 천황제론-'이야기'로서의 황실 보도〔メディア天皇制論-'物語'としての皇室報道〕>, 요시다 유타카〔吉田裕〕, 세바타 하지메〔瀬畑源〕, 가와니시 히데야〔河西秀哉〕 편, 《헤이세이의 천황제란 무엇인가-제도와 개인의 틈새에서〔平成の天皇制とは何か-制度と個人のはざまで〕》, 이와나미쇼텐〔岩波書店〕, 2017년, 179~180쪽.

7. 궁내청 홈페이지, http://www.kunaicho.go.jp/page/okotoba/detail/12〔이하, '말씀'의 인용은 같은 HP에 의거〕.

8. 가토 데쓰로〔加藤哲郎〕, 《상징 천황제의 기원-미국의 심리전 '일본 계획'〔象徴天皇制の起源-アメリカの心理戦'日本計画'〕》, 헤이본샤〔平凡社〕 신서, 2005년, 26쪽.

제2장

1. 도요시타 나라히코〔豊下楢彦〕, 《안보조약의 성립-요시다 외교와 천황 외교〔安保条約の成立-吉田外交と天皇外交〕》, 이와나미 신서, 1996년, 47쪽.

2. 앞의 책, 참조.

3. 도요시타 나라히코, 《쇼와 천황-맥아더 회견〔昭和天皇-マッカーサー会見〕》, 이와나미 현대문고, 2008년, 128쪽.

4. 이세자키 겐지〔伊勢崎賢治〕, 후세 유진〔布施祐仁〕, 《주권 없는 평화국가-지위 협정의 국제 비교로 본 일본의 모습〔主権なき平和国家-地位協定の国際比較からみる日本の姿〕》, 슈에이샤〔集英社〕 크리에이티브, 2017년, 35쪽.

5. 오사와 마사치〔大澤真幸〕, 《전후의 사상 공간〔戦後の思想空間〕》, 지쿠마〔ちくま〕 신서, 1998년, 21쪽.

6. 시라이 사토시, 《전후 정치를 끝낸다-영속 패전의, 그 앞으로〔戦後政治を終わらせる-永続敗戦の、その先へ〕》, NHK출판 신서, 2016년, 140~141쪽.

7. 오사와 마사치, 《불가능성의 시대〔不可能性の時代〕》, 이와나미 신서, 2008년, 28쪽.

8. 이매뉴얼 월러스틴〔Immanuel Wallerstein〕, 《포스트 아메리카-세계체제의 지정학과 지정문화〔Geopolitics and Geoculture: Essays on the Changing World-System〕》, 마루야마 마사루〔丸山勝〕 역, 후지와라쇼텐〔藤原書店〕, 1991년, 83~84쪽.

9. 오사와 마사치, 앞의 책 《불가능성의 시대》, 157쪽.

10. 요시미 슌야〔吉見俊哉〕, 《친미와 반미-전후 일본의 정치적 무의식〔親米と反米-戦後日本の政治的無意識〕》, 이와나미 신서, 2007년.

제3장

1. 기타 잇키〔北一輝〕, 《자필수정판 국체론 및 순정 사회주의〔自筆修正版 国体論及び純正社会主義〕》, 하세가와 유이치〔長谷川雄一〕, 크리스토퍼 스필먼〔C.W.A.Szpilman〕, 하기와라 미노루〔萩原稔〕 편, 미네르바 서방, 2007년, 237쪽.

2. 막스 베버〔Max Weber〕, 《직업으로서의 정치〔職業としての政治〕》, 와키케이 헤이〔脇圭平〕 역, 이와나미 문고, 1980년, 9쪽.

3. 마쓰자와 유사쿠〔松澤裕作〕, 《자유민권운동-'데모크라시'의 꿈과 좌절〔自由民権運動-'デモクラシー'の夢と挫折〕》, 이와나미 신서, 2016년, 104~105쪽.

4. 다키 고지〔多木浩二〕, 《천황의 초상〔天皇の肖像〕》, 이와나미 현대문고, 2002년, 147쪽.

5. 요네하라 겐〔米原謙〕에 따르면, "크게 나눠보면, 이 시기의 '국체'라는 말에는 (1) 국가의 체면 또는 국위, (2) 국가의 기풍, (3) 전통적인 국가 체제, (4) 만세일계의 황통을 중심축으로 하는 정교일치 체제, 라는 네 개의 용례가 있다." 요네하라 겐, 《국체론은 왜 생겨났나-메이지 국가의 지식 지형도〔国体論はなぜ生まれたか-明治国家の知の地形図〕》, 미네르바 서방, 2015년, 39쪽.

6. 시마조노 스스무〔島薗進〕, 《국가신토와 일본인〔国家神道と日本人〕》, 이와나미 신서, 2010년, 12쪽.

7. 구노 오사무〔久野収〕, 쓰루미 슌스케〔鶴見俊輔〕, 《현대 일본의 사상-그 5가지 소용돌이〔現代日本の思想-その5つの渦〕》, 이와나미 신서, 1956년, 117~182쪽. 또한 시라이 사토시, 앞의 책 《영속 패전론》, 205~206쪽을 참조할 것.

8. 이토 히로부미〔伊藤博文〕, 《헌법의해〔憲法義解〕》, 미야자와 도시요시〔宮沢俊義〕 교주, 이와나미 문고, 1940년, 27쪽.

9. 야스다 히로시〔安田浩〕, 《천황의 정치사-무쓰히토·요시히토·히로히토의 시대〔天皇の政治史-睦仁·嘉仁·裕仁の時代〕》, 아오키쇼텐〔青木書店〕, 1998년, 138쪽.

10. 나가오 류이치〔長尾龍一〕, 《일본 헌법 사상사〔日本憲法思想史〕》, 고단샤 학술문고, 1996년, 16쪽.

11. 사사키 히데아키〔佐々木英昭〕, 《노기 마레스케-나는 여러분의 자제를 죽였다〔乃木希典-予は諸君の子弟を殺したり〕》, 미네르바 서방, 2005년, 33쪽.

12. 같은 책, 127~128쪽.

13. 아쿠타가와 류노스케〔芥川龍之介〕, <장군〔将軍〕>, 《아쿠타가와 전집 4〔芥川龍之介全集 4〕》, 지쿠마 문고, 1987년, 371쪽.

14. 오하마 데쓰야〔大濱徹也〕, 《노기 마레스케》, 고단샤 학술문고, 2010년, 227쪽.

제4장

1. 더글러스 맥아더, 《맥아더 회상기 (하)〔マッカーサー回想記(下)〕》, 쓰시마 가즈오〔津島一雄〕 역, 아사히신문사, 1964년, 142쪽.

2. 같은 책, 142쪽.

3. 도요시타 나라히코, 앞의 책 《쇼와 천황-맥아더 회견〔昭和天皇-マッカーサー会見〕》, 2~3쪽.

4. 존 다워〔John W. Dower〕, <쇼와 천황과 일본의 전후 천황제 민주주의〔The Showa Emperor and Japan's Postwar Imperial Democracy〕>, 《JPRI Working Paper》, No. 61: October 1999〔http://www.jpri.org/publications/workingpapers/wp61.html〕.

5. 존 다워, 《증보판 패배를 껴안고 (하)〔増補版 敗北を抱きしめて(下)〕》, 미우라 요이치〔三浦洋一〕, 다카스기 다다아키〔高杉忠明〕, 다시로 야스코〔田代泰子〕 역, 이와나미쇼텐, 2004년, 13쪽.

6. 오카모토 시로〔岡本嗣郎〕, 《종전의 엠퍼러-폐하를 구해주소서〔終戦のエンペラー-陛下をお救いなさいまし〕》, 슈에이샤 문고, 2013년, 313쪽.

제5장

1. <포츠담선언 수락에 관해 스위스, 스웨덴 중개로 연합국 쪽에 제안한 관계>, http://www.ndl.go.jp/constitution/shiryo/01/010/010tx.html(이하, 주기〔註記〕가 없는 한 외교문서 인용은 같은 홈페이지에 의거).

2. 궁내청, 《쇼와 천황 실록 제9〔昭和天皇実録 第9〕》, 도쿄서적, 2016년, 759쪽.

3. 9월 2일에 조인될 항복문서에는 이 부분과 거의 같은 표현이 들어갔으나 외무성은 다시 'subject to'를 '제한 아래 둔다'라고 번역했다.

4. 궁내청, 앞의 책 《쇼와 천황실록 제9》, 760쪽.

5. 중의원 헌법조사회 <관계회의록> 본회의 쇼와 21년(1946년) 6월 25일(제5호), http://www.shugiin.go.jp/internet/itdb_kenpou.nsf/html/kenpou/s210625-h05.htm.

6. 나가오 류이치, 앞의 책 《일본 헌법 사상사》, 201쪽.

7. 같은 책, 203쪽.

8. 같은 책, 204~205쪽.

9. 같은 책, 205쪽.

10. 같은 책, 203~204쪽.

11. 시라이 사토시, 앞의 책 《영속 패전론》, 178~179쪽.

12. 나가오 류이치, 앞의 책 《일본 헌법 사상사》, 267쪽.

13. 스나가와〔砂川〕 사건의 최고재판소 판결 요지, 판례 데이터베이스, http://www.courts.go.jp/app/hanrei_jp/detail2?id=55816.

14. 야베 고지〔矢部宏治〕, 《일본은 왜, '기지'와 '원전'을 멈출 수 없는가〔日本はなぜ、'基地'と'原発'を止められないのか〕》, 슈에이샤 인터내셔널, 2014년, 41쪽.

15. 《아사히신문 디지털》, 2017년 5월 3일. 천황이 동일한 취지의 의향을 표명했다는 사실은 이전부터 미국 공문서를 통해 밝혀졌으며, 2017년에 새롭게 발견된 자료는 미국 측 공문서의 내용을 뒷받침하는 것이다.

16. 그 구체적인 과정에 대해서는 도요시타 나라히코, 《쇼와 천황의 전후 일본-'헌법·안보 체제'에 이르는 길〔昭和天皇の戦後日本-'憲法·安保体制'にいたる道〕》, 이와나미 쇼텐, 2015년을 참조하라.

17. 케네스 루오프〔Kenneth Ruoff〕, 《국민의 천황-전후 일본의 민주주의와 천황제〔国民の天皇-戦後日本の民主主義と天皇制〕》, 다카하시 히로시〔高橋紘〕 감수, 기무라 오카히사〔木村岡久〕, 후쿠시마 무쓰오〔福島睦男〕 역, 이와나미 현대문고, 2009년, 135~195쪽.

18. 일본 전후 레짐의 반공주의가 미온적이었던 이유에 대해서는 시라이 사토시, 앞의 책 《영속 패전론》, 65~66쪽 및 시라이 사토시, 앞의 책 《전후 정치를 끝낸다》, 48~49쪽 참조.

19. 야베 고지〔矢部宏治〕는 천황의 처신에 대해 "일조일석에 이뤄진 게 아니며 매우 세련됐다"고 평했다. 야베 고지, 앞의 책 《일본은 왜 '기지'와 '원전'을 멈출 수 없는가》, 149쪽 참조.

20. 소데이 린지로〔袖井林二郎〕, 《맥아더의 2000일〔マッカーサーの2千日〕》, 주코〔中公〕 문고, 2015년, 218~220쪽.

21. 하라 다케시〔原武史〕, 《쇼와 천황〔昭和天皇〕》, 이와나미 신서, 2008년, 181쪽.

22. 하라 다케시, 《'쇼와 천황 실록'을 읽는다〔'昭和天皇実録'を読む〕》, 이와나미 신서, 2015년, 218~220쪽.

23. 《아사히신문》(조간), 1975년 11월 1일.

24. 카를 마르크스, 《마르크스 콜렉션Ⅲ 루이 보나파르트의 브뤼메르 18일 외〔マルクス·コレクションⅢ ルイ·ボナパルトのブリュメル18日 ほか〕》, 요코하리 마코토〔横張誠〕, 기마에 도시아키〔木前利秋〕, 이마무라 히토시〔今村仁司〕 역, 지쿠마쇼보〔筑摩書房〕, 2005년, 4쪽.

25. 예컨대, "옛날에 우리는 조석으로 천황 폐하의 어진〔御眞影〕을 신처럼 우러러 받들었습니다만, 지금은 맥아더 원수의 모습을 향해 그렇게 하고 있습니다." 그밖에도 미국의 일본 병합을 바라는 편지도 다수 있었던 사실이 확인됐다. 소데이 린지로, 《배계 맥아더 원수님-점령하 일본인의 편지〔拝啓マッカーサー元首様-占領下の日本人の手紙〕》, 이와나미 현대문고, 2002년, 302쪽.

26. 신사는 '맥아더 원수 기념관'으로도 불렸던 것으로 보인다. 한도 가즈토시〔半藤一利〕, 《훌쩍 떠나는 일본사 산책〔ぶらり日本史散歩〕》, 분슌〔文春〕 문고, 2012년 131쪽 및 니시 도시오〔西鋭夫〕, 《나라는 망하고, 맥아더〔国破れてマッカーサー〕》, 주코 문고, 2005년, 535쪽.

27. 사카구치 안고〔坂口安吾〕, <속 타락론〔續堕落論〕>, 《타락론〔堕落論〕》, 신초〔新潮〕 문고, 2000년, 93~94쪽.

28. 같은 글, 94쪽

제6장

1. 《아사히신문》(석간), 1956년 12월 24일.

2. 다니카와 간〔谷川雁〕, 쓰루미 슌스케, 요시모토 다카아키〔吉本隆明〕, <제로에서의 출발〔ゼロからの出発〕>, 후지타 쇼조〔藤田省三〕, 《후시타 쇼조 대화집성 1〔藤田省三 対話集成 1〕》, 미스즈쇼보, 2006년, 125~130쪽.

3. 같은 책, 233쪽.

4. 이 논점에 대해서는 시라이 사토시의 <요시모토 다카아키와 후지타 쇼조-'대중의 원상'의 기원과 행방〔吉本隆明と藤田省三-'大衆の原像'の起源と行方〕>, 스기타 아쓰시〔杉田敦〕 편, 《인간들의 정신사 제6권 일본 열도 개조-1970년대〔ひとびとの精神史 第6巻 日本列島改造-1970年代〕》, 이와나미쇼텐, 2016년, 129~158쪽을 참조.

5. 미시마 유키오〔三島由紀夫〕, <지킬 수 없는 약속〔果たし得ていない約束〕>, 《결정판 미시마 유키오 전집 36〔決定版 三島由紀夫全集 36〕》, 신초샤, 2003년, 214~215쪽.

6. 미시마 유키오, <격〔檄〕>, 《결정판 미시마 유키오 전집 36》, 신초샤, 2003년, 405쪽.

7. 같은 글, 404쪽.

8. 스즈키 고조〔鈴木宏三〕, 《미시마 유키오-덧없는 황거 돌입 계획〔三島由紀夫-幻の皇居突入計画〕》, 사이류샤〔彩流社〕, 2016년.

9. 마쓰시타 류이치〔松下竜一〕, 《낭연을 보라〔狼煙を見よ〕》, 가와데쇼보신샤〔河出書房新社〕, 2000년, 148~149쪽.

10. 《하라하라 도케이 VOL. 3〔腹腹時計 VOL. 3〕》, 동아시아 반일 무장전선 KF부대(준)
〔東アジア反日武装戦線KF部隊(準)〕, 1979년, 7쪽. 원본 입수가 곤란한 관계로 이하
사이트의 PDF에 준거했다. http://p.booklog.jp/books?sc=&w=%E8%85%B9%
E8%85%B9%E6%99%82%E8%A8%88.

11. 《하라하라 도케이 VOL. 1》, 동아시아 반일 무장전선 KF부대(준), 1974년, 12쪽.

12. 같은 책, 7쪽.

13. 스즈키 구니오〔鈴木邦夫〕, 《테러-동아시아 반일 무장전선과 적보대〔テロー東アジア
反日武装戦線と赤報隊〕》, 사이류샤, 1988년, 94쪽.

14. 같은 책, 96~97쪽.

제7장

1. 이 '타도'의 시점을 어디로 보는가, 바꿔 말해 다이쇼 데모크라시 시대의 종언을 어디
로 보는가는 논자에 따라 다르다. 가장 빠른 시기를 취한 논자는 1925년의 치안유지법
에서 다이쇼 데모크라시의 종언을 보며, 가장 늦은 시기를 취한 논자는 1931년의 만주
침략에서 그것을 본다.

2. 나카지마 다케시〔中島岳志〕 편, 《하시카와 분조 셀렉션〔橋川文三セレクション〕》, 이
와나미 현대문고, 2011년, 124쪽.

3. 같은 책, 126쪽.

4. 이토 아키라〔伊藤晃〕, 《'국민의 천황'론의 계보-상징 천황제로의 길〔'国民の天皇'論の
系譜-象徴天皇制への道〕》, 사회평론사, 2015년, 15~16쪽.

5. 같은 책, 34쪽.

6. 아사히 헤이고〔朝日平吾〕, <죽음의 외침〔死の叫び声〕>, 스즈키 구니오 편, 《시리즈
가미쓰부테 4 테러 Terror〔シリーズ 紙礫 4 テロル Terror〕》, 고세이샤〔皓星社〕,
2016년, 75쪽.

7. 같은 글, 75쪽.

8. 같은 글, 76~77쪽.

9. 같은 글, 82쪽.

10. 같은 글, 82쪽.

11. 하시카와 분조〔橋川文三〕, 《쇼와 내셔널리즘의 제상〔昭和ナショナリズムの諸相〕》, 쓰쓰이 기요타다〔筒井清忠〕 편·해설, 나고야대학 출판회, 1994년, 19쪽.

12. 구노 오사무, 쓰루미 슌스케, 앞의 책 《현대 일본의 사상》, 123쪽.

13. 같은 책, 123쪽.

14. 하라 다케시, 《가시화된 제국-근대 일본의 교코케이(천황 행차)(증보판)〔可視化された帝国-近代日本の行幸啓(増補版)〕》, 미스즈쇼보, 2011년, 241쪽.

15. 같은 책, 376쪽.

16. 이시도 기요토모〔石堂清倫〕, 야마나베 겐타로〔山辺健太朗〕 편, 《코민테른 일본에 관한 테제집〔コミンテルン日本にかんするテーゼ集〕》, 아오키 문고, 1961년, 43쪽.

17. 우메모리 나오유키〔梅森直之〕, 《초기 사회주의의 지형학-오오스기 사카에〔大杉栄〕와 그 시대〔初期社会主義の地形学-大杉栄とその時代〕》, 유시샤〔有志舍〕, 2016년, 51쪽.

18. 같은 책, 51~52쪽.

19. 이 점에 대해서는 시라이 사토시, 《미완의 레닌-'힘'의 사상을 읽다〔未完のレーニン-'力'の思想を読む〕》, 고단샤 선서 메티에, 2007년, 167~175쪽 참조.

20. 우메모리 나오유키, 앞의 책 《초기 사회주의의 지형학》, 52쪽.

21. 이시도 기요토모, 야마베 겐타로 편, 앞의 책 《코민테른, 일본에 관한 테제집》, 82쪽.

22. 우메모리 나오유키, 앞의 책 《초기 사회주의의 지형학》, 52쪽.

23. 같은 책, 52쪽.

24. 사노 마나부〔佐野学〕, 나베야마 사다치카〔鍋山貞親〕, <공동 피고 동지에게 고하는 서〔共同被告同志に告ぐる書〕>, 《개조〔改造〕》, 1933년 7월 호, 195쪽.

25. 같은 글, 195~196쪽.

26. 아오키 고헤이〔青木孝平〕 편저, 《천황제 국가의 투시-일본 자본주의 논쟁 Ⅰ〔天皇制

国家の透視-日本資本主義論争Ⅰ〕》, 사회평론사, 1990년, 303쪽.

27. 구노 오사무, 쓰루미 순스케, 앞의 책《근대 일본의 사상》, 138~139쪽.

28. 기타 잇키, 앞의 책《자필 수정판 국체론 및 순정 사회주의》, 238쪽.

29. 같은 책, 243쪽.

30. 같은 책, 206쪽.

31. 하시카와 분조, 앞의 책《쇼와 내셔널리즘의 제상》, 3쪽.

32. 오쿠라 에이이치〔大蔵栄一〕, 《2·26사건에 대한 만가〔二·二六事件への挽歌〕》, 요미우리신문사, 1971년, 172쪽.

33. 혼조 시게루〔本庄繁〕, 《혼조 일기〔本庄日記〕》, 하라쇼보〔原書房〕, 1967년, 275~276, 278쪽.

34. 기타 잇키, 《일본개조법안 대강〔日本改造法案大綱〕》, 주코 문고, 2014년, 16쪽.

35. 이소베 아사이치〔磯部浅一〕, 《옥중수기〔獄中手記〕》, 주코 문고, 2016년, 84쪽.

36. 같은 책, 87~88쪽.

37. 미시마 유키오, <도의적 혁명의 논리-이소베 일등주계〔一等主計〕의 유고에 대하여>, 《결정판 미시마 유키오 전집 34》, 신초샤, 2003년, 353쪽.

38. 구노 오사무, 쓰루미 순스케, 앞의 책《현대 일본의 사상》, 149쪽.

39. 미시마 유키오, 앞의 글 <도의적 혁명의 논리>, 《결정판 미시마 유키오 전집 34》, 353쪽.

40. 이소베 아사이치, 앞의 책《옥중수기》, 111쪽.

41. 데라사키 히데나리〔寺崎英成〕, 마리코 데라사키 미라〔マリコ·テラサキ·ミラー〕 편저, 《쇼와 천황 독백록〔昭和天皇独白録〕》, 분슌 문고, 1995년, 161쪽.

42. 다자이 오사무〔太宰治〕, <고뇌의 연감〔苦悩の年鑑〕>, 《다자이 오사무 선집 Ⅰ〔太宰治 選集Ⅰ〕》, 하쿠로샤〔柏鱸舎〕, 2009년, 307쪽.

제8장

1. 조반니 아리기〔Giovanni Arrighi〕, 《장기 20세기-자본, 권력, 그리고 현대의 계보〔The Long Twentieth Century: Money, Power, and the Origins of Our Times〕》, 도사 히로유키〔土佐弘之〕 감역, 가라타니 리에코〔柄谷利惠子〕, 사카이 다카유키〔境井孝行〕, 나가타 나오미〔永田尚見〕 역, 사쿠힌샤〔作品社〕, 2009년, 459쪽.

2. 같은 책, 516~517쪽.

3. 같은 책, 50~51쪽.

4. 같은 책, 449쪽.

5. 같은 책, 450쪽.

6. 같은 책, 51쪽.

7. 같은 책, 52쪽.

8. 같은 책, 53쪽.

9. 같은 책, 531쪽.

10. 고야마 겐이치〔香山健一〕, <야스쿠니 신사 공식 참배를 하지 않도록 결단을〔靖国神社公式参拜を行わぬよう決断を〕>, 세계평화연구소 편, 《나카소네 내각사 자료편(속)〔中曽根内閣史資料編(続)〕》, 세계평화연구소, 1997년, 236쪽.

11. 마쓰다 다케시〔松田武〕, 《대미 의존의 기원-미국의 소프트 파워 전략〔対米依存の起源-アメリカのソフト・パワー戦略〕》, 이와나미 현대전서, 2015년, 51~52쪽.

12. 우메바야시 히로미치〔梅林宏道〕에 따르면, 2015년도의 부담률은 일본 정부의 견적으로 86.4퍼센트나 된다. 우메바야시 히로미치, 《재일 미군-변모하는 일미 안보 체제〔在日米軍-変貌する日米安保体制〕》, 이와나미 신서, 2017년, 39쪽.

13. 같은 책, 41~42쪽.

14. 같은 책, 42쪽.

15. 야나기사와 교지〔柳澤協二〕, 이세자키 겐지〔伊勢崎賢治〕, 가토 아키라〔加藤朗〕, 《신 일미 안보론〔新日米安保論〕》, 슈에이샤 신서, 2017년, 189~190쪽.

제9장

1. 다케우치 요시미〔竹内好〕, <권력과 예술>, 나카무라 미쓰오〔中村光夫〕, 가라키 준조〔唐木順三〕, 우스이 요시미〔臼井吉見〕, 다케우치 요시미, 《현대 일본 문학 대계 78〔現代日本文学大系 78〕》, 지쿠마쇼보, 1971년, 343쪽.

2. 아카사카 노리오〔赤坂憲雄〕, 《상징 천황이라는 이야기〔象徴天皇という物語〕》, 지쿠마 학예문고, 2007년, 217쪽.

3. 야스마루 요시오〔安丸良夫〕, 《근대 천황상의 형성〔近代天皇像の形成〕》, 이와나미 현대문고, 2007년, 13쪽.

4. 같은 책, 309쪽.

5. 같은 책, 311쪽.

6. 마르크스, 엥겔스, 《신편집판 독일 이데올로기〔新編集版 ドイツイデオロギー〕》, 히로마쓰 와타루〔廣松渉〕 편, 고바야시 마사토〔小林昌人〕 보역〔補譯〕, 이와나미 문고, 2002년, 61쪽.

7. 모리시마 미치오〔森嶋通夫〕, 《왜 일본은 몰락하는가〔なぜ日本は没落するのか〕》, 이와나미 현대문고, 2010년, 59~60쪽.

8. 같은 책, 116쪽.

9. 지휘권 밀약에 대해서는 스에나미 야스시〔末浪靖司〕, 《‘일미 지휘권 밀약’ 연구-자위대는 왜 해외에 파병되는가〔‘日米指揮権密約’の研究-自衛隊はなぜ海外に派兵されるか〕》, 소겐샤〔創元社〕, 2017년. 그리고 야베 고지, 《알아서는 안 된다-은폐된 일본 지배의 구조〔知ってはいけない-隠された日本支配の構造〕》, 고단샤 현대신서, 2017년, 187~217쪽.

10. 존 W. 다워, <해설>(소데이 린지로 역), 소데이 린지로, 앞의 책 《계배 맥아더 원수님》, 432쪽.

11. ‘적극적 평화주의’에 대해서는 시라이 사토시, 앞의 책 《전후의 묘비명》, 113~120쪽 참조.

국체론

천황제 속에 담긴 일본의 허구

초판 1쇄 2020년 9월 10일 발행

ISBN 979-11-5706- 209-6 (03340)

시라이 사토시 지음

한승동 옮김

만든사람들

기획편집	배소라
편집도움	박준규 오현미
디자인	this-cover.com
마케팅	김성현 김규리
인쇄	한영문화사

펴낸이	김현종
펴낸곳	(주)메디치미디어
경영지원	전선정 김유라
등록일	2008년 8월 20일 제300-2008-76호
주소	서울시 종로구 사직로 9길 22 2층
	(필운동 32-1)
전화	02-735-3308
팩스	02-735-3309
이메일	medici@medicimedia.co.kr
페이스북	facebook.com/medicimedia
인스타그램	@medicimedia
홈페이지	www.medicimedia.co.kr